国家社会科学基金重点项目（19AGL018）资助成果

A Study on the
Growth Mechanism of
Small Rural Tourism Businesses

乡村旅游小微企业成长机制研究

张环宙◎著

商务印书馆
创于1897
The Commercial Press

序

黄祖辉

农为邦本，本固邦宁。乡村是几千年来中国社会的根脉。即便在 21 世纪 20 年代的今日中国，"全面建设社会主义现代化国家，最艰巨最繁重的任务仍然在农村"。党的二十大"最艰巨最繁重"的论断，其背景是我国占国土面积 90% 以上、区域发展形态各异的乡村土地上，仍居住着 5 亿多（占总人口的 36.11%）的乡村人口。他们保障粮食安全根基，支撑国家全局发展，但即便到 2021 年，其年均可支配收入也仅约等于城镇的 39.9%，而乡村的社保、教育、医疗等公共服务和基础设施建设与城镇的差距更是巨大。想要全面实现社会主义现代化，就必须全面综合、科学实际地优先考虑"最艰巨最繁重"的农业农村发展问题。因此，在 2017 年党的十九大明确提出了"乡村振兴战略"，并提出要按照"产业兴旺、生态宜居、乡风文明、治理有效、生活富裕"的总要求推进。2022 年，党的二十大进一步提出"全面推进乡村振兴"，具体要求"坚持农业农村优先发展，坚持城乡融合发展，畅通城乡要素流动。加快建设农业强国，扎实推动乡村产业、人才、文化、生态、组织振兴""发展乡村特色产业，拓宽农民增收致富渠道。巩固拓展脱贫攻坚成果，增强脱贫地区和脱贫群众内生发展动力。统筹乡村基础设施和公共服务布局，建设宜居宜业和美乡村。巩固和完善农村基本经营制度，发展新型农村集体经济，发展新型农业经营主体和社会化服务，发展农业适度规模经营"。农业农村部发布了《全国乡村产业发展规划（2020—2025 年）》，强调"乡村休闲旅游业是农业功能拓展、乡村价值发掘、业态类型创新的新产业，横跨一二三产业、兼容生产生活生态、融通工农城乡，发展前景广阔。"在广阔多样的乡村旅游地，如何增强乡村当地居民的内生发展动力；怎样保障乡村旅游业可持续发展；如何鼓励、培育不同创业主体，让创新创业成为乡村产业振兴的重要动能；如何使乡村旅游创业更好地赋能城乡共同富裕；等等。这些已成为我国乡村产业发展正在面对和需要回答的问题。

张环宙教授《乡村旅游小微企业成长机制研究》一书回应了上述问题。该书以近年我国蓬勃发展的乡村旅游业为视角，选取根植于农民创立经营的农家乐、民宿等乡村旅游小微企业为研究对象，对其生成、发展、成长的驱动机制和内在规律进行全过程系统性的研究，其目标直指乡村创业主体积极性发挥和乡村产业可持续发展的核心问题。尤为难得的是，本书完成于党的二十大之前，但其关注的问题却能超前对接党的二十大提出的全面推进乡村振兴的重要路径。

本书作者有很好的理论素养，她在系统梳理了国内外乡村旅游微型企业研究概况、创业与农民创业研究理论、家庭企业及其成长研究，以及人力资本、社会资本和家庭嵌入理论框架后，创造性地将创业研究、家庭企业研究、社会资本研究等已有理论和框架与乡村旅游微型企业的具体研究情境结合起来，从中国乡村家族观念和集体主义文化特别浓烈的特殊情境出发，将"家庭嵌入"延伸为包含家人、亲戚在内的"亲缘社会网络嵌入"假说，并以此为理论切入点，探讨亲缘社会网络及嵌入资源对乡村旅游微型企业的影响。同时，作者还研究了乡村旅游微型企业呈现出不同阶段家庭与企业交织模式、亲缘"强关系"对乡村旅游成长阶段的双面效应，本书并没有停留在同类研究的平面探讨上，而是创新性地将乡村旅游微型企业"生成—经营—成长"的不同阶段影响机制进行系统动态的分析。本书并不着眼于重大学术理论创新，而是基于中国乡村社会的现实问题和真实情境，以多种理论的统合和延伸，搭建了符合中国乡村实际、适配中国乡村旅游微型企业发展特色的理论框架。

在研究框架和方法上，作者并不停留在以往乡村旅游微型企业案例或宏观研究的基础上，而是着重于农村现代化的实际问题，聚焦乡村旅游微型企业这一微观主体，采用理论驱动下的定量研究方法，侧重于使用"理论驱动—假说推演—定量检验"式的实证研究。研究选取了共同富裕示范区浙江省的多个典型乡村旅游目的地为研究场景，通过探讨亲缘社会网络对"农民乡村旅游创业意愿、创业绩效、企业量的成长和质的成长"四个层层递进的研究，力求客观精准地检验和探讨亲缘社会网络在乡村旅游微型企业不同阶段所扮演的差异化效应。同时，在部分子研究中也融合了定性研究方法，以实现研究方法与研究问题的匹配。

从本书的应用性角度看，不少研究成果可以为政策制定者、管理部门和相关企业主体应用，尤其可以为乡村旅游微型企业的成长提供理论基础与实践路径。实践中，我国地方政府在追求乡村经济发展时，往往更多采用政策支持、引资招商等方式扶持，往往较少顾及乡村地区传统文化和生态环境对乡村产业发展的作用，也缺乏对广大居民积极性的充分调动。本研究的成果可以为政府管理部门进一步探索创新机制来孵化和培育乡村旅游微型企业提供思路。比如，建立基于亲缘群体的辅导体系，推动本土村民参与创建和经营的旅游企业；构建适配的现代化商业合作网络平台，拓宽乡村旅游微型企业的资源获取渠道；维持甚至适当提高乡村创业者家庭与旅游微型企业的重叠度，保障其适度规模经营，增强农民主体地位，促进乡村和美与文化传承，等等。

当然，研究也有继续拓展之处，如朋友同学等社会强关系对乡村旅游微型企业的影响，值得研究。同时，本书的实证调查与研究对象主要基于浙江地区，这对于我国区域形态、发展模式不同的乡村而言，成果应用的区域广泛性会有一定的局限。希望环宙教授继续深耕这一领域，为我国乡村旅游休闲产业的持续发展做出更大的贡献。

前　言

农业、农村、农民问题是关乎民族命运和国家长治久安的战略性问题，是高质量建设共同富裕示范区的重要关注点。党的十九大提出了"乡村振兴战略"，明确指出要把解决"三农问题"作为全党工作的重中之重。近年来，乡村旅游在繁荣农村经济、促进农民脱贫致富方面显现出巨大的功效，各级政府纷纷将发展乡村旅游作为改造城乡二元结构、实施产业跨界融合、提高农民生活水平的重要抓手。作为乡村旅游产业的"市场主体"，乡村旅游微型企业是乡村旅游产业发展的基石。根据农业农村部发布的数据显示，截至2019年年底，休闲农业与乡村旅游经营单位超过290万家，全国休闲农庄、观光农园等各类休闲农业经营主体达到30多万家，7300多家农民合作社进军休闲农业和乡村旅游。2010—2019这十年期间，我国农家乐相关企业注册总量由原来的2.6万家增长至21.6万家，翻了近三番，2010—2019年年复合增长率为26.5%。其中最具代表性的是"乡村民宿"和"农家乐"。与政府主导下的乡村旅游发展不同，乡村民宿大多是由居民（及其家庭）自主创业，因而在活跃乡村旅游经济、丰富乡村旅游体验、促进乡村旅游品质化发展方面表现出巨大的活力。可以说，这种"内生型"旅游微型企业的数量和质量在很大程度上决定了乡村旅游发挥经济、文化、环境、社会的综合效益，在振兴乡村经济、提升农民生活水平、实现旅游产业可持续发展方面具有重大的意义。因此，对乡村旅游微型企业创立与成长内在规律和驱动机制的研究，无论在理论层面还是在实践层面，都具有重要的意义。

然而，在农村地区旅游产业蓬勃发展的背景下，对于这种以家庭为单位进行创业和经营，将家庭生活质量、家庭幸福感等主观评价作为衡量创业绩效重要因素，并呈现由"家庭生产模式"向"现代企业模式"转变成长的特殊企业，学术界对其如何生成、如何发展、如何成长的系统研究尚少有涉及。与之相关的农业经济研究大多忽略农民具体创业行业的特殊性，而乡村旅游领域的相关研究则大多关注开发模式、社区参与、可持续发展等宏观课题（杨学儒、杨萍，2017）。少数已有的乡村微型企业研究也大多停留在案例描述和探索性研究的阶段，鲜有研究能够应用成熟、系统的理论框架来解构乡村旅游微型企业创立、经营和成长的过程。

本书基于"内生型"旅游微型企业的特殊情境，引入"亲缘社会网络嵌入"的理论视角，结合社会资本理论、人力资本理论、企业成长理论等理论框架，以本地农民创立和经营的农家乐、民宿等乡村旅游微型企业为研究对象，对这种"内生型"乡村微型企业的生成、发展、成长的驱动机制和内在规律进行全过程、系统性的探讨，以期为各地政府更好地借助旅游产业实施乡村振兴战略提供知识基础和政策建议。

由家人和亲戚所构成的亲缘社会网络对乡村旅游微型企业的创立、经营、成长均具有重要的影响，且在企业创立、经营、成长的不同层面，亲缘社会网络以及网络中嵌入的资源所起到的作用可能具有一定的差异性。围绕"亲缘社会网络如何影响乡村旅游微型企业的创立、经营、成长"这一核心问题，本书的具体研究问题包括以下四点：

第一，亲缘社会网络对村民创立旅游微型企业（农家乐、民宿）的意愿具有什么影响？这一影响的内在机理是什么？

第二，亲缘社会网络对新创旅游微型企业的创业绩效（经济绩效、家庭幸福感）有什么影响？这一影响的内在机理是什么？

第三，创业者对亲缘社会网络的依赖度对乡村旅游微型企业在"量"和"质"两个层面的成长有什么影响？过度依赖于亲缘社会网络是否会阻碍企业的健康成长？

第四，地方政府和旅游管理机构如何更有效地孵化和培育乡村旅游微型企业，更好地借助旅游产业推进乡村振兴战略的实施？

针对这些问题，本书以乡村旅游微型企业的"生成—经营—成长"过程为研究主线，系统分析和检验亲缘网络在乡村旅游微型企业的生成、经营、成长不同阶段所扮演的差异化效应。本书设计了四个循序渐进、不断深入的实证研究来展开具体的分析。研究一：亲缘社会网络对农民乡村旅游创业意愿的影响；研究二：亲缘社会网络对乡村旅游微型企业创业绩效的影响；研究三：亲缘社会网络与乡村旅游微型企业成长——量的成长；研究四：亲缘社会网络与乡村旅游微型企业成长——质的成长。

本书选取共同富裕示范区浙江省的典型乡村旅游目的地（浙江省杭州市临安区的白沙村、湖州市长兴县的顾渚村及金华市浦江县的虞宅乡和前吴乡）为研究场景，以当地小微企业主为研究对象，以问卷调查为主要研究方法，运用第一手调查数据检验亲缘社会网络对乡村旅游微型企业生成、绩效和成长的影响机制，来勾勒乡村旅游微型企业从创建到成熟的内在发展规律。

整体而言，本研究主要采用理论驱动下的定量研究方法，侧重于使用"理论驱动—假说推演—定量检验"式的实证研究，在部分子研究中融合了定性研究方法，以实现研究方法与研究问题的匹配。具体而言，本研究主要采用文献研究、假说推导、问卷调查、统计推论等方法。

本研究力求在以下几个方面改进、丰富、深化以往相关研究：

第一，在研究对象上，本书聚焦于乡村旅游微型企业，弥补了以往研究对乡村旅游市场主体研究的不足。在乡村旅游蓬勃发展的背景下，中央政府和地方政府都纷纷出台政策，力求推动这一特殊旅游业态的升级与转型。然而学术界已有的研究大多集中在乡村旅游发展模式、乡村旅游影响、乡村旅游环境治理等宏观领域，从微观视角研究乡村旅游市场主体，即乡村旅游企业如何创立、如何发展、如何成长的研究还很少。多年来，乡村旅游领域的研究一直呼吁推动"社区赋权"和"社区参与"，认为只有根植于乡村社区的、让社区居民直接受益的乡村旅游发展才能保证可持续的方向。而扶植农民创立旅游企业并协助农民企业成长正是有力推进社区赋权和社区参与的直接抓手。因此，本书聚焦于乡村旅游微型企业，不仅拓展了研究对象，也是对以往研究的普遍结论的对接与深化。

第二，在研究框架上，本书将乡村旅游微型企业的创立、经营、成长整合起来进行系统研究，摆脱了以往研究将三者相互割裂的局限，这在已有相关研究中尚不多见。通过构建囊括创立、经营、成长的完整研究框架，并从亲缘社会网络嵌入的视角审视乡村旅游微型企业创立、经营、成长全过程的内在规律与机理，本研究得以更加深刻地把握乡村旅游微观市场主体发展的一般规律，这将能够为促进乡村旅游产业的健康发展和转型升级提供更加完整、全面、动态的理论基础。

第三，在研究方法上，不同于乡村旅游研究领域以往普遍使用的案例研究、访谈调查、对策研究等质性研究方法，本书侧重于使用"理论驱动—假说推演—定量检验"式的实证研究方法，以求更加客观和精准地分析不同因素在乡村旅游微型企业的创立、经营、成长过程中所发挥作用的大小。实证研究方法的使用有助于对乡村旅游微型企业发展的内在规律进行更加深入的分析，以期为今后该领域的研究提供一定的经验证据，有利于研究结论的不断积累与深化。

在实践层面，本书的研究将为地方政府通过孵化、培育"内生型"旅游微型企业，促进农村产业融合，实现农村经济振兴，提供理论基础与实践路径。

由于长期工业化思维的惯性模式，地方政府在追求乡村经济发展的同时，往往难以顾及乡村地区传统文化和生态环境，缺乏对当地积极性的充分调动。而本土村民创建和经营的旅游企业是保证乡村旅游可持续发展、促进农民脱贫致富、保障农民在农村发展中主人翁地位和话语权的关键载体。能否培育尽可能多的"内生型"旅游企业，能否实现"内生型"旅游企业健康持续的成长，对于发挥乡村旅游产业促进民生、美化乡村、传承文化的功效具有重要的作用。有鉴于此，本研究积极响应国家在乡村社会治理中对农民主体地位、积极性的强调，从根植于乡村社区的市场主体层面，解构"内生型"乡村旅游企业的生成、经营、成长的内在规律，从而为乡村地区通过发展旅游业践行乡村振兴战略的基础动力提供启示。

首先，地方政府和乡村旅游管理部门可以通过建立基于亲缘群体的辅导体系，更有效地推动农民参与本地乡村旅游的创业活动；其次，通过构建现代化商业合作网络平台，地方政府和旅游管理部门能够提升新创旅游企业获取异质、专业的创业资源和市场信息的能力；再次，通过把握亲缘网络对企业成长的双面效应，乡村旅游目的地可以根据自身资源的特点和整体市场定位因地制宜地"管控"微型企业的成长，以获取目的地的竞争优势。

如何促进乡村居民参与旅游创业？如何推动乡村旅游微型企业良性发展？如何实现乡村旅游可持续发展？这些乡村旅游中的现实问题，是本书的出发点和落脚点。本书始终围绕如何提供更适配的理论框架、研究范式来促进这些在具体情境中的问题的解决，期望本书的研究成果能为问题研究添几块砖瓦。乡村旅游将随着乡村振兴战略继续蓬勃发展，而笔者也将继续追寻着这些问题，不断探索下去。

目 录

第一章 乡村旅游微型企业研究 …………………………………… 1
  第一节 国内外乡村旅游研究 …………………………………… 1
  第二节 乡村旅游微型企业研究 ………………………………… 7
  第三节 两个主要的逻辑视角 …………………………………… 19
  本章小结 …………………………………………………………… 21

第二章 创业与农民创业研究 ……………………………………… 23
  第一节 创业概念的主要逻辑观点 ……………………………… 23
  第二节 创业研究的主要视角 …………………………………… 37
  第三节 农民创业研究的现状 …………………………………… 44
  本章小结 …………………………………………………………… 54

第三章 家庭企业及其成长研究 …………………………………… 56
  第一节 家庭企业与家庭生产模式 ……………………………… 56
  第二节 企业成长研究的主要视角 ……………………………… 59
  第三节 影响企业成长的主要因素 ……………………………… 70
  本章小结 …………………………………………………………… 71

第四章 人力资本、社会资本和家庭嵌入理论框架 ……………… 73
  第一节 人力资本理论概述 ……………………………………… 73
  第二节 社会资本理论概述 ……………………………………… 76

第三节　家庭嵌入理论概述 …………………………………… 79
　　　本章小结 ………………………………………………………… 85

第五章　整体思路与研究框架 ………………………………………… 87
　　　第一节　理论切入点：亲缘社会网络嵌入 …………………… 87
　　　第二节　概念界定与研究框架 ………………………………… 93
　　　第三节　调研概况 ……………………………………………… 95
　　　本章小结 ………………………………………………………… 97

第六章　研究一：亲缘社会网络对农民乡村旅游创业意愿的影响 … 98
　　　第一节　问题的提出 …………………………………………… 98
　　　第二节　理论基础与假说模型 ………………………………… 101
　　　第三节　研究方法 ……………………………………………… 110
　　　第四节　数据分析与结果 ……………………………………… 118
　　　第五节　结论与讨论 …………………………………………… 129
　　　本章小结 ………………………………………………………… 131

第七章　研究二：亲缘社会网络对乡村旅游微型企业创业绩效的
　　　　　影响 …………………………………………………………… 132
　　　第一节　问题的提出 …………………………………………… 132
　　　第二节　理论模型与研究假说 ………………………………… 135
　　　第三节　研究方法 ……………………………………………… 146
　　　第四节　数据分析与结果 ……………………………………… 155
　　　第五节　结论与讨论 …………………………………………… 165
　　　本章小结 ………………………………………………………… 167

第八章　研究三：亲缘社会网络与乡村旅游微型企业成长——量的
　　　　　成长 …………………………………………………………… 169
　　　第一节　问题的提出 …………………………………………… 169

第二节　理论基础与研究假说 …………………………… 172
　　第三节　研究方法 ………………………………………… 180
　　第四节　数据分析与结果 ………………………………… 184
　　第五节　结论与讨论 ……………………………………… 191
　　本章小结 …………………………………………………… 194

第九章　研究四：亲缘社会网络与乡村旅游微型企业成长——质的成长 …………………………………………………………… 195
　　第一节　问题的提出 ……………………………………… 195
　　第二节　理论基础与研究假说 …………………………… 197
　　第三节　研究方法 ………………………………………… 207
　　第四节　数据分析结果 …………………………………… 212
　　第五节　结论与讨论 ……………………………………… 221
　　本章小结 …………………………………………………… 223

第十章　研究结论与启示 ……………………………………… 224
　　第一节　结论与理论贡献 ………………………………… 224
　　第二节　管理启示与建议 ………………………………… 229
　　第三节　不足与未来研究方向 …………………………… 230

参考文献 ………………………………………………………… 233
后　记 …………………………………………………………… 287
附录1　普通村民调查问卷 …………………………………… 291
附录2　企业业主调查问卷 …………………………………… 296

第一章　乡村旅游微型企业研究

乡村旅游微型企业是乡村旅游发展的微观市场主体，对乡村旅游微型企业的研究根植于乡村旅游研究（文军，2013）。因此，本章从对国内外乡村旅游研究的概述出发，系统地梳理乡村旅游微型企业的概念、特点，以及在乡村旅游发展中的地位、功能与作用，总结国内外有关乡村旅游微型企业研究的主要内容和观点。在此基础上，进一步厘清乡村旅游微型企业的学术概念与主要特征，明确本研究的研究对象。

第一节　国内外乡村旅游研究

长期以来，农业经济和旅游经济领域的学者围绕乡村旅游进行了广泛而深入的研究，总体上形成了比较完整的研究框架和多样的方法体系，且国内和国外在该领域的研究主题和侧重点上呈现出一定的差异。值得注意的是，乡村旅游微型企业是乡村旅游产品的供给者，是乡村旅游发展的重要支撑，因此，对乡村旅游微型企业的研究离不开乡村旅游发展这样一个大背景。鉴于此，本节简要回顾已有研究对乡村旅游概念的界定，梳理国内外乡村旅游研究领域的主要内容和进展，以期为后续研究提供基础。

一、乡村旅游的概念研究

作为乡村旅游理论研究的基础，国内外学者相当重视对乡村旅游概念的研究，但长期以来并未形成统一的、权威的定义（何景明，2003；姚治国等，2007）。然而，通过对已有文献的回顾，可以发现，研究者们大多倾向于从乡村地域、乡村性这两个角度对这一概念的内涵进行界定。例如，英国学者吉尔伯特和通（Gilbert & Tung，1990）指出，乡村旅游是发生在农场、牧场等乡村区域的旅游活动，表现为农户提供食宿等条件，使旅游者在农场、牧场等乡村环境中进行各种休闲娱乐活动的一种旅游形式。与前者的界定类似，布拉姆韦尔和莱恩（Bramwell & Lane，1994）指出乡村旅游涵盖了旅游者根据其需求在乡村地区开展的各种旅游活动。克洛克（Cloke，1992）的定义则更加具体，他认为"乡村是一种特殊的居住地，乡村社区是买卖的背景；乡村生活方式可以被移植；乡村文化的生活化可以被加工、整体推销和出售"，实际上把乡村旅游定义为文化和传统旅游在乡村地域的一种延伸（何景明，2003）。

也有不少学者指出仅从乡村地域的角度不足以把握乡村旅游的本质，这部分学者认为什么是乡村区域有赖于所在国家和地区的社会经济发展层次和文化理解，因此很难给出标准化的界定（Lane，1994；Inskeep，1991）。而"乡村特性"（rurality）才是这一特殊旅游业态的本质所在，因此应当将"乡村性"作为界定乡村旅游概念的核心要素。沿着这一逻辑，一些国外学者从乡村旅游与其他类型旅游活动的不同点来界定乡村旅游的概念，例如，奥铂曼（Oppermann，1996）否定用乡村地域来定义乡村旅游，他提出了一个概念性的模型，区别了乡村旅游和其他非都市地区的旅游，并将乡村旅游定义为"在有人类持续性活动和土地依存性经济存在的地区的旅游，该旅游主要与农业有关，且其具备的必要条件是有永久性的人类存在"（黄祖辉等，2012；周玲强等，2013）。从这一概念中可发现，乡村性乃是将乡村旅游区别于其他旅游活动的标尺。

我国的乡村旅游研究起步较晚，20世纪90年代初开始引入观光农业、休闲农业的概念，可以搜索到的文献大都始于那一时期。前期主要是对国外的理论和实践的介绍，创新性的研究集中产生于2000年以后（周玲强等，2013）。与国外学者相同，国内学者也基本上沿袭了从乡村地域和乡村特性两个角度对乡村旅游进行定义的传统。例如，马波（1995）认为乡村旅游是"以乡村社区为活动场所，以乡村独特的生产形态、生活风情和田园风光为对象系统的一种旅游类型"。肖佑兴等（2001）通过对相关概念定义的分析和比较，指出要从地理、资源及乡土性特色等方面来把握乡村旅游的概念与内涵。刘德谦（2006）则在辨析乡村旅游与农业旅游、民俗旅游的关系时，指出乡村旅游是以乡村性的风土、风物、风俗、风景组成的乡村风情为吸引物，吸引旅游者前往休息、观光、体验、学习的旅游活动。除此之外，一些国内学者还进一步分析了乡村旅游的产品类型、目标市场、功能定位，力求更全面地把握乡村旅游这一概念的全貌（易金、王德刚，2008；汪德根等，2008；姚海琴等，2016）。

表1.1梳理了部分国内外学者对乡村旅游概念的表述。整体来看，虽然对乡村旅游的概念的研究并没有达成广泛的一致、形成标准化的表述，但国内外的绝大部分学者都认同乡村区域和乡村性是界定乡村旅游最重要的两个要素，且"乡村特性"（rurality）是乡村旅游的本质属性。

表1.1 部分学者对乡村旅游概念的研究

研究者/机构	对乡村旅游的理解	提出时间（年）
莱恩（Lane）	位于乡村地区；旅游活动具有乡村世界的特点；小规模的建筑群和居民点；社会结构和文化具有传统特征	1994
布拉姆韦尔（Bramwell）	不仅是基于农业的旅游活动，还包括特殊兴趣的旅游以及一些区域的民俗旅游活动	1994
世界经合组织（OECD）	发生在乡村的旅游活动，其中"乡村性"是乡村旅游整体推销的核心和独特卖点	1994
马波	乡村旅游是以乡村社区为活动场所，以乡村独特的生产形态、生活风情和田园风光为客体的旅游类型	1995
肖佑兴等	以乡村空间环境为依托，以乡村独特的生产形态、民俗风情、生活形式、乡村风光、乡村居所和乡村文化等为对象，利用城乡差异作为特点的一种综合旅游形式	2001
何景明等	乡村旅游是指在乡村地区，以具有乡村性的自然和人文资源为旅游吸引物的旅游活动	2001
潘顺安	乡村旅游是在乡村地域内开展的，以乡村风光和环境为基础，以存在于乡村地区的自然旅游资源和人文旅游资源为吸引物的旅游活动	2007

资料来源：黄祖辉等（2012）。

二、国外乡村旅游研究概述

通过对相关研究的回顾可以发现，国外乡村旅游研究的主题聚焦在乡村旅游发展的影响因素、可持续发展、社会文化影响、市场营销、市场主体等方面（黄祖辉等，2012；周玲强等，2013；安传艳等，2020），尤其是可持续发展的问题受到了国外学者的高度重视。

在影响因素方面，国外学者对乡村旅游发展影响因素的研究主要是从单因素分析和多因素分析两个方面展开的。在乡村旅游发展的单因素研究方面，不同研究有时会得出相互矛盾的结论。例如，弗莱舍和费尔森斯坦（Fleischer & Felsenstein，2000）认为政府和社区的支持，各利益相关者的协调合作是乡村旅游可持续发展的主要推动力。而在利尤维斯（Leeuwis，2000）的研究中，政府和政府控股的旅游企业却是破坏乡村旅游资源的主体。然而，乡村旅游的发展不仅受到一个因素的影响，而且受到多个因素的共同作用（Hall，2004）。鉴于单因素分析的局限性，一些学者尝试采用多因素分析。例如，普迪安提等人（Pudianti et al.，2016）发现虽然农民的成长愿望驱动着地方从农业生产转变为旅游业的发展，但是，如果在旅游规划和发展中不适当考虑当地的文化和传统习俗，则会降低居民的参与度，进而影响到旅游收入的增加。兰代利等人（Randelli et al.，2014）则从演化经济地理学的角度出发，探讨了意大利托斯卡纳地区乡村旅游发展的演化路径。研究发现，社会的发展趋势、该区域乡村结构的弱点以及大量空置的建筑遗产等因素共同促进了该地区向旅游乡村转变。

在可持续发展方面，国外学者大多关注乡村旅游经济功能和社会文化功能的兼顾，以及"多中心治理模式"在实现可持续发展方面的功效。例如，斯沃布鲁克（Swarbrooke，1999）强调乡村旅游必须在经济上可行，又不能破坏旅游发展依托的资源，特别是乡村地区的自然环境和文化资源。在针对马来西亚乡村旅游的研究（Liu，2006）中发现，乡村自然和文化资源退化的原因在于管理当局过度重视经济效益，因而研究提出对乡村社区承载力的科学评价是乡村旅游发展规划的前提。在这一基础上，崔和斯瑞卡娅（Choi & Sirakaya，2006）研究构建了评价乡村旅游可持续发展的125个指标，为可持续乡村旅游规划提供了工具。在管理制度设计方面，威尔森（Wilson，2001）从规划先行、中介组织、政府管制等方面总结了乡村旅游可持续发展的路径。特诺克（Turnock，2002）则提出了"多中心治理"的思路，指出社区参与、地方控制有助于乡村旅游实现可持续发展的目标。

综合影响方面，国外学者较为关注乡村旅游带来的社会文化影响，尤其是对女性家庭和社会角色的影响。就社会文化影响而言，乡村旅游能为社会文化带来积极影响，也可能带来消极影响。例如，梅森（Mason，2000）从增加就业、提高收入、增强自豪感、改善基础设施等方面分析了乡村旅游的积极影响，从交通拥挤、物价上涨、污染增加、犯罪问题等方面分析了乡村旅游的消极影响。墨菲等（Murphy et al.，2007）进一步分析了乡村旅游对社会文化积极和消极两方面的影响和表现，并从接触理论的角度对产生这些影响的关键因子进行了解构。兰代利等（Randelli et al.，2019）发现乡村旅游地在满足大众游客需求的同时，往往转变为度假胜地、人造村庄和高密度的住宅公寓，造成文化异化。在有关女性影响的研究方面，德诺（Dernoi，1991）以奥地利乡村旅游为例，分析了女性在乡村旅游中扮演的角色，发现乡村旅游的发展提高了女性的经济地位和家庭地位，也改变了女性的传统社会角色。乡村旅游为女性提供了一定的就业机会（Paven & Vasile，2015），但是这种机会是有限的。例如，对巴厘岛的研究（Tajeddini et al.，2017）发现，虽然越来越多的女性经营者借助文化遗产、金融资本等资源来发展自身的业务，但她们参与乡村旅游的机会有限、层次较低，主要集中于小吃摊和小餐馆。

在市场营销方面，国外研究的共识是乡村旅游的市场营销应当采取合作营销的模式，地方政府和行业协会的扶持极为重要。例如，沙普利（Sharpley，2002）指出政府应该设立专门机构辅导和协助乡村旅游的市场开拓，并进行长期的财政投入和技术扶持。坎沃斯等（Canvoes et al.，2004）在研究中也指出，对于乡村旅游营销，最好的方案是由地方政府对整个区域进行"统一命题"下的整合营销，以弥补个体市场主体的不足与分歧。在具体营销策略上，蔡利平（Cai，2002）构建了以品牌3A联系（品质、情感、态度）为基础的目的地品牌化模型（Model of Destination Branding）。加特纳（Gartner，2004）指出乡村旅游营销不仅要以地方特色为基础，还应该根据旅游细分市场的特点进行专门化的设计。例如，乡愁文化是乡村旅游的内核，"怀旧"情感在乡村旅游领域具有广阔的市场前景。乡村旅游小企业可以识别出相应的元素，通过培养、触发、增强和抚慰怀旧者情绪来提高经营绩效（Christou, Farmaki & Evangelou，2018）。

在市场主体方面，国外学者很早就注意到小微型企业是乡村旅游市场主体中的主力军，并且意识到这些小微型企业在经营定位、管理模式上与正规企业具有很大差异。例如一些学者（Fleischer，1997；Gets, 2000；Hegarty，2005）针对以色列、澳大利亚、波兰等地乡村旅游企业的调查均指出乡村旅游供给方中的企业的形式主要是规模较小的私人企业。针对美国弗吉尼亚州的调查（Nancy，2004）发现，多数农户参与乡村旅游经营的动机都不是为了赚取尽可能多的利润。基于爱尔兰乡村旅游的调查（Hegarty et al.，2005）也发现只有不到2%的人出于经济原因参与乡村旅游经营。阿特杰维克和多恩（Ateljevic & Doorne, 2000）指出"生活方式型创业"（lifestyle entrepreneurship）是乡村旅游小企业的重要特征，为了维持特定的生活方式，经营者甚至拒绝增加产品供给、扩大企业规模。乡村企业对旅游目的地发展非常重要。

三、国内乡村旅游研究概述

如前文所述，国内乡村旅游研究大多借鉴国外的研究框架和理论视角，并结合中国乡村旅游的具体情境，因此在研究主题方面和国外较为类同。总体来看，国内乡村旅游的研究大致包括乡村旅游综合影响（王素洁、刘海英，2007；杜宗斌、苏勤，2011；贺爱琳等，2014）、乡村旅游规划开发（李伟，2003；张捷等，2014；孙雄燕，2014）、乡村旅游市场营销（张丽华、罗霞，2007；孟秋莉、邓爱民，2016；张一等，

2014)、乡村旅游组织模式（周玲强、黄祖辉，2004；周永广等，2009；张树民等，2012）等几大方面。其中，关于乡村旅游组织模式的研究是国内乡村旅游研究中较为重视的领域。研究者们从资源、效率、公平、文化保护等各种视角对我国乡村旅游的开发和管理模式进行了总结和探索，形成了相当多样化的观点（周玲强、黄祖辉，2004；池静，2006；季群华，2008；许峰等，2010）。

此外，值得注意的是，近年来国内学者对乡村旅游的研究日益与"三农"问题、社会主义新农村建设等国家政策层面的命题紧密结合起来，形成了与国外乡村旅游研究极为不同的特色（黄祖辉等，2012；周玲强等，2013）。学者们将乡村旅游发展和文化传承、精准扶贫、统筹城乡互动（席建超等，2014）及"三农"问题研究紧密结合，探讨乡村经济、社会、文化和生态等方面的综合发展。"土地流转"（郭凌等，2009；刘永强，2020）、"乡村景观"（孙艺惠等，2009）、"旅游扶贫"（李益敏等，2010；黄克己等，2021）、"新农村建设"、"城乡统筹"（郑群明，2011；张文斌等，2021）等研究主题得到了学者们的重视（安传艳等，2018）。

第二节　乡村旅游微型企业研究

旅游企业是乡村旅游发展的微观市场主体，也是乡村旅游产业发挥经济、社会、文化、环境综合效应的主要载体（陈雪钧，2012；文军，李星群，2014）。随着乡村旅游的蓬勃发展以及对乡村旅游研究的不断深入，对乡村旅游微型企业的研究逐渐增多，并成为乡村旅游研究中一个相对独立的领域。通过对已有文献和相关综述的梳理，可以发现已有文献对乡村旅游微型企业的研究大致可以分为概念与特征、综合效应、经营管理、创业过程等四个方面（马彩霞等，2015；杨学儒、杨萍，2017；Domenico & Miller，2010；Ateljevic & Doorne，2000）。在研究方法上，国内外呈现出一定的差异。国内研究目前还主要以区域案例研究等定性研究方法为主，兼顾宏观政策方面的对策研究，而国外研究则大量使用以定量研究为主的实证研究方法。

一、乡村旅游微型企业的概念及其特征

在定义乡村旅游微型企业前，有必要了解乡村特性（rurality）的概念。乡村地区经济具有土地依存性。乡村性意味着这一地区的人们利用土地来发展农业或林业，人们的生活与景观环境和日常行为紧密地交织在一起（Cloke et al.，2006）。作为一种延伸，乡村旅游微型企业本质上是对构成旅游消费的乡村性的商品化或包装。这其中包括参与和体验乡村地区的在地文化和实践活动（Sharpley，2002）。长期以来，国内外学者基于不同的视角，对什么是乡村旅游微型企业，乡村旅游微型企业具有哪些核心特征的问题进行了探讨，为该领域研究的开展提供了概念基础建构（见表1.2）。例如，雷赫尔和哈珀（Reichel & Haber，2005）指出，乡村旅游微型企业是根植于乡村社区的小型企业，它利用开放的空间、优美的自然环境、完备的农业农事设施为游客提供多样化的旅游休闲活动体验。托马斯（Thomas，2005）则将乡村旅游微型企业定义为"由家庭成员主掌经营决策权的、独立的、以营利为目的的旅游企业"。在前人研究的基础上，贾法尔等（Jaafar et al.，2014）总结乡村旅游微型企业是位于乡村地区的、具有传统性特征的、与居民家庭紧密联系的各种旅游组织形式，它们的规模通常都很小，雇员一般不超过10人。在国内，也有不少学者对乡村旅游微型企业的概念与特征进行了分析。例如，李星群（2011）认为乡村旅游微型企业分布于乡村旅游目的地，一般由农民与家人亲戚共同投资经营，具有典型的家族企业性质，这种企业的规模很小，雇员一般在5人以下，且员工构成以家人亲戚为主。赵及其同事（Zhao，2009；Zhao et al.，2011）通过对广西乡村旅游的系列研究总结了乡村旅游微型企业的三个主要特点，即规模小、夫妇共同经营、经营者教育程度普遍很低。莫里森和康维（Morrison & Conway，2007）以住宿业为例，指出应当从定量和定向两个角度对旅游微型企业进行界定，虽然此研究并非针对乡村旅游的特定情境，但这一框架对于理解乡村旅游微型企业的概念也有所裨益。

表 1.2　部分学者对乡村旅游微型企业概念的研究

定义	学者
旅游微型企业是由个体或小型组织投资并由所有者亲自经营的企业。企业无管理层，其雇员人数、生产力及市场份额都极其有限	莫里森（Morrison，1996）
旅游小企业的关键特征：小规模、独立性强、专注于一类或少数几类服务、由家庭或本地企业家经营、雇工多为社区居民、管理者基本为所有者自己	托马斯（Thomas，2000）
乡村旅游微型企业是根植于乡村社区的小型企业，它利用开放的空间、优美的自然环境、完备的农业农事设施为游客提供多样化的旅游休闲活动体验	雷赫尔和哈珀（Reichel & Haber，2005）
乡村旅游微型企业是由家庭成员主掌经营决策权的、独立的、以营利为目的的旅游企业	托马斯（Thomas，2000）
乡村旅游微型企业是位于乡村地区的、具有传统性特征的、与居民家庭紧密联系的各种旅游组织形式，它们的规模通常都很小，雇员一般不超过 10 人	贾法尔等（Jaafar et al.，2014）

资料来源：文献整理。

需要注意的是，在已有的相关文献中直接使用"乡村旅游微型企业"这一术语的研究还比较少，大多数研究都聚焦于乡村旅游微型企业的某种形态。在乡村旅游微型企业的具体形态上，已有研究表现出极大的多样性，呈现出一种"术语丛林"的现象。例如在国外文献中，乡村旅游微型企业的形态包括"乡村旅舍"（village inn）、"小酒店"（small hotels）、"住宿+早餐"（B&B）、"家庭寄宿"（home stay）、"家庭旅馆"（guesthouse）、"农场寄宿"（farm stay）、"接待农场"（accommodation-based farm）、"商业性家庭"（commercial home）等（Carmichael & McClinchey，2009；Morrison & Corway，2007；叶顺，2016）。而在国内研究文献中，乡村旅游微型企业则主要涉及"农家乐""牧家乐""渔家乐""乡村民宿"等形态，甚至有不少研究将旅游产品小摊点、个体导游也纳入乡村旅游微型企业的范畴。其中"农家乐"被认为是中国乡村旅游微型企业的主要形态，甚至在某种程度上代表了中国乡村旅游的特色形象（Su，2011）。

与大企业相比，乡村旅游微型企业具有独有的特征（见表 1.3）：（1）从投资者构成来看，乡村旅游微型企业一般是由当地小企业主或家庭投资，而且企业主是主要或唯一投资者，投资规模较小（Garay & Font，2012；武真真、章锦河，2012）。（2）在经营管理方面，在微型企业中，所有权和管理权并不像在大型企业中那样分离，控制权仍然掌握在所有者手中，他们能对资源的分配做出个人选择（Spence，1999；Spence，2000）。企业主可以采取非正式的经验型管理方法（Thomas，Shaw & Page，2011；Tamajón & Aulet，2013），因而企业的经营发展与经营者素质密切相关，受小企业主个人才能、价值观和态度影响（Garay & Font，2012）。（3）在员工构成上，包括家庭或非家庭成员，且通常雇佣当地社区的员工，不具备完善的管理团队（徐红罡、马少吟，2012）。（4）在经营目标方面，乡村旅游微型企业的经营目标也是其区别于大企业的典型特征。乡村旅游创业者的经营动机丰富多样，经济利益不再是唯一的动机，家庭目标以及与生活方式相关的非经济目标也广泛存在（Walker & Brown，2004；Wang & Xu，2018）。此外，一些研究还认为乡村旅游微型企业规模小，谈判能力和政治影响力较低（Hillman & Hitt，1999），常常面临收入不稳定、经营风险大以及发展受环境限制等挑战（Thomas，Shaw & Page，2011；Tamajón & Aulet，2013）。

表 1.3 乡村旅游微型企业的特征

	大型企业	乡村旅游微型企业
所有权和控制权	所有权与控制权分离	所有权和控制权集中于企业主，受到个人及其家庭的影响
治理	正式的、成文的、职业化管理	非正式的、个人的
交易	基于合同、利润最大化和股东利益	基于嵌入社区的关系、声誉
权力结构	等级的、分工明确	扁平的、灵活的、个性化的、职责重叠

资料来源：文献整理。

总结来看，虽然国内外对乡村旅游微型企业的研究情境不同，涉及的特定术语也有较大的差异，但对乡村旅游微型企业的概念和特征的看法具有高度的一致性。整体上，国内外学者均认为"乡村性""小规模""家庭性""非正式"是这一概念的核心，即乡村旅游微型企业由家族性的商店、旅馆和餐饮设施构成，主要由家庭成员经营，经营资源主要来源于个人储蓄和亲友资助，经营的动机主要出于家庭生存的目的，缺少长期的可持续经营的战略规划。需要注意的是，国外学者和国内学者都认识到家人亲戚在乡村旅游微型企业中扮演着重要的角色，在经营决策、资源供给、经营目标中，家人亲戚都处于关键性的位置。因此，虽然已有研究没有直接指出，但仅从对乡村旅游微型企业概念的研究中即可以发现"亲缘社会网络嵌入"是研究乡村旅游微型企业的一个不可回避的视角。

二、乡村旅游微型企业的综合效应研究

对乡村旅游微型企业综合效应的研究主要涉及经济效应、社会效应、文化效应和环境效应等几个方面（马彩霞等，2015；武真真，章锦河，2012）。此外，已有研究通常认为根植于乡村社区的，由本地居民创立和经营的旅游微型企业是促进"社区参与"、实现"社区赋权"、推动乡村旅游目的可持续发展的基础载体。因此，强调"内生式发展"是国内外乡村旅游微型企业综合效应研究中的核心观点（李巍、刘辉，2012；周永广等，2009）。

根据关注视角的不同，乡村旅游微型企业的经济效应可以分为宏观和微观两个层面。从宏观层面看，旅游微型企业的发展与繁荣是提升乡村旅游目的地整体效益与竞争力的前提，也是促进乡村地区充分就业和经济持续增长的重要推力（Wanhill，1997；邱继勤、保继刚，2011）。诺韦利等（Novelli et al., 2006）指出，旅游微型企业提供的住宿、餐饮、休闲娱乐等产品的质量决定了乡村旅游目的地的整体质量，而根植于当地家庭的微型企业本身对乡村旅游的地域特色也有直接影响，两者对构建乡村旅游目的地的区域竞争优势都有重要意义。万希尔（Wanhill，1997）以欧洲的偏远乡村为例，从促进就业的角度系统分析了旅游小企业（small tourism businesses）对这些偏远地区的发展所起到的战略性作用。保继刚和邱继勤（2006）对中国桂林阳朔旅游小企业与当地就业关系的研究也得到了相似的结论。

在微观层面，乡村旅游微型企业的经济效应体现在"农村扶贫"和"农民致富"两个方面（Li et al.，2014；Zhao et al.，2011；明庆忠，刘宏芳，2016）。例如，以广西乡村地区为例，通过大样本调查对乡村旅游微型企业给农民生活带来的变化研究（Zhao，2009）发现，通过鼓励农民创立和经营旅游微型企业，当地农民的家庭收入得到了持续增长，经济独立、社区赋权都得到了一定的提升，且通过参与微型企业的经营，农民对当前的生活质量均有积极感知。另一些学者则从促进农民致富的角度对乡村旅游微型企业的经济功能进行了解析。例如，李罕梁等人（2014）针对浙江长兴县顾渚村乡村民宿小企业的研究发现，经营民宿的收入平均能够占到当时农村家庭总收入的90%以上。以2013年为例，当地经营乡村民宿的家庭平均收入达到30万元人民币，旅游微型企业的发展在推动农民致富方面发挥了巨大的作用。除此之外，不少学者指出旅游微型企业在丰富乡村旅游体验、促进乡村旅游品质化发展等方面也表现出巨大的活力（Ryan et al.，2012；文军，2013；叶顺，2016）。

有关乡村旅游微型企业社会文化效应的研究大多聚焦于旅游体验的"真实性"（authenticity）和乡村传统文化传承两个方面。乡村旅游目的地的核心吸引力在于其"乡村性"（rurality）特征，即原真性的乡村环境、乡村文化、乡村生产生活场景（Carmichael & McClinchey，2009；许峰等，2011；樊信友、蒲勇健，2013）。学者们普遍认为根植于乡村社区的、由社区居民主导参与的乡村旅游发展能够更好地维持这种"原真"（authentic）的乡村性。这种"内生式发展"一方面有利于提升乡村旅游竞争力，另一方面也有利于乡村传统文化的保护与传承（张环宙等，2008；周永广等，2009）。而由乡村社区居民直接参与旅游创业与经营则是实现内生式乡村旅游发展最直接的途径。

例如，斯特林格（Stringer，1981）指出微型旅游企业不仅是支撑当地旅游发展的主要商业设施，更是乡村旅游的直接吸引物。很多乡村旅游者的旅游动机便是到这些乡村小接待设施中去体验当地的生活方式，因此由本地居民创立和经营旅游接待企业能够实现"商业设施"与"文化资源"的完美结合。卡斯滕霍尔茨等（Kastenholz et al.，2013）进一步分析了乡村旅游活动的体验模式，指出旅游者是"抱着怀旧的心态欣赏一种原始、传统的乡村生活"，从而发现生活的意义。因此对于乡村旅游者来说，最重要的吸引物是当地村民原本生活生产活动空间，以及这些生活和生产行为的展示（Figueiredo，2009；Kastenholz，2004；McCarthy，2008）。换句话说，从旅游者体验的视角来看，入住当地的乡村农舍、消费本地的农产品、参与当地的传统活动才能让他们真正体验到乡村旅游的原真性。埃里克森（Ericsson，2001）指出旅游小企业的发展给女性带来了更多的就业机会，改变了乡村地区妇女的传统角色，提高了她们的社会地位。

在国内研究中，叶顺（2016）从原真性的视角对乡村旅游小企业经营模式与游客体验的关系进行了探讨。通过实证分析，该研究发现根植于当地农村家庭的旅游小企业经营模式能够提升游客对原真性的感知，因而有利于提高旅游者满意度。此外，还有部分学者对乡村旅游微型企业在乡村社会关系重塑过程中的效用进行了探讨（保继刚、邱继勤，2006；李星群、文军，2013）。例如李星群和文军（2013）针对广西乡村的研究发现，乡村旅游微型企业在重塑农村社会关系、促进农村家庭和谐、促进社会交往由"利益主导"向"利益情感并重"转变方面发挥了一定的功效。

与经济、社会文化方面的研究主要关注积极效应（正效应）不同，乡村旅游微型企业对社区环境影响方面的研究则更多关注其负面的影响。不少研究指出乡村旅游微型企业既不愿意也无能力在环保技术上进行投资，因而往往对社区环境造成了一定的负面影响（Thomas et al.，2011；马彩霞等，2015）。例如，针对英国南部乡村旅游微型企业的研究（Woodland & Acott，2007）指出，虽然大部分业主意识到环境影响的问题，但这些小企业的环境绩效不容乐观。黄薇薇等（2011）以皖南西递、宏村为例，就旅游发展对环境的负面影响进行了系统分析，指出作为利益相关者中的一方，当地旅游小企业在乡村自然环境退化方面负有一定的责任。整体来看，正如托马斯等（Thomas et al., 2011）在对旅游小企业的综述研究中所指出的，对旅游微型企业在各方面的影响应当采用"二分法"的思路，尤其在环境影响方面，作为"非正式"的家庭企业，乡村旅游微型企业很难像正规大企业那样具有环保意识、采用环保技术，因此，地方政府、行业协会组织在控制乡村旅游环境影响方面需要发挥不可或缺的作用。

三、乡村旅游微型企业经营管理研究

无论是国内还是国外，聚焦于乡村旅游微型企业经营、管理问题的研究还较为缺乏，且比较分散。但关于"旅游小企业"（small firms in tourism）经营管理的研究文献则相对较多（Komppula, 2014；Thomas et al., 2011；武真真、章锦河，2012）。鉴于旅游小企业大多分布于乡村或城市边缘地区（Komppula, 2014），因此，对旅游小企业经营管理研究的总结亦能给乡村旅游微型企业的研究提供参考。基于对已有文献的回顾，本节从经营管理模式、经营绩效评估、经营管理瓶颈等三个方面梳理过往研究的主要观点。

对旅游小企业利益相关者的研究是其经营管理模式研究的起点。已有研究指出，旅游小企业首要的利益相关者是顾客（武真真、章锦河，2012），能够灵活地根据顾客的需求调整产品和服务是旅游小企业的优势，也是影响其经营成败的关键所在。因此，不少学者认为顾客关系管理（CRM, customer relationship management）在旅游小企业经营管理中具有重要的位置（Ren et al., 2016；Özgener & Iraz, 2006；蒋佳倩、李艳，2014）。例如，对土耳其卡帕多西亚地区旅游小企业经营状况的研究（Özgener & Iraz, 2006），肯定了顾客关系管理的重要性，并分析了影响旅游小企业顾客关系管理质量的主要因素。其次，同区域的其他旅游小企业也被认为是重要的利益相关者，尤其对于经营规模小、创新能力弱、抗风险能力小的旅游小企业，"同行"间的互动与合作极为重要。因此，不少研究指出以区域为单位的集群经营模式对旅游小企业的生存与发展十分重要。例如有学者（Monica &

Andrea，2010）将集群经营和分散经营的乡村旅游小企业的绩效进行了对比，发现合作共赢导向的集聚经营模式能够显著提升小企业群的整体效益。其他学者的研究（Morrison，1998；Wanhill，1997）也得出了同样的结论。在此基础上，又有部分学者提出囊括企业、社区、政府以及第三方机构的"网络治理模式"是最适合旅游小企业经营与发展的模式（陈雪钧，2012；尹寿兵等，2013），且这一模式尤其适合中国乡村旅游的发展情境。

经营绩效是旅游小企业经营管理研究中一个重要且充满争论的领域。与其他类型的企业一样，良好的经营绩效是决定企业生存和发展的基础变量。然而由于旅游小企业的特殊性，如何评价经营绩效成为一个很难达成共识的问题。具体而言，传统的评价企业经营绩效的财务性指标，如利润率、投资回报率、市场份额等很难用于旅游小企业研究。主要有两点原因：首先，鉴于旅游小企业的特殊性，研究者很难获取关于企业财务绩效的会计信息，即使业主愿意提供，其准确性也很难保障（武真真、章锦河，2012）；其次，作为一种根植于家庭的劳动密集型服务行业，仅靠财务指标也很难全面地衡量旅游小企业的经营状况。因此，在已有研究文献中，学者们往往从客观和主观两个方面对旅游小企业的绩效进行衡量（见表1.4）。其中，相对于客观测量指标，由业主本人对经营绩效进行主观评价的方法被认为是更适合旅游小企业研究的方案（Hallak et al.，2011）。

表1.4 部分研究对旅游小企业绩效评价方法的总结

研究对象	评价方法	研究案例地	文献来源
住宿业、餐饮业、康乐休闲业小企业	• 客观指标：经营收入 • 主观指标：相较于以前利润增加/减少、相较于同行收入高/低	以色列	Lerner & Haber（2010）
住宿业、景点、康体娱乐业小企业	• 客观指标：雇员数、收益增长率、雇员增长率和平均收益增长率 • 主观指标：发展和增长感知、顾客满意度	以色列	Reichela & Haber（2005）

续表

研究对象	评价方法	研究案例地	文献来源
小型旅馆企业	• 客观指标：总收益、总销售额、平均房价 • 主观指标：出租率、星级评定、顾客反馈情况、业主经营满意度	澳大利亚	Bergin-Seers & Jago（2007）
各类旅游接待小企业	• 主观指标：相比同行在顾客数量、增长速度、市场份额、服务水平、顾客满意度方面的主观评价	南非	Van & Mathura（2007）
餐饮业、住宿业、旅行社业小企业	• 客观指标：销售额、成本、利润率 • 主观指标：顾客满意度、顾客忠诚度、员工满意度、员工流动率	土耳其	Avci（2011）
住宿业、餐饮业、旅游商店小企业	• 主观指标：业主对企业绩效与自己预期目标比较的主观评估	澳大利亚	Hallak et al.（2011）

资料来源：基于文献整理。

在旅游小企业经营发展的主要短板和瓶颈方面，国内外学者也进行了一定的研究。从已有文献可以看出，学者们认为旅游小企业发展的制约因素主要表现在管理能力、融资环境、自身经营导向等三个方面。例如，有学者指出经营资源的缺乏、创新能力不足及其导致的同质化是制约乡村旅游小企业发展的主要问题，而融资渠道缺乏及其造成的普遍的资金短缺又是制约旅游小企业提升管理能力和创新能力的关键因素（陈雪钧，2012）。也有学者认为很多旅游小企业本身是出于非经济目的创建的，与之相应的普遍存在于旅游小企业中的"非增长"导向对小企业的长远发展是一种阻碍（Chen & Hilson，2013；Keller，2010）。因此，管理制度的正规化、经营形式的多样化以及经营技术的现代化被认为是促进旅游小企业转型升级的主要方向（文军、李星群，2014）。

四、乡村旅游微型企业的创业研究

通过对相关文献的梳理可以发现，直接针对乡村旅游微型企业创业问题的研究还比较少，但关于旅游创业的研究已经初具规模，且这方面的研究大多聚焦于乡村或城市边缘地区的旅游创业问题（McGehee et al., 2007; Tew & Barbieri, 2012）。因此，对旅游创业研究的总结也能够反映乡村旅游微型企业创业领域的基本进展。索沃等（Solvoll et al., 2015）对旅游创业研究进行了梳理，发现该领域的研究虽然呈现出不断增长的趋势，但整体研究数量还比较少，研究主题较为分散，尚未形成系统的知识体系。在研究问题和理论应用方面，该领域的研究大体可以分为"主流"和"非主流"两个方向，且以聚焦于旅游特殊情境的"非主流"研究为主（Ateljevic & Li, 2009；杨学儒、杨萍，2017）。所谓"非主流"，即旅游创业研究大多聚焦于旅游业的特殊性，很少使用主流创业研究领域的视角和理论，因此在研究方法和理论应用方面与主流创业研究有很大区别。这一点也反映在旅游创业文献的主要来源上，绝大多数有关旅游创业的研究论文均发表于旅游类期刊，主流创业研究期刊则很少有针对旅游创业的研究论文（Solvoll et al., 2015; Li, 2008）。

整体上，可以从微观、中观和宏观三个层面来总结旅游创业研究的主要内容。微观层面的研究主要聚焦于创业动机的问题（Iorio & Corsale, 2010; McGehee & Kim, 2004; McGehee et al., 2007）。这方面研究的普遍结论是旅游微型企业业主的创业动机主要是为了获得更高质量的生活，而非追求利润最大化（Getz & Petersen, 2005）。例如有研究（Ateljevic & Doorne, 2000）发现，大多数旅游小企业的创业动机都与生活质量相关，为了维持某种特定的生活方式，创业者甚至会拒绝企业的扩大与成长，这与"增长导向"的主流创业研究具有很大的不同。中观层面的研究则主要涉及目的地社区与旅游创业关系的研究（Russell & Faulkner, 2004）。地方依恋、社区关系等被认为是与旅游小企业创业行为和创业绩效息息相关的变量（Daskalopoulou & Petrou, 2009; Hallak et al., 2012）。可以说，"社区"（community）是中观层面旅游创业研究的主要立足点，引发了不少关于旅游社区创业的研究（Borch et al., 2008; Peredo & Chrisman, 2006; Vestrum & Rasmussen, 2013）。宏观层面的研究则主要聚焦于旅游创业与其他行业创业的不同，以及政府和地方组织如何促进旅游创业的问题（Getz & Petersen, 2005; Lordkipanidze et al., 2005）。由此可见，已有的旅游创业研究大多将旅游创业视为一种特殊的现象，而不是创业行为的某种情境（Hjalager，2010），因此研究问题、研究框架以及主要观点与主流创业领域存在很大的差别。

值得注意的是，近年来部分学者开始将主流创业研究的框架应用到旅游创业情境中，研究内容逐渐触及创业意愿、创业绩效以及创业机会识别等主流性话题，并延伸至创新（innovation）、家族企业（family business）等领域。例如，有研究（Lerner & Haber，2011）探讨了影响旅游微型企业创业绩效的关键因素，发现旅游经营设施设备和当地的旅游资源质量对创业绩效的影响最大。另一研究对旅游微型企业创业绩效的影响因素进行了分析，发现创业者人力资本对绩效的影响最为显著（Haber & Reichel，2007）。有基于社会资本理论的研究（杨学儒、杨萍，2017），探讨了驱动乡村旅游创业机会识别的关键因素。也有聚焦于旅游创业意愿问题的研究（Altinay et al.，2012），发现创业者家庭传统和个人心理特质对创业意愿具有关键性的影响。不同于"非主流"的旅游创业研究，上述研究大多将旅游业作为创业研究的某种情境，因此在研究问题和研究方法上与主流创业研究较为接近，这反映了旅游创业领域的研究开始与主流创业研究进行对话，并逐渐规范化。

在理论应用上，国内旅游创业研究大多停留在个案研究的阶段，对成熟理论框架的应用较为缺乏（马彩霞等，2015）。国外旅游创业研究大量采用理论驱动下的实证研究，因此在理论应用方面较之国内研究更为广泛和深入。利益相关者理论（Byrd et al.，2009；Ryan，2002）、资源基础观（Andreu et al.，2009；Denicolai et al.，2010；Haber & Reichel，2007）、人力资本理论（Haber & Reichel，2007）、行动者网络理论（Johannesson，2012）等管理学主流理论在国外旅游创业研究中均有所涉及。值得注意的是，国外一些学者关注到家庭在旅游创业过程中起到的重要作用，并开始将家庭企业理论、家庭生产模式等理论视角引入旅游创业的研究（Altinay et al.，2012；Di Domenico & Miller，2012；Getz & Carlsen，2005；Morrison，2006），这对推进乡村旅游微型企业创业研究具有重要的参考价值。

第三节 两个主要的逻辑视角

如上文所述，虽然乡村旅游微型企业领域的研究内容十分庞杂，理论应用不足导致未能形成完整、系统的知识框架，但大体可以从小企业、家庭企业两个逻辑视角对已有研究进行梳理（Lynch et al.，2009；叶顺，2016）。可以说，这两个视角是过往研究对乡村旅游微型企业探索的基本逻辑，构成了以往研究对这一研究对象的整体理解，也为后续研究提供了理论视角的基点。

一、小企业逻辑视角

"小企业"是乡村旅游微型企业研究的基本逻辑，这一逻辑几乎贯穿于该领域研究的所有方面。在有关乡村旅游微型企业的概念、综合效应、经营管理等方面的研究中，"小企业"的特点是所有研究观点和结论的逻辑起点。莫里森和康维（Morrison & Conway，2007）对"何为旅游小企业"的问题进行了系统的分析，认为应当从"定量"和"定性"两个角度来理解旅游小企业，以及与小企业相伴而生的各种问题。因此，所谓旅游小企业并非是旅游大企业的缩小版，其与大企业在企业定位、所有权结构、管理运营模式等方面均具有显著的不同（见表1.5），而这种"质性"的差异才是理解旅游小企业的关键所在。

具体而言，在企业定位方面，旅游小企业的经营定位更加"生活方式化"，相比于经济回报，经营者可能更重视非量化的社会性回报（Peltonen et al.，2004）。与此相对应，旅游小企业往往体现出缺乏战略规划、进入门槛低、资金要求低、依赖家庭物业等特征，并且会在相当长的时间里维持这样一种特征（Bensemann & Hall，2010；叶顺，2016）。在所有权结构方面，旅游小企业往往由其所有者（一般是家庭户主）直接经营，即企业所有权和经营权是结合在一起的，其经营管理受到个人偏好和个人态度的直接影响。因此，莫里森（Morrison，1998）将旅游小企业称之为"家庭微型企业"（family-run micro-enterprise）。托马斯（Thomas，2000）认为这种所有权与经营权的紧密结合是旅游小企业区别于大企业的最显著特征。在管理运营方面，旅游小企业营销和运营具有非标准化的特点，其营销手段往往为直接面对顾客，产品和服务类型少，价格低廉，因而在市场竞争和市场环境波动下极其脆弱，需要政府、社区和行业协会的支持（陈雪钧，2012；尹寿兵等，2013）。

表 1.5 小企业视角的关键点

定量的关键点	定性的关键点
雇员数与家庭成员比例	企业的定位与动机
硬件设施与服务种类	企业所有权结构
资金来源与统计信息	管理模式与结构
市场份额与管理水平	服务定位与期望
经济性收益	非经济性回报

资料来源：Morrison & Conway（2007）。

可以说，正是沿着这一"小企业"的逻辑视角，学者们展开了对乡村旅游微型企业概念、效应、管理等方面的研究。小企业定量和定性层面的上述特点也解释了为什么乡村旅游微型企业在提升旅游者原真性体验质量、促进乡村社区经济发展、保护和传承传统文化方面有诸多积极的效应，而在正规化经营管理以及环境影响控制方面存在诸多瓶颈和问题。

二、家庭企业逻辑视角

"家庭企业"是乡村旅游微型企业研究的另一个基本逻辑。学者们意识到"家庭"在乡村旅游微型企业的经营中处于核心的位置。家庭目标、家庭关系与这一类型企业的经营不可分割，表现出显著的"家庭所有、家庭经营"的特点（Komppula，2014）。这一特点决定了乡村旅游微型企业在创业、经营、成长的过程中都受到家庭的密切影响。"家庭"与"企业"功能的重叠使乡村旅游微型企业在创业和经营方面与其他企业具有很大的不同，也能够解释关于这一类型企业优势与劣势的已有结论。

一方面，由于"家庭所有、家庭经营"，乡村旅游微型企业提供的产品与服务是与经营者的家庭紧密结合的,因此,旅游消费者得到的是根植于乡村家庭的原真性体验,这种体验是标准化的旅游企业无法提供的(Di Domenico & Lynch,2007;Guerrier & Adi,2000;叶顺,2016)。可见,根植于家庭正是乡村旅游微型企业在提升乡村旅游产品特色、提升区域旅游竞争力方面有突出效用的原因所在。同样由于"家庭所有、家庭经营",乡村旅游微型企业的经营收入直接流入农民家庭,企业的劳动力大多由家庭成员和近邻构成(Andriotis,2002;Komppula,2014),因此这一类型企业的发展能够直接贡献当地社区,对促进农民就业、社区赋权、经济独立作用显著。这也是国内外学者强调乡村旅游"内生式发展"的逻辑起源(李巍、刘辉,2012;张环宙等,2007;周永广等,2009)。

另一方面,"家庭企业"的逻辑视角也解释了乡村旅游微型企业在创业和经营中表现出的与其他企业的诸多不同。由于家庭与企业经营密不可分,乡村旅游微型企业在创业阶段十分依赖于家庭成员提供的创业资源(Zhao et al.,2011;李星群,2011),这在学者们对乡村旅游微型企业的概念研究中可见一斑。此外,基于亲缘关系的家庭单位承担了经营组织的主要角色,因而家庭在乡村旅游企业的创业和经营目标中往往也处于核心的位置,这解释了为什么相对于增长与盈利,家庭生活质量在这种类型企业的定位中占据了核心的位置(Getz & Petersen,2005)。需要注意的是,乡村旅游微型企业研究中的"家庭企业"逻辑与"家族企业"领域的研究逻辑并不相同。家族企业研究虽然也将家庭、家族作为企业经营管理的核心单元,但在这一研究领域中,家庭和企业本质上还是相互独立的实体(叶顺,2016),而对于乡村旅游微型企业,家庭的"生活功能"与企业的"生产功能"几乎是重叠在一起的。

本章小结

本章主要对乡村旅游微型企业的已有研究内容进行了回顾和整理,并从"小企业"和"家庭企业"两个视角对已有相关研究的逻辑脉络进行了分析和统合。可以发现，关于乡村旅游微型企业的研究虽然数量初具规模，研究内容也涉及广泛，但整体上未能形成完整的研究框架和系统性的知识积累。尤其是成熟理论指导下聚焦于微型企业本身的研究尚很少。基于此，本书认为需要从以下两个方面对该领域的研究进行细化与拓展。

第一，加强乡村旅游微型企业微观层面的研究。通过对已有研究的梳理可以发现，大多数研究都聚焦于乡村旅游微型企业的特点、问题、功能，以及对农村经济社会发展的作用。除个别研究以外，很少有学者聚焦于企业创立、经营和成长本身，并对其内在的规律和机制进行深入的探讨。已有研究的这一不足使得该领域的知识构建缺乏系统性和细致性，因而呈现出泛泛而谈的特点，难以实现相关知识的积累与深化，也难以为激励和扶持乡村旅游发展策略的开发提供微观的知识基础。因此，聚焦于企业本身，细致系统地探究企业创立、经营、成长对于深化该领域的研究具有重要的意义。

第二，加强主流成熟理论指导下的跨学科研究。通过文献回顾可以发现，"非主流"的研究占据了已有研究的绝大多数，很少有学者运用成熟的经济管理理论对乡村旅游微型企业进行规范化的研究。虽然不少学者意识到"小企业""家庭企业""农民创业"等视角在研究乡村旅游微型企业的过程中不可或缺（叶顺，2016），但大多数研究并未引入小企业研究和家庭企业研究领域的理论对旅游情境下的研究对象进行深入的探讨。主流理论应用的不足限制了乡村旅游微型企业研究的深度，也使该领域的研究难以与主流学科进行理论对话。因此，结合乡村旅游特殊情境，应用经济管理主流理论的跨学科研究是未来研究的重要任务。

第二章 创业与农民创业研究

企业的生成是乡村旅游微型企业研究的逻辑起点，涉及创业（entrepreneurship）的问题。此外，乡村旅游微型企业在生成后还面临着经营管理、创新发展和企业成长等一系列问题，而这些都与资源调动和重组有关（张玉利、杨俊，2010）。基于此，本章系统回顾创业研究领域的已有文献，仔细梳理创业研究的主要逻辑观点、理论视角和研究框架，并对国内外有关农村地区农民创业的研究内容和观点进行总结。在此基础上分析已有研究的不足，从而为后续研究的开展提供基础。

第一节 创业概念的主要逻辑观点

自从沙恩和维卡塔拉曼（2000）将创业界定为一个独立的研究领域以来，经过近二十年的发展，有关创业的学术研究已经颇为丰富，涉及了经济学、管理学、心理学、社会学等诸多学科和领域。然而整体来看，创业领域的研究至今尚未形成完全成熟的理论体系和普遍公认的研究范式（Aldrich & Baker，1997；Shane & Venkataraman，2000；俞宁，2013）。创业研究在研究视角和理论框架方面呈现出一种"丛林现象"（郭晓丹，2010）。这一点在有关创业概念观点的多元化上便可窥见。关于什么是创业、创业研究的对象是什么，已有文献存在不同的视角与观点。基于这些不同的视角与观点，创业研究形成了不同的研究对象、内容与框架。通过对已有文献的梳理可以发现，关于创业的研究大致存在六种不同的逻辑观点，即基于创新的观点、企业生成的观点、机会的观点、资源基础的观点、社会网络的观点和合法性的观点（Alsos，

2007；Davidsson，2008；Solvoll et al.，2015）。

一、基于创新的创业观点

一般认为，对创业者和创业现象的探讨肇始于经济学研究。早期的经济学家大多将研究精力集中于对创业者在经济系统中功能与地位的探讨。经济学家普遍认为"承担市场风险和不确定性"是创业活动的核心特点（Knight，1921；Cantillon，1990），而市场需求则通过创业者的创业活动实现均衡。例如康蒂永（Cantillon，1990）明确指出创业者是通过对风险的承担来获得收益的人群。具体而言，这种风险主要体现为"以当期固定的价格买入，以未来不确定的价格卖出"（俞宁，2013）。为了套利，创业者必须对市场环境的波动持有高度的敏感性和警觉性，而正是这种风险和不确定下的套利行为促成了市场供需从不均衡走向均衡。奈特（Knight，1921）直接将创业者定义为具有处理不确定性的能力的人，他（她）们在组织中往往扮演着不确定性决策者的角色。可以说，早期经济学家所关注的风险、不确定性、市场均衡等概念为后续学者从管理学、心理学、社会学等视角对创业者和创业活动的全面研究奠定了坚实基础。然而，经济学家将创业活动与"套利"等同起来的观点受到了后续学者的不断质疑与批判（Shane，2012）。

如果说早期经济学家对创业活动理解的核心是风险和均衡，那么从熊彼特（Schumpeter，1934）开始，经济学家则开始从"创新驱动经济增长"的视角重新审视创业活动和创业者的本质特点。熊彼特认为创业活动的核心属性乃是"创新"，即创业者通过生产要素的新组合打破原有的经济均衡，进而在更高的层次上实现新的均衡。他认为这种生产要素重组（recombination）下的"创新"是经济增长的首要内在动力。围绕这一思路，熊彼特指出作为创业者，必定具备一些创新导向的个人品质和内在动机，例如追求梦想以获取社会声望、对奋斗人生的追求与执着、享受不确定性和变动带来的心理愉悦感等等。很显然，具有上述心理动机的人在芸芸众生中并不多见，因此创业者在经济系统中往往具有一定的稀缺性（俞宁，2013）。

基于创新的观点（innovation-based perspective）将创业活动视为一种资源重组的创新行为，认为随着生产要素资源的重新组合，新企业、新产品、新服务便会出现，进而拉动经济的持续增长（Landström，2000）。可见，在这一观点下，对创业的研究并不针对企业生成、成长等具体过程，这些都被认为是创新活动的必然结果或是"副产品"。创新导向观点对创业研究领域最直接的影响是引发了其他社会科学领域的学者对创业者个人特质的研究（俞宁，2013）。既然创业活动的内核是创新，那么那些具有创新倾向的个人便更有可能成为创业者。沿着这一思路，心理学、社会学领域的学者对创业者的个人特质进行了深入研究，形成了大量的研究成果。在这一领域，风险倾向（risk propensity）、成就需求（needs of achievement）、控制点（locus of control）、模糊容忍性（ambiguity tolerance）、创新性（innovativeness）等心理特质被证明是创业者区别于非创业者最突出的个体心理特质（Begley & Boyd，1987；De Carolis et al.，2009；李敏、董正英，2014）。

虽然基于创新的观点为创业研究领域提供了一个很好的逻辑视角，但也有不少学者对这一观点提出质疑。一个较为普遍的质疑在于创新导向的创业观点在研究范畴上过于宏观和模糊。直观来说，一个企业在任何阶段都可能需要生产要素的重组，也即创新，那么在这一逻辑下，创业与经营、管理、成长等等概念之间便难以严格区分。所以，虽然基于创新的观点为创业研究奠定了理论基础，但在"创业"与"创新"两个概念本身上并未做严格的区分（Shane，2012）。因此在管理学研究中，直接使用基于创新观点的研究并不普遍。

二、过程学派：企业生成的创业观点

与经济学家相对"宏观"的创业研究观点不同，管理学家往往更加关注创业客体即新创企业本身，把企业的生成作为创业研究的重点，形成了企业生成的创业研究观点（business formation perspective）。俞宁（2013）认为，基于研究范畴的不同，企业生成观点的研究可以分为两派：一派专注于新企业从无到有的生成过程，致力于剖析新企业生成过

程中创业活动的内在规律;另一派则将研究视域延伸至新企业生成后的存活、绩效与成长问题,致力于探索影响新创企业生成、发展、成长"生命周期"全过程的关键因素与内在规律(张玉利、杨俊,2010)。企业生成导向的创业观点因其以企业本身作为研究单元,在管理学领域的创业研究中获得了较为普遍的认同(Gartner & Carter,2003;Aldrich & Martinez,2001;Solvoll et al.,2015)。

威廉·加特纳(William Gartner)是企业生成理论视角的主要奠基者。1985年,加特纳在《管理学评论》(*Academy of Management Review*)上发表了著名的《新企业创立现象的概念框架》一文,将创业直接定义为"新企业的创立过程"。不仅如此,加特纳还系统分析新企业生成过程中涉及的要素以及这些要素之间的相互关系。如图2.1所示,加特纳认为新企业的生成是一个涉及创业者、环境、组织、流程四个维度的系统过程。创业者的人口特征和心理特质、经济、文化、政治、技术外部环境、组织模式选择等变量之间相互影响,共同驱动新企业组织的生成。加特纳等学者奠定的企业生成创业观点之所以受到后续研究者的青睐,其原因主要在于两个方面。其一,以新企业组织生成为核心的创业观点更加符合大众对创业活动的直观理解,也更容易与战略管理等管理学的分支领域对接融合;其二,企业生成的创业观点为研究者提供了一个包括个人、环境、组织、流程在内的多维度框架,且这些维度下的概念便于观察和测量,为实证研究和定量分析提供了便利,因而有利于创业研究的发展与积累。

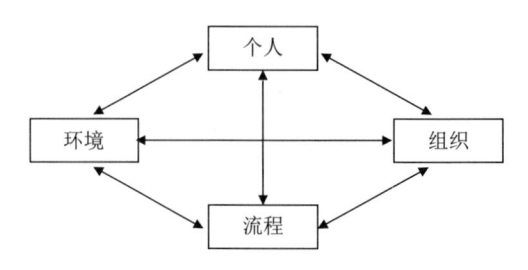

图2.1 新企业生成的概念框架

资料来源:Gartner(1985)

加特纳的开创性研究对创业领域研究的发展起到了重要的推动作用。自此以后，学者们开始意识到新企业的创立是一个涉及众多方面因素的复杂过程，创业者之间、创业企业之间的差异远比创业者和非创业者之间的差异更大（俞宁，2013）。至此，创业研究开始突破对创业者特质单一维度的探讨，而转向对创业企业生成内在机制规律的探索。加特纳为新企业生成奠定的多维度框架还为后续的创业实证研究提供了重要基础。后续的研究无论是聚焦于新企业的生成，还是企业从生存到发展成长的生命周期，大量套用加特纳提出的框架，从创业者个人、外部环境、组织管理等多维分析企业创立的动力机制（Diochon et al.，2005；Cooper et al.，1994；闫丽平等，2012；赵英等，2008），比较不同新创企业在绩效、增长、成长模式等方面的差异及差异来源（Sarkar et al.，2010；Stuart et al.，1999；Rauch et al.，2009；吴晓晖、叶瑛，2009；徐志坚、夏伟，2011）。值得注意的是，加特纳在前人研究的基础上还进一步总结了创业作为一个过程性概念所包含的六个"行为节点"：①定位商业机会；②积累创业资源；③产品与服务的营销；④产品与服务的生产；⑤组织建立；⑥响应政府与社会（合法性）。对创业过程行为节点的解构为创业研究的进一步深化提供了基础，也使得创业作为一个独立的研究领域开始具备雏形。

三、机会学派：机会导向的创业观点

随着研究的进一步深入，一些学者开始对创业活动的本质内核进行思考，以期能从本源上把握创业现象的关键属性，进而构建独立的创业研究领域与理论框架。在这方面，一些学者将"创业机会"（entrepreneurial opportunity）作为创业行为的核心分析单元，指出创业活动是创业者对创业机会的识别、评估和开发过程，形成了基于机会的创业研究观点（opportunity-based perspective），并得到了学术界的广泛认可和应用。其中，最具代表性的是蒂蒙斯（Timmons，1999）、沙恩和维卡塔拉曼（2000）的研究。

蒂蒙斯（1999）从创业机会、创业资源、创业团队三个维度对创业

活动的过程和内在机制进行了剖析,并且指出创业机会(entrepreneurial opportunity)乃是整个创业过程的核心要素。具体而言,如图2.2所示,蒂蒙斯认为创业活动的内核是创业机会,而机会的识别与开发则由创业者(团队)充当主体,对机会的识别和开发受到机会模糊性、市场不确定性等外部因素以及创业主体创造力、领导力等内部因素的交互影响。总结来说,蒂蒙斯眼中的创业过程是一个以创业机会为核心的"匹配过程",即对创业机会的识别和开发需要创业团队、创业资源、创业机会以及创业环境之间的匹配与整合。很显然,这一观点相比之前只关注企业生成的观点更加深入到创业活动的内部机制,具备很强的一般性与理论性。

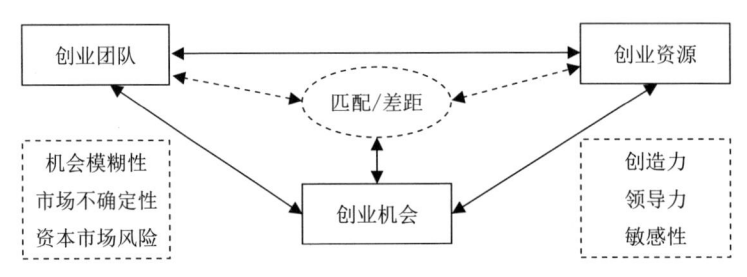

图 2.2　基于机会的创业过程理论模型

资料来源:Timmons(1999)

沙恩和维卡塔拉曼(2000)则进一步发展了以创业机会为核心的创业观点,他们更明确地指出"创业机会"是创业研究区别于其他管理学研究领域的核心分析单元,并提出了一个以创业机会的识别、评估和开发为主线的创业研究框架(见图2.3)。沙恩和维卡塔拉曼的论文产生了很大的影响,并真正使创业研究成为了一个具备独有概念和分析框架的独立的研究领域。具体来说,与此前有关创业的定义完全不同,沙恩和维卡塔拉曼认为创业是一个"对机会进行识别、评估和开发,进而创造产品和服务的过程"。这一概念摒弃了过往学者将新企业生成作为创业必然表现的研究传统,而将研究重心转移到创业机会本身。基于这一逻辑,创业并不一定表现为新企业的出现,在已有组织中也同样存在着机会的识别、评估与开发,即创业活动。这一观点被认为更加深入到了创业研究的内核,为创业研究领域构建了一个统一的、具有高度一般性的理论平台(Shane & Venkataraman,2000;俞宁,2013)。鉴于对创业研究领域的奠基性贡献,两位学者的该篇论文获得了《管理学评论》(Academy of Management Review)的最佳论文奖。

文章发表十年之后,沙恩(Shane,2012)对这一基于机会的创业视角所涉及的关键概念进一步进行了解释与厘清。首先,什么是创业机会?他强调创业机会是指"新产品、新服务、原材料、组织方法可能被创造并以低于成本的价格出售的情形"(Shane,2012),是客观存在的而不是主观认知的;对创业机会的识别、评估和开发则更多基于创业者个人的内在能力和外部环境,因而更大程度上具有主观性,因此创业活动本质上是客观的创业机会与主观的创业者之间的交互过程。其次,沙恩指出"资源重组"在创业机会的开发中扮演着关键性的角色,因此基于机会的创业概念实际上包含了熊彼特(1934)的创新逻辑。然而,沙恩强调,创业所隐含的创新不仅包括熊彼特式的"从无到有"的完全创新,也包括普通的、渐进式的创新。因为创业活动必然涉及资源要素的组合,而完全同质的资源组合方式是不存在的(Shane,2012),因此"创新"乃是创业活动的应有之义。

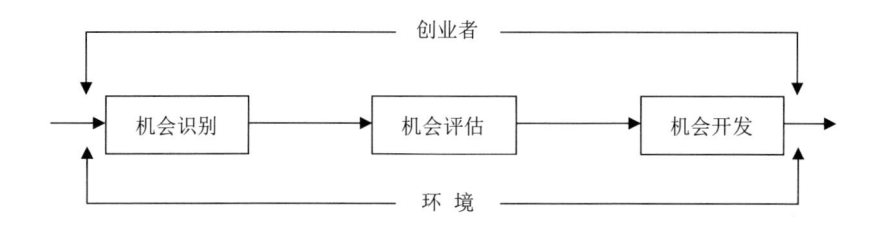

图 2.3 沙恩和维卡塔拉曼的创业理论框架

资料来源:Shane & Venkataraman(1999);俞宁(2013)

在沙恩和维卡塔拉曼后,学者们开始深入研究创业机会的性质、机会识别、机会评估等问题(Short et al.,2010;吴兴海、张玉利,2018)。在创业机会的属性和来源方面,学者们普遍认为创业机会具有异质性并将其进行分类探讨。例如，莎拉斯瓦蒂等学者（Sarasvathy et al., 2003）基于"手段—目的"关系的明确程度将创业机会分为复制型机会、改进型机会和创新型机会。阿尔迪什维利（Ardichvili, 2000）基于创造力的观点，按照价值诉求和价值创造能力两个维度将创业机会划分为梦想、问题解决、技术传递和商业形式四种类型。在创业机会识别和开发方面，沙恩（2000）发现，创业者的先前知识经验是影响创业者识别创业机会的重要因素。艾瑞纽斯和克莱尔（Arenius & Clercq, 2005）则指出个体的社会网络也会影响其对创业机会的感知。这些研究增加了人们对创业前端活动的认知。此外，有学者通过构建马尔科夫评估过程模型，考察了创业机会所需的最优时间长度（Levesque & Maillart, 2008）。这些成果都进一步推动了创业研究的深化。

四、资源学派：资源基础的创业观点

基于资源基础的创业观点认为企业要想获得持久的竞争优势，就需要掌握那些稀缺的、不可替代的资源。就新创企业而言，创业资源开发的过程就是构筑竞争优势的过程，创业资源贯穿着整个生产经营始末。从这个角度看，创业的本质是对创业资源进行合理配置以实现价值创造、获得竞争优势的过程。基于此，学者们将创业理论和资源基础理论进行了融合，从创业企业资源的配置过程来揭示创业行为和现象（张玉利，2018）。

阿尔瓦雷斯和布塞尼茨（Alvarez & Busenitz, 2001）认为资源基础观和创业研究存在内在联系，他们首次将资源基础观的研究边界扩展到创业研究中。具体而言，他们认为创业行为通过对有限资源的创造性配置和组合能形成新的异质性资源，异质性是资源基础理论和创业理论的共同特征。在此基础上，他们将资源基础观的边界扩展到个体创业者的认知能力、创业者拥有的个人专属资源等，认为这些因素可以促进创业者识别新的创业机会，并为新企业整合资源。此外，他们还建议创业研究应该界定自己的研究边界，并将资源纳入分析视角，借此考察横跨微观到宏观的各种问题，并尝试构建创业理论。

阿尔瓦雷斯和巴尼（Alvarez & Barney，2004）进一步聚焦于"企业为何存在以及如何刻画组织的边界"这一多学科高度关注的理论问题，将资源基础和交易成本进行结合。他们指出企业存在的根源是为了创造和占有因发觉市场机会所带来的经济租金，企业的边界主要取决于经济租金创造过程中显性知识和隐性知识的相对重要性。当经济主体发现了潜在的市场机会，并且控制了开发机会所需要的所有必要资源时，就不需要额外的经济组织来创造和获取开发市场机会所带来的经济租金，而可以通过机会转让来获取机会识别的收益。而当经济主体没有控制机会开发的必要资源时，获得经济租金的方式就取决于机会开发识别过程中显性和隐性知识的重要性。当隐性知识对于产生和获取经济租金更重要时，层级管理机制要优于非层级管理机制，这时新企业就产生了。而当显性知识更重要时，治理形式的选择取决于能否设置有效的隔离机制。基于此，他们提出了经济租金产生和占有的治理模型（如图2.4所示），弥补了以往研究仅强调企业经济租金产生和获取的重要性而忽视产生和获取过程的不足。

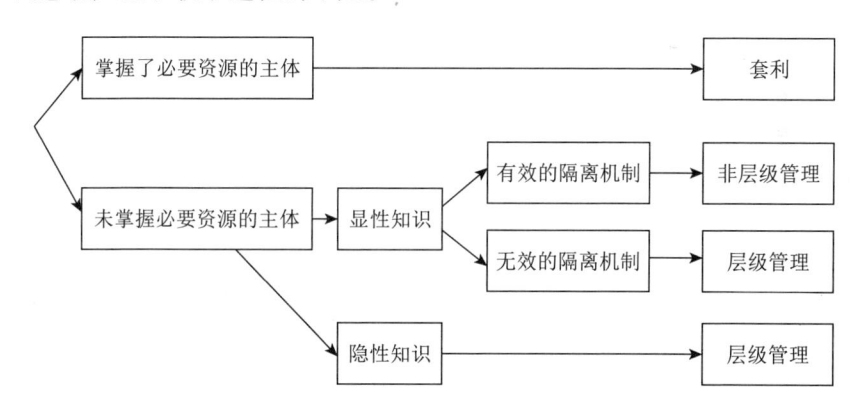

图2.4 阿尔瓦雷斯和巴尼的经济租金产生与占有的治理机制模型

资料来源：Alvarez & Barney（2004）

五、网络学派：社会网络的创业观点

社会网络对创业活动有着重要的影响。创业活动在复杂的社会网络中进行，创业者在所嵌入的社会网络中的位置、所处的网络结构以及与之相联系的其他主体共同促进或制约着创业活动（Renzulli，Aldrich & Moody，2000）。因此，与创业相关的社会网络一直是创业研究的重点之一。具体而言，社会网络的结构和特点以及创业者在网络中拥有的社会资本将如何影响创业行为和创业绩效是社会网络视角关注的焦点问题。围绕这些问题，学者们展开了一系列研究。

汉森（Hansen，1995）考察了创业者社会资本与创业绩效之间的关系，并通过行动集的特征考察社会网络。虽然已有研究肯定了创业者的社会网络规模对新企业的成立和初期的绩效有着重要影响，但是，这些研究在测量社会网络时通常是让创业者写下与他们关系最密切的五个人的名字，并考察创业者与这五个人的互动关系。然而，汉森认为更适宜的方法是测量创业者社会网络中参与创业活动的人员规模而不是他们的整个社会网络，即测量创业者行动集。汉森指出创业者行动集是创业者整个社会网络的子集。行动集的成员是那些掌握资源并愿意与创业者合作创办企业的行动者。行动集在行为上组成了创业者的社会资本。此外，他认为社会资本的相对数量和开发社会资本的方式可以通过三种创业行动集的特征来衡量：(1) 行动集的规模：创业者社会网络中相关成员的数量。(2) 行动集互动的程度：创业行动集中的每一个行动者平均拥有的连带的数量。(3) 行动集频率：行动者间相互联系的频率。概言之，汉森用行动集的特征来考察社会网络，有利于更加深入地认识和揭示创业者的社会网络，因而推动了社会网络视角相关研究的发展。

格列韦和萨拉夫（Greve & Salaff，2003）沿袭了汉森的研究思路，进一步探讨了创业者社会资本、创业过程和创业绩效的关系。他们分析了在创业的三个阶段中四个国家的创业者的社会网络活动，指出在不同创业阶段的创业者需要不同的关系和资源。首先，与汉森类似的，他们没有通过测量创业者的整个社会网络来考察创业者的社会资本，而是聚焦于创业者的讨论网络（discussion network），也就是与创业者讨论创业事宜的人员的数量。其次，他们将创业过程分为动机阶段、计划阶段和创建阶段。具体而言，在动机阶段，创业者将最初的创意和设想与他人讨论，形成创业的思想；在计划阶段，创业者为创建企业做准备，采取不同的行动获取所需的知识和资源；在创建阶段，创业者创建并经营新企业，更专注于日常活动、交流和解决问题。他们的研究发现创业者在计划阶段的讨论伙伴比其他阶段都多。其次，家庭成员在各个阶段都活跃于创业者的社会网络中。再次，各个国家的创业者的网络模式并无差异，但网络的数量和建设网络花费的时间存在国家间的差异。总体而言，格列韦和萨拉夫在"创业行动集"的概念基础上，进一步研究了"讨论网"，使研究问题更加明确，其对性别、家庭背景、创业背景、国家文化等因素的对比分析，拓展了研究社会资本与创业过程、绩效研究的视野。

六、制度学派：合法性的创业观点

克服创业失败率高、实现快速成长是创业研究迫切需要解决的重大现实问题。传统的创业研究常常忽视了社会结构因素对新企业运营的影响，并将新企业的失败归因于竞争力弱等因素。然而，这未能更清晰地揭示新企业失败率高的机理。新企业成长与现存企业成长有着明显不同。斯廷奇库姆（Stinchcombe，1965）指出新企业相较于既有企业，面临缺乏行业经验、承担多种角色、难以建立投资者信任关系等方面的新进入缺陷（liability of newness）。20世纪80年代后期，学者们围绕新进入缺陷的产生原因开展研究，研究发现合法性约束而非内部协调管理因素是导致新进入缺陷和新企业死亡率高的主要原因（Stinchcombe，1965；Singh & House，1986）。这些研究推动了关于新企业合法性获取途径的探讨。

奥尔德里奇和费奥尔（Aldrich & Fiol，1994）首先区分了新企业面临的两种合法性：社会政治合法性和认知合法性。其中，社会政治合法性包括关键利益相关者、政府官员等对新企业行为、形式与法律、规则和规范的一致性的认可度（Aldrich & Fiol，1994；Shepherd & Zacharkis，2010）。社会政治合法性低导致新企业注册困难、产品标准不被社会接受及融资困难等。认知合法性则指新企业被社会接受的程度

(Aldrich & Fiol, 1994), 主要由外界对新企业知识的了解决定。认知合法性低表现为社会对新企业产品或服务了解很少, 产品或服务难以被顾客接受或价值评价较低 (Shepherd & Zacharkis, 2010)。一般情况下, 新企业只有获得政治合法性才能成立, 而获得认知合法性则是新企业普及产品的必要条件。此外, 奥尔德里奇和费奥尔还提出了获取合法性的多层次途径。他们认为创业者需要从组织、行业内、行业间和制度四个情景层次, 提高认知合法性与社会政治合法性来获取合法性, 实现创业成功。例如, 创业者可以基于四个层次的情景, 通过创建信任、可靠性、声誉, 最终获得制度合法性 (见表2.1)。新企业合法性获取的多层次途径, 极大地推动了对新企业生存与合法化战略关系的深层探讨。

表 2.1 创业战略与新企业成长

分析层次	认知合法性	社会政治合法性
组织	经由象征性语言和行为开发知识	开发内部一致的故事, 促进对创业新活动的信任
行业内	鼓励行业内围绕主导设计集中开发行业知识基础	通过众多新企业的集体行动, 开发可感知的可靠性
行业间	经由行业协会等第三方组织传播创业活动知识基础	通过与其他行业的协商与妥协, 扩大新活动实体存在的声誉
制度	基于现存教育课程的联系, 建立更广泛的知识基础	基于集体营销和游说, 提高合法性水平

资料来源: Aldrich & Fiol (1994)。

在此基础上, 齐默曼和蔡茨 (Zimmerman & Zeitz, 2002) 突破了合法性与新企业缺陷关系的传统认识, 指出合法性不仅是新企业克服新进入缺陷的基础, 也是新企业成长的重要途径, 从而将合法性引入了新企业成长的研究。他们从合法化过程的视角分析了新企业如何选择合法化战略、跨越合法性门槛, 来获得新企业的生存与成长 (见图2.5)。

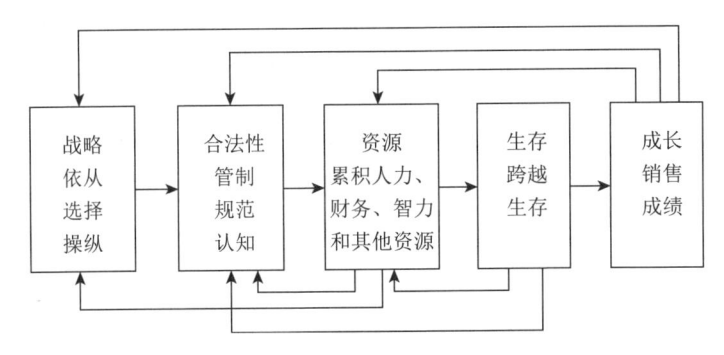

图 2.5　齐默曼和蔡茨企业合法性过程模型

资料来源：Zimmerman & Zeitz（2002）；张玉利（2018）

在合法性约束下，创业者对合法性是否足够重视并采取适宜的合法化行动对新企业的成功有重要影响（Delmar & Shane，2004）。创业者需要根据制度情境选择合法化战略（Suchman，1995；杜运周等，2009）。萨奇曼（Suchman，1995）基于组织对环境的战略主动性影响差异，提出了依从、选择和操纵三种合法化战略。在此基础上，齐默曼和蔡茨（2002）提出依从、选择、操纵和创造四种合法化战略（如表2.2）。他们认为新企业可以从管制、规范、认知和行业等几个层次着手建设合法性。例如，新企业可以通过遵守相关管制规则获得管制合法性；通过构建网络关系获得规范合法性；通过采用常见的商业模式提高认知合法性；通过采用行业标准获得行业合法性等。并且，他们认为在一定情境下企业不仅需要也能够影响制度环境，有时甚至能创造制度环境，新企业成长的首要任务是通过合法化战略跨越合法性门槛（张玉利，2018）。

表 2.2　齐默曼和蔡茨的合法化战略类型

战略	含义	举例
依从	新企业完全依从制度	服从管制，如遵守相关管制规则
选择	新企业选择更有利的环境	企业选址，例如选址在适用相关技术的企业附近，更利于突破性创新获得认可

续表

战略	含义	举例
操纵	新企业影响制度环境	生物技术行业改变了公司首次公开发行需要盈利的价值观
创造	新企业创造新的制度环境	创造新的模型、实践和思想等

资料来源：Zimmerman & Zeitz（2002）；张玉利（2018）。

七、观点比较与总结

上述观点从不同的角度对创业活动的内涵和外延进行了剖析，对推动创业研究的发展与成熟均有重要作用。然而，时至今日，学术界仍然没有形成完全统一的关于创业研究理论框架的共识，研究者们往往基于特定的研究情境选择或是融合上述几种观点（Shane，2012）。虽然沙恩和维卡塔拉曼（2000）奠定的基于机会的创业观点获得了相对广泛的认同，但也遭遇了不少质疑与批评。其中关于基于机会观点最普遍的批评表现为以下两点：首先，机会识别、评价和开发的创业观点有违新企业创建这一大众所理解的创业概念，因此很难为大众所理解（Reynolds & Curtin，2007）；其次，"创业机会"是一个很难操作化和测量的概念，虽然沙恩（2012）强调机会是客观的，但在研究实践中很难将创业机会与商业构想（business idea）区分开来（Davidsson，2003）。

基于上述分析，且鉴于本书的研究情境，我们主要采用企业生成导向的创业观点（firm formation perspective）。对于乡村旅游地来说，创业机会往往是显而易见的，农民大多了解当地政府对旅游发展的态度和产业发展前景，因此基于机会观点下专注于相对客观"创业机会"的研究逻辑显然与本研究的特殊情境不相匹配。企业生成的研究视角除了与本研究的情境相匹配，还具有以下三个优点：第一，"新企业的生成"是创业行为的主要外在表现，也更加符合大多数人对创业行为的直观理解；第二，相比于机会识别、评估和开发，创建（start-up）新企业意愿和行为等概念更容易操作和测量，更易于在不同研究间进行结论的比较；第三，聚焦于企业本身的创业研究也更加符合管理学研究的传统，因此在研究对象方面相对更加具体。

第二节 创业研究的主要视角

从上文关于创业概念逻辑观点的梳理可以发现，虽然学者们对什么是创业有着不同的理解和研究侧重点，但三种观点几乎都直接或间接地关注到创业者、创业环境之间的互动和匹配是理解创业现象的重要基点。鉴于此，在对创业现象和创业过程内在规律的探索中，学者们大多从创业者个人、创业环境两个视角进行理论的构建与实证检验，形成了创业研究的"认知视角"和"环境视角"。此外，近年来不少学者将经济社会学中关于社会网络嵌入的理念应用到创业研究中来，致力于探究社会网络和社会资本对创业过程、创业企业生存和发展的影响，形成了创业研究的"网络视角"。有鉴于此，本节主要对上述三种创业研究视角进行梳理与总结。

一、基于个体认知的研究视角

从个体认知的角度探索创业活动的内驱力是创业研究的传统视角。事实上，即使是强调机会才是研究创业现象的重点的沙恩和维卡塔拉曼（2000）也承认创业者的主观认知是创业研究不可回避的要素，因为创业现象实际上是"客观的机会与主观的认知之间互动的结果"（the nexus of opportunity and individuals）（Shane，2012）。因此，关于创业者不同于非创业者认知特点的"特质论"一直以来都是创业研究领域中的普遍共识（俞宁，2013）。早期学者大多从人口统计变量的角度探索创业者区别于非创业者的主要特征。20世纪80年代以后，随着社会认知理论和社会心理学的兴起，学者们对创业者特质的探究转移到了感觉、知觉、思维等认知层面，积累了大量关于创业者特有认知特点的研究成果。虽然该领域的研究结论还存在一定的争论，但关于创业者在"创业警觉性""认知偏差""自我效能感""内控点"等心理认知变量上的突出表现得到了学术界的普遍关注与认同。

心理学家认为认知过程（cognitive process）是个体信息接收和利用的方式，是由信息获得、信息编码、信息储存、信息提取和应用等环节所组成的信息加工系统流程（Walsh，1995；俞宁，2013）。正如经济学家所指出的，与创业现象相伴而生的市场环境具有不确定与模糊性，在这种复杂多变的环境下，创业者受制于信息不完全和个体信息处理能力的不足，很难做出完全理性的决策。因此，创业者往往采用一些有异于常人的特殊认知方式，从内在驱动创业决策的过程。基于这样的逻辑，不少学者对创业者的这些特殊的认知模式进行了分析与探讨，形成了较为系统的研究观点。通过大量的实证研究，创业警觉性（entrepreneurial alertness）、认知偏差（cognitive bias）等认知特点被证明是创业者显著区别于非创业者的认知要素（蒋剑勇，2013）。

作为一种创业者特质，创业警觉性对创业过程的积极影响得到了学界的关注与重视。已有研究大多将创业警觉性与创业机会识别联系起来，认为具有高创业警觉性的个体拥有准确的商业嗅觉，能够迅速地识别未满足的市场需求，进而识别和开发创业机会。有研究（Gaglio & Taub，1992）指出具有较高的创业警觉性和洞察商业机会的意识是识别创业机会（也就是创业）的前提条件。因此，我们可以将创业警觉性视为激发创业活动的内在"推力"，因为这种对创业机会"关注但不搜索"的认知敏感性乃是驱动个体参与实际创业行为的最直接的内动力（Tang et al.，2012）。关于什么是创业警觉性，很多学者也进行了系统的探讨。例如有学者认为创业警觉性是一种"通过置身于信息流中来提高机会识别概率的认知倾向，而不是对某种特定机会加以刻意搜索"（Kaish & Gilad，1991）。另有学者则将创业警觉性定义为创业者"对外部环境中反映事物变化的信息和行为的一种敏感性和倾向性"（Ray & Cardozo，1996）。需要注意的是，虽然大多数学者将创业警觉性视为一种相对稳定的个人认知特质，但近年来不少研究注意到创业警觉性受到外界环境和人际互动的影响，因此具有一定的可塑性（De Carolis et al.，2009；杨学儒、杨萍，2017）。

另一个被普遍证明对创业活动具有强烈影响的认知因素是认知偏差。认知偏差主要指直观推断、过度自信、控制幻想、反事实思考等错误和偏激的决策方式。不少学者指出，正是这些认知偏差下的"冲动"使人们更容易走上创业的道路（Camerer & Lovallo, 1999; Baron, 2004; Hayward et al., 2006; Hmieleski & Baron, 2009; 陈震红、董俊武，2007; 李敏、董正英，2014; 赵文红、孙卫，2012）。例如，在面对市场不确定性和创业风险的情况下，过度自信的人会自动高估自己对市场信息和动态环境的把握程度，低估创业过程中可能存在的资源不足与失败风险，进而"一意孤行"地做出创业决策。当真正开始实施创业行为时，以过度自信为代表的认知偏差则很可能对创业者形成干扰，导致困难与失败。因此，随着在创业活动中创业者掌握信息与资源的日益丰富，直观推断、过度自信、控制幻想等认知偏差必然要被理性评估下的理性决策所取代（俞宁，2013）。可见，与创业警觉性对创业活动的积极影响有所不同，认知偏差的积极影响主要在于促进创业者的创业决策（start-up decision），对创业企业的生存、绩效和成长则可能具有负面的作用。

二、基于创业环境的研究视角

虽然创业者个人认知特质对创业行为决策和创业活动结果具有重要甚至是首要的影响，但创业决策和创业过程离不开所处环境的影响与制约。这一点可以在学者们关于创业定义各种观点的分析中得以窥见。具体而言，无论是持企业生成创业观点的加特纳，还是持基于机会观点的沙恩和维卡塔拉曼，都在其论述中强调了"创业环境"的重要性，并把创业过程看作是主观个人与客观环境之间互动、匹配的过程（Gartner 1985; Shane, 2012）。基于这一逻辑，创业领域对创业环境的研究起步较早，成果也较为丰富。整体来看，可以将创业环境的研究分为两个方面。一方面，学者们聚焦于"什么是创业环境？"的问题，对环境包含的要素进行了系统的分析与归纳；另一方面，是对创业环境特点的"维度"以及创业环境的特点对创业过程影响的探讨。本节就以上两个方面对已有研究的主要进展与观点进行综述。

(一) 创业环境的要素构成

组织环境是管理学研究的传统重点领域。关于什么是创业环境,创业环境包括哪些构成要素,已有研究进行了大量的探讨,并形成了较为系统的研究观点(Porter,1980;Gartner,1985;Gnyawali & Fogel,1994;姚梅芳等,2010;蔡莉等,2007)。需要注意的是,随着对创业环境研究的逐步细化与深入,一部分学者提出了"环境决定论",认为创业环境是创业者施行创业行为必须适应的一系列客观存在的外部条件(Aldrich,1979;郭晓丹,2010),这与强调主观感知环境的研究流派形成了鲜明的差别(俞宁,2013)。

在创业环境构成要素的研究方面,全球创业观察项目(GEM)提出的框架影响较大,为后续学者们对创业环境的研究提供了重要的基础。该项目归纳了创业环境的九个构成要素,分别是:①金融支持环境;②政府政策支持环境;③政府项目支持环境;④创业教育与培训;⑤研发力度与转移效率;⑥商业基础设施;⑦有形基础设施;⑧市场进入壁垒;⑨创业文化氛围。以此为基础,学者们从多个方面对创业环境的构成要素进行了进一步探讨,并就这些要素的维度进行了归纳与总结。例如,格耶瓦里和福格尔(Gnyawali & Fogel,1994)在前人研究的基础上将创业环境构成要素总结为融资环境、政策环境、服务环境、文化环境四个维度;崔启国(2007)则将创业环境简单划分为两个层面:一是直接创业环境要素,即为创业活动提供直接资源支持(或制约)的环境因素,具体包括融资环境、技术环境、人力资源环境;二是间接创业环境要素,即为创业活动提供信息、保障和服务性资源的环境因素,主要有市场环境、政策环境和文化环境等方面。

随着研究的细化与深入,一些学者开始关注到创业环境影响对于不同区域、不同类型企业创业的异质性,指出在不同的国家,对于不同类型的企业,其创业过程中环境因素的影响具有显著的差别。例如蔡晓珊和陈和(2016)针对知识型企业创业的关键环境要素进行探讨和实证分析,指出对于知识密集型的企业,教育培训环境、融资环境、知识产权制度环境这三类外部环境因素是推动创业决策和创业活动的关键要素。此外，蔡晓珊和陈和（2014）还对人力资本密集型企业的创业环境进行了研究，归纳出社会经济条件、资本市场、教育培训、知识产权制度、社会文化、基础设施六项具有重要影响的外部环境因素。除此之外，还有部分学者针对中国的特殊文化和经济发展情境，对影响创业的环境因素进行了梳理，得出了一些有别于西方研究情境的结论（姚梅芳等，2010；杜海东、李业明，2012；罗山，2010）。

（二）创业环境的特征及其影响

与强调创业环境客观性的构成要素不同，一些学者对创业环境的异质性特点进行了分析和解构，并系统考察了创业环境特征的差异对创业各个阶段活动的影响。具体而言，创业环境的特征指的是创业环境的整体表现，反映了创业环境在一些基本属性上的差异。长期以来，研究者们从不同的视角对如何界定创业环境的特征进行了探讨（Aldrich，1979；Pfeffer & Salancik，1978；Dess & Beard，1984；来新安，2009；朱秀梅、肖雪，2016）。

其中德斯和比尔德（Dess & Beard，1984）对创业环境特征的维度划分的结果，对该领域研究的影响最大。德斯和比尔德从宽松性、复杂性、动态性三个维度对创业环境所表现出来的一致性特点进行了解构。具体而言，宽松性度量的是环境中创业活动所需资源的丰富程度；复杂性度量的是创业环境要素的数量以及要素之间的差异程度；动态性则度量的是创业环境构成要素的变化程度（俞宁，2013）。德斯和比尔德进一步指出，创业环境在上述维度上的差异对创业活动具有显著的影响。例如，整体而言宽松的创业环境将有利于创业机会的开发和创业企业的存活、成长，而复杂、动态的环境则有利于创业机会的识别与获取（Wiklund & Shepherd，2005；俞宁，2013）。

值得注意的是，除了关注到创业环境的特征将直接影响创业决策和创业绩效，一些学者也指出环境所表现出来的特征对人力资本、社会资本等要素在促进创业活动的过程中扮演着"干扰者"的作用。例如，对于人力资本因素和社会资本因素对创业活动和创业绩效影响孰大孰小的问题，不少研究者指出创业者和创业企业所处环境的差异能够对此予以解释。例如，在创业环境表现出宽松特征的情况下，创业者能够从市场渠道获取需要的信息和资源，因此人力资本要素可能比社会资本要素对创业活动的影响更为显著（Reynolds et al.，2002）；而在相对闭塞、制度不完善的创业环境下，社会网络、人际关系对创业关键资源的获取与调动的作用可能更为突出（Hunter & Schmidt，1990；Unger et al.，2011）。

三、基于社会网络的研究视角

20世纪80年代以来，随着"经济社会学"（economic sociology）的兴起，将创业者视为"原子式"个体的研究传统受到了广泛质疑。创业者显然不是独立于社会网络而存在的孤立个体，创业决策和创业过程必然受创业者社会网络的促进或阻碍（Granovetter，1985）。在这一思潮下，"社会网络视角"（network-based perspective）逐渐成长为解释和预测创业决策和创业结果的重要理论视角（Hoang & Antoncic，2003；Stam et al.，2014；郭红东、蒋剑勇，2013）。社会网络视角强调社会网络结构、人际关系特征对经济和社会现象的解释，这一视角下的经典理论包括"弱连带优势理论"（Granovetter，1973，1985）、"强连带优势理论"（Krackhardt，1992）、"结构洞理论"（Burt，1992），以及"社会资本理论"（Lin，2001）等。

持社会网络理论视角的学者们将创业决策和创业活动置于人际关系连带构成的社会网络中加以研究和考察，其关注的焦点是社会网络结构的特征及其中人际关系的特征对创业活动和创业绩效的影响（俞宁，2013）。需要注意的是，在以往文献中，"社会网络"与"社会资本"这两个概念经常混同使用。两者之间虽然高度关联，却也有明显的差别。一般认为社会网络主要指个体社会关系网络的结构和特征，包括社会关系规模、多样性、密度等方面，而社会资本则聚焦于个体借由社会网络而能够获取和调动的资源。可以说，社会资本是社会关系网络的价值所在，而社会网络则是社会资本的载体和表现形式（Bourdieu，

1986）。因此，秉承这一逻辑视角的创业研究者认为社会网络的本质属性乃是一种创业资源（即社会资本），它与人力资本、财务资本等资源一样，是创业过程中不可或缺的条件（Zhao et al., 2011；叶顺，2016）。

　　社会网络对创业活动和创业绩效具有怎样的影响？围绕这一问题，学者们主要从社会关系连带强度、社会网络结构特征两个方面进行了探讨（Stam et al., 2014）。在关系连带强度方面，一些学者提出"弱连带优势"（Granovetter，1973），即认为宽松、广阔的"弱连带"关系能够为创业者带来更多、更及时的信息和资源，因而相较于亲戚、朋友等"强连带"更有利于创业机会的识别与开发（Hills & Singh，2004；罗家德，2005；黄洁等，2010）。关于如何度量关系连带的强度，格兰诺维特的研究（Granovetter，1973）奠定了很好的基础。他从相识时间、互动频率、亲密程度、互惠内容四个层面对人际关系的强度进行了解构。基于这一框架，认识时间越久、互动频率越高、亲密度越高、相互情感支持越多，社会关系连带就越强。另外，不少学者还根据关系来源间接地判断连带的强弱，例如，一般认为家人亲戚和朋友为强连带，其他社会关系则为弱连带（Bradley et al., 2012；Zhao et al., 2011）。与"弱连带优势"的观点相反，一些学者认为相较于弱连带，强连带对个体创业决策和创业绩效的积极影响更大。例如研究（Carr & Sequeira，2007）发现家族成员（家人亲戚）在影响创业者走向创业道路的决策中起到了至关重要的作用，而这一关系明显属于"强连带"的范畴。在对新创企业的绩效影响方面，不少学者也指出了"强连带优势"的存在，例如，基于德国1700家新创企业样本数据的实证研究（Briderl & Preisendorfer，1998）发现，强连带对企业绩效的积极影响效应显著大于弱连带。值得注意的是，在中国情境下，强连带关系对创业决策和创业绩效的积极影响得到了普遍的验证，其原因可能在于中国人情社会的基本格局（黄洁等，2010；高静、张应良，2013）。

　　除了连带关系的强度，另有部分学者关注社会网络结构的某些特征对创业行为和创业绩效的影响。在这方面，社会关系网络的规模、成员多样性、创业者所在位置（结构洞）等反映网络结构特征变量的影响得到了广泛且深入的探讨。例如，有运用跟踪式案例研究（Steier & Greenwood, 2000）发现建立足够数量的联系（网络规模）对创业活动的成功具有关键性作用；有针对广西农民乡村旅游创业决策的研究（Zhao et al., 2011）指出亲戚朋友关系网的规模越大、多样性越高，农民参与创业的可能性就越高。整体而言，在网络规模和网络成员异质性方面，研究者们普遍认为网络规模越大、异质性越高，创业者越易获得所需的多样性资源，也就越有可能创业成功（Renzulli & Aldrich, 2005; Stam et al., 2014; 俞宁, 2013）。

通过对已有相关文献的梳理可以发现，关于关系强度、社会网络整体特征与创业行为和绩效之间关系的研究还存在诸多争议与矛盾之处（Stam et al., 2014）。一个有力的解释是在创业活动的不同阶段，以及在不同的创业环境下，社会关系网络不同层面的特征对创业活动可能具有不同的影响。事实上，一些研究甚至发现过度嵌入于社会网络反而会给创业企业的绩效和成长带来负面的效应（Arregle et al., 2015; 杨震宁等, 2013）。可见，社会网络嵌入对于创业活动和新创企业发展的影响是十分复杂的。

第三节 农民创业研究的现状

随着创业研究领域的不断深入，学者们对创业者、创业环境、创业机会、创业资源、创业绩效等问题的探索和理解不断积累并走向成熟，取得了大量的研究成果。而在农村经济结构和社会环境变化剧烈的背景下，针对农民创业的研究日益成为创业研究中的一个重要部分。农民创业之所以受到国内外学者的关注，其原因主要在于两个方面。其一，随着农村经济改革和农村经济结构的调整，农民面对的生产环境发生了巨大变化，创业成为农民应对生活压力和环境剧变的重要途径（Stathopoulou et al., 2004）；其二，农民创业被证实对各国繁荣农村经济、推进传统经济结构的升级具有重要的助力，因此得到了各国政府的鼓励与支持。在上述背景下，我国从20世纪90年代以来继"民工潮"后又出现了"创业潮"，农民创业、农民工回乡创业等问题逐渐得到了学术界的积极关注，引发了大量关于农民创业的学术研究。本节主要从农民创业的概念、研究内容、主要观点等几个方面对农民创业领域的已有研究进行梳理，从而为本书后续研究，尤其是研究一和研究二的展开提供过往研究的脉络与基础。

一、农民创业的概念界定

关于农民创业概念的界定，国内外学者在视角方面具有很大的不同。通过对已有研究的梳理可以发现，西方学者很少使用"农民创业"这一术语，而更多地使用"农村创业"（rural entrepreneurship）。在大多数西方学者的眼里，农村创业和城市创业的不同仅在于创业环境的差异。例如，雷（Ray，1999）指出，农村创业与城市创业的主要区别在于农村特殊环境对创业过程的影响；斯塔霍普卢等（Stathoploulou et al.，2004）进一步指出，农村创业与城市创业在创业过程方面没有差别，只是农村创业的环境相比城市提供了不同的机会和限制，而这些机会和限制影响了农村创业的过程和结果。可见，西方学者往往是从创业环境的角度来界定农村创业和农民创业的。他们普遍认为农民创业者和城市创业者没有什么不同，不同的只是创业的外部环境（孙红霞等，2010）。在这方面，沃特曼（Wortman，1990）对农村创业概念的界定广为西方研究者所采用：农村创业即在农村地区创建新组织以生产新产品、提供新服务、开拓新市场、采用新技术的一系列活动与过程。

相对于农村创业，我国学者更倾向于"农民创业"这一术语。很显然，农民创业更多是从创业主体的视角提出的，强调了农民作为创业主体的特殊性（见表2.3）。基于这一基本视角，我国的农民创业研究十分重视对创业者特征的分析，形成了对农民工、返乡农民工、失地农民、农村大学生等不同农民群体创业活动的研究格局（郭星华、郑日强，2013；胡豹，2011；赵立，2012）。因此，在我国学术界，农民创业并不限定创业的环境是城市或农村，也不限定创业的目标行业是否与农业相关，而往往仅限定了创业的主体是农民。

中外学者在界定农民创业过程中的着眼点之所以不同，其原因在于"农民"在中国和西方社会的角色具有本质的不同。在西方发达国家，农业高度机械化，农村社会高度发达，很多农民接受过良好的教育和培训，与城市居民并没有显著的差别。因此农民在西方发达国家往往只代表一种职业，其创业的过程的确与城市居民没有本质差别（孙红霞等，2010）。而在中国，城乡二元结构依然存在，农民不仅是一种职业，更是一种社会身份，与农民身份相关联的是普遍较低的文化水平、较少的资本和财务存量、保守的价值观等。因此，从创业主体的特殊性强调农民创业的不同是符合我国国情的。

不少学者也指出，一方面要重视农民群体的特殊性对其创业活动和创业过程的影响，另一方面也不能忽视中国农村特殊的制度环境和社会环境给创业活动所带来的各种制约。因此，在中国情境下界定农民创业时，将创业主体的特殊性和创业环境的特殊性二者结合起来才能形成一个能够准确概括农民创业主要矛盾，并容易为学界广泛接受的概念（孙红霞等，2010）。总结来看，国内的农民创业研究的内容主要包括了创业主体特质和创业环境特点两个方面。此外，针对这两个主题，还有不少学者通过现状分析和对策研究的模式对促进农民创业的实践问题提出了观点。

表2.3　部分学者对农民创业概念的研究

定义	学者
农民创业是识别、开发与利用机会能力强的农民通过重组现有要素、创新经营方式及开辟新的生产领域，以谋求最大化的经济利益和扩大就业为目标	吴昌华等（2008）
农民创业包括农村居民从事个体工商经营、开办企业以及基于市场销售目的的规模或特色种养、加工等持续性的过程	罗明忠（2012）
农民以个人、家庭、由血缘关系形成的非正式组织以及专业合作社等新型组织为载体，依托农村资源，通过投入一定的生产资本、扩大原有生产规模或者从事新的生产活动，开展一项新的事业，以实现财富增加并谋求自身发展的过程	郭红东、丁高洁（2013）

续表

定义	学者
农民创业是农民识别、开发与利用机会来创建一个新组织，提供新产品或新服务的价值创造过程	蒋剑勇（2014）
农村地区居民从事个体工商经营活动、创办新企业、开展规模或特色种植养殖业及加工业等实现价值创造的过程	罗明忠、陈明（2014）
农民创业是农民依托家庭组织或者创建新的组织，通过投入一定的生产资本，扩大现有生产规模或者从事新的生产活动、开展一项新事业以实现财富增加并谋求发展的过程	张国庆等（2019）

资料来源：文献整理。

二、农民创业研究的内容与观点

（一）农民创业者特质及其对创业之影响

如同创业研究早期聚焦于创业者区别于非创业者的个人特质一样，对农民创业者个人特征的研究是农民创业研究中发展较早、成果较丰富的领域。在这一方面，对影响农民创业行为和创业结果的个人特征的研究经历了一个随着创业理论的深入而不断深入的过程（孙红霞等，2010）。早期的研究者沿袭了创业研究中的"特质论"，力求从心理特质、人口特征等"个人禀赋"角度解释创业农民与非创业农民的不同，以及创业成功与失败的原因（钟王黎、郭红东，2010；朱明芬，2010）。此后，个人特质论与创业活动的过程结合了起来，学者们开始将后天习得的创业能力纳入到个人特质的分析范畴，分析多个层面的创业能力对农民创业活动和创业结果的影响（Katz，1988；庄晋财等，2014）。进入21世纪后，随着机会视角的创业理论的兴起（Shane & Venkataraman，2000），学者们对农民创业者个人特征的研究又逐步延伸到与机会的识别、评估、开发等相关的先天特质与后天习得技能（蒋剑勇，2013；蒋剑勇、郭红东，2012）。

创业者特质论一直是创业研究的主要内容，早期研究关注了创业农民和非创业农民的差异。例如，从性别、年龄、受教育程度等人口统计学特征出发，探究具备哪些特征的农民更有可能成为创业者（罗明忠、陈明，2014）。此外，也有研究考察了创业农民和非创业农民在技能上的差异（McElwee et al.，2006；Pyysiäinen et al.，2006）。相较于非创业农民，创业农民具备更多的功能性技能。农村地区的资源有限，农民创业者需要借助动态生产关系或合作网来不断发展和维持企业（游家兴、邹雨菲，2014）。他们的网络关系越丰富，获取资源的渠道越便利，越有利于发展企业（McElwee et al.，2006）。因而，创业农民相较于非创业农民具备一些功能性技能，如表达能力、交际能力等，这些能力有助于发展和维系社会关系（McElwee et al.，2006；Pyysiäinen et al.，2006）。

然而，并非所有的创业者都具备相同的特质，或者某种特质因素会作用于每一位创业者。早期关于创业者特质的研究未能识别出创业者群体所独有的共性特征，并且研究结果间相互矛盾。为此，部分学者认为在创业研究中应该淡化甚至放弃人格特质分析（Sandberg & Hofer，1987；Gartner，1988）。随后，学者们开始将研究的视角转向创业过程，后天习得的创业能力得以纳入研究范畴。例如，蔡莉等（2014）分析了机会识别能力和机会利用能力对新企业绩效的影响，研究结果表明这两种能力均对新企业绩效存在积极影响，并且两者在创业学习和新企业绩效间的中介作用存在差异。其中，机会识别能力在经验学习与企业绩效间起着完全中介作用，在认知学习与绩效间起着部分中介作用。而机会利用能力在经验学习与绩效间起着完全中介作用，在认知学习与绩效间的中介作用则不显著。这表明经验学习通过促进创业能力的构建和提升而对新企业绩效产生积极作用，尤其是对机会识别能力的作用更加强烈。罗明忠和陈明（2014）则结合人格特质和创业过程两个视角，探查了人格特质和创业学习如何影响农民的创业绩效。研究发现，外倾性和经验开放性特质有利于农民创业者开展探索式学习，进而影响创业绩效。此外，农民创业者在外倾性、情绪稳定性、尽责性以及经验开放性的特质则有助于利用式学习，进而影响农民创业绩效。

随着研究的深入与积累，后来的学者大多认同应当将农民创业者的自身素质、心理特质、习得技能等各方面结合起来,从整体观的角度对影响农民创业活动的个人特征进行系统性分析(Pyysiäinen et al., 2006;刘唐宇,2010;墨媛媛等,2012)。例如,皮西亚宁等(Pyysiäinen et al., 2006)将农民创业者的个人能力分为了两个层次:一是处理资产和把握社会环境的能力,包括市场能力、客服能力、人力资源管理能力、公关能力等;二是创新、冒险等内在特质衍生的能力。皮西亚宁等认为第一个层次的能力可以后天习得,具有较强的可塑性,而第二个层次的能力则更加依赖于创业者的个人禀赋。两种个人能力交互影响,共同驱动农民的创业活动,影响其创业活动的结果。国内学者赵西华和周曙东(2006)认为农民创业者的个人特征包括知识素质、心理素质、技能素质三个层面,它们对农民创业活动均具有重要的影响作用。与赵西华和周曙东的研究类似,黄德林等人(2007)从自身素质、心理素质、创业能力三个角度对影响农民创业活动的个体要素进行了剖析。

(二)农民身份认同及其对创业之影响

早期研究聚焦于创业者个人特质或其认知特征(Baron & Ensely, 2006;Shepherd, 2015)等方面,在解释创业者对潜在机遇的行为反应时说服力不够(刘容志等,2016),因而有必要探索其他的解释机制。莱维特等(Leavitt et al., 2012)指出,创业者身份影响创业者的机会识别和资源获取行为。创业者不仅是凭借先前知识和经验做出创业行为的个体,也是基于自我身份做出特定决策的个体。创业行为也是创业者个人身份的一种表现(Shepherd & Haynie, 2009),并受其不同身份认同的影响而呈现差异(刘容志等,2016)。农民创业者的身份认同会影响他们的价值观和态度,进而影响他们的创业动机、目标和创业结果(Shepherd & Haynie, 2009;Farmer et al., 2011)。

在创业动机方面,农民身份传统上与土地管家(看管土地)和氏族血缘相联系,这一点也体现在他们的创业动机上(Vesala & Vesala, 2010;Alsos et al., 2014)。农民的生产生活高度依赖土地,并且代代相传。继续在土地上经营和生活是其创业动机之一。农民在情感上与他们的土地相联系,土地就是农民的根基,他们更愿意基于当地的资源和能力发展新企业（Gasson et al.，1988；Alsos et al.，2014）。离开赖以生存的土地不仅意味着身份的丧失，还可能引发他们的失败感和羞耻感（Brandth & Haugen，2011；Stenholm & Hyti，2014；Cassel & Pettersson，2015）。此外，强烈的农民身份认同还与具有特殊象征价值的活动相关联，如生产牛奶或种植作物，当这些活动不再具有竞争力时，这种身份认同就会受到挑战（Brandth & Haugen，2011）。

农民创业者的社会身份通过其创业行为加以显现，因此在他们身上能找到共同之处。但是，不同创业者在自我概念形成的内在动机和参照标准上存在差异。因而，还可以看到同一类创业者之间的个体差异（刘容志等，2016）。具体而言，创业者基于个人经验、内在动机和自我身份采取的创业行动存在明显差异，并且这些差异有助于解释同样类型的创业者之间的创业结果。农民创业者的不同身份认同会影响其创业动机、创业目标和创业结果（De Lauwere，2005；McElwee，2008）。例如，对于农民中的生活方式型创业者而言，他们更看重创业活动中的非经济目标（Gasson et al.，1988；Nickerson et al.，2001；Vik & McElwee，2011）。相较于个人财富的增加，自我实现和内在动机更可能是他们创业的动机（Alsos et al.，2014）。他们希望通过经营与个人价值观和兴趣密切相关的企业来平衡工作与家庭，改善他们的生活质量，增加生活满意度和幸福感（McGehee & Kim，2004；Vik & McElwee，2011）。并且，创业者行为是创业者对自我身份认同的反应。因而，他们在经营的过程中为了保持家庭生活质量，甚至会限制企业绩效的增长（Atlejevic & Doorne，2000）。此外，创业者的身份认知也不是一成不变的。当创业者的角色身份随着创业过程发生变化时，他们的创业目标以及与角色身份一致的行为也会随之改变。例如，有研究（Domenico & Miller，2012）发现，当农民在传统农业活动的基础上开展旅游业务时，会出现两种不同类型的农民创业者。其中，一些农民创业者虽然暂时开展了旅游业务，但他们内心仍将自己视为传统农民。他们担心旅游业务蚕食原有的农业活动，因而会利用自己的新企业来维持和支持原有的传统农业活动。而另一些农民的身份认知则会随着旅游业务的开展而发生变化。他们逐渐将自己视为旅游业企业家,当旅游活动增长时,他们倾向于放弃务农。不同于前者,他们的长期目标则是完全脱离传统农业。

总之,创业活动由农民的身份、价值观和目标所触发(Hansson et al.,2013)。创业者不同的身份认同以一种可预测和有意义的方式影响他们的机会识别行为和资源获取行为(Leavitt et al.,2012)。因此,创业身份是一个有价值的研究视角,通过这个视角,我们可以更好地理解农民创业者付出努力的意义。

(三)家庭及其对创业之影响

农民创业主要依靠其家庭,而不仅限于他们的个人努力。以血缘关系和姻缘关系为基础建立的家庭系统,会直接影响农民的创业意愿、创业动机、创业目标和创业结果(刘小元、林嵩,2015)。从家庭结构看,不同的家庭结构会影响家庭成员的职业选择和相互支持,进而影响农民的创业意愿和动机。例如,杨婵等(2017)的研究表明社会精英家庭背景(如有家庭成员担任村干部等)将显著提高农民选择创业活动的可能性,而人力残缺家庭背景则会降低其进行创业活动的可能性。并且,社会精英家庭的农民主要是机会型创业,而人力残缺家庭的农民则主要是为了生存或改善现状而创业,即典型的生存型创业。其次,大部分的微型企业由一个核心家庭或几个相关的核心家庭的成员来管理。因而农民的创业活动不仅受到企业生命周期的影响,还受到家庭生命周期的影响(McGehee & Kim,2004;Ollenburg & Buckley,2007;McGehee et al.,2007)。例如,伊尔伯里等(Ilbery et al.,1996)发现农民可能为了把农场留给子女继承而进行创业,有时确保子女的继承比眼前的经济绩效更为重要(Ollenburg & Buckley,2007)。为家庭成员创造就业机会,让家庭继续留在农场是他们创业的动机(McGehee & Kim,2004;Barbiere & Mahoney,2009)。结婚和离婚等特定的家庭生命周期事件也会给农民的创业活动带来影响。配偶可以通过带来新的知识、技能和社会网络资源为企业注入活力(Bock,2004)。再次,从家庭资源看,家庭是体现责任和信任的小单位,因而当创业者面对困难时首先会向家人寻求帮助。由家人构成的"家族网络"在很大程度上可以弥补市场资源的不足，成为创业所需资源的重要来源（张环宙等，2018）。杨昊等（2019）发现家庭支持在农民异地创业活动中存在正向调节作用，随着家庭支持的强化，异地创业的经营效率会有所提升。

（四）农民创业环境及其对创业之影响

创业环境是农民创业研究者和政策决策部门都十分关心的一个研究领域。对农民创业环境以及环境特征对创业活动影响的研究不仅有益于我们更加全面地了解农民创业现象的内在规律，也有助于管理当局因地制宜地制定对农民创业有促进和支持作用的相关制度。虽然对农民创业环境的研究涵盖了自然环境、社会环境、经济环境、政策环境等诸多方面（孙红霞等，2010），但在这些创业环境的诸多要素中，学者们普遍认为融资环境、政策制度环境、社会环境是对农民创业活动影响最大的要素（俞宁，2013；孙红霞等，2010），且上述经济、制度、社会环境的不同在很大程度上决定了农民创业活动的特殊性。

例如，国内学者张海洋和袁雁静（2011）根据农村金融机构分布的状况开发了农村金融环境指数，通过实证研究发现农村金融环境对农民创业行为具有显著的促进效应。张海洋和袁雁静的研究还发现农村信用社在促进农民创业方面发挥着比国有商业银行更大的积极效应。朱红根（2011）从宏观经济趋势、基础设施配套、创业投资环境、农民就业形势等几个层面对影响农民工回乡创业的因素进行了探讨，研究发现上述经济、制度环境要素与农民工返乡创业的意愿具有显著的相关性。此外，国内一些学者还引入国际上通用的 GEM 模型，力求更加全面和科学地考察影响农民创业活动的各项环境因素（张秀娥等，2010；2012）。例如，有研究利用 GEM 模型对影响农民工返乡创业意愿的环境因素进行了分析，指出这些重要的外部环境影响来源于金融支持、政府政策、商务环境、教育培训、文化和社会规范等六个层面（张秀娥等，2012）。

在外部社会环境和社会氛围方面，不少学者也进行了深入的探讨。这一方面的研究大多将社会资本理论引入进来，从农民及其社会关系之间的信任、规范、人脉等角度探讨与农民创业的经济活动密切相关的社会环境因素（汪红梅，2008；钟永活，2009；庄晋财等，2014；刘畅等，2016）。值得注意的是，一些学者意识到特定的社区和家庭文化氛围也是激发农民创业决策的重要因素。例如，有学者在其研究（蒋剑勇、郭红东，2012）中特别关注创业氛围对农民创业意愿的影响，他们通过实证研究发现那些身处偏好创业社会氛围中的农民具有更强的自主创业意愿。有学者（Zhao et al.，2011）则发现农民所在家族成员共享的有关创业的价值观，实际上也构成了一种"微环境"，其对农民创业决策和创业结果也具有重要的影响。

（五）农民创业的现状评价及提升对策

这一领域的研究对我国各地区农民创业活动的主要特点和存在问题进行分析，力求勾勒出现阶段我国农民创业现象的整体轮廓。具体来看，该领域的研究大体可以分为两个方面。

其一，部分学者致力于分析并总结我国农民创业在区域分布、行业分布、组织模式、经营规模等方面的主要特点。例如，郭军盈（2006）对我国农民创业的"区域活跃程度"进行了分析和度量，发现东部地区农民的创业活跃程度显著强于中西部地区；古家军和谢凤华（2012）则分析了农民创业活跃度对农民人均收入水平的促进作用，发现创业活跃度对人均收入水平的影响表现出地域性的差异。具体而言，东部地区、中部地区农民创业活跃度对农民人均收入水平具有显著的正向影响，而这一影响关系在西部地区则不存在（古家军、谢凤华，2012）。在创业规模方面，不少研究者指出我国农民创业规模普遍较小，且创业资金大多来源于自有资金和亲友支持，依靠金融机构和投资公司获取启动资金的情况很少见（赵西华、周曙东，2006；韩俊、崔传义，2008）。

其二，部分学者分析了我国农民创业所面临的一些较为普遍的现实问题。这些问题包括：农民创业者文化层次偏低、学习能力不强；农村融资环境和市场制度环境有待完善；农民创业企业多为家庭企业，限制了创业企业的规范化成长（刘志荣、姜长云，2008；俞宁，2013）。除此之外，一些学者还对当下围绕农民创业问题而展开的广泛讨论进行了反思，关注到其中可能存在的误区。例如杨丽琼（2009）指出以农民缺乏创业意识为假设前提、一味以"做大做强"为发展目标的研究忽视了家庭企业对于农民创业核心目标实现的价值，因此可能是学界和业界的一厢情愿。由此可见，对农民创业现象的不同理解会导致不同的价值取向和制度安排，这就要求我们必须在客观把握农民创业现象的基础上审慎推理，科学地把握这一现象的内在规律（俞宁，2013）。

本章小结

本章主要对创业研究领域的概念、内容和理论观点进行了梳理，并系统总结了农民创业研究的主要内容与进展。通过对以往文献的梳理可以发现，关于什么是创业、哪些因素影响了创业，已有文献已经提供了较为坚实的研究基础。而在农民创业领域，兼顾主流创业理论应用和农民自身以及农村环境特殊性的大量研究也为我们提供了一个较为系统的知识框架。然而，已有研究大多针对增长导向创业活动，对于如乡村旅游、微型企业这样的特殊对象，相关理论和观点的适用性值得慎重推敲。本书认为至少在两个层面上，已有创业研究的理论视角需要进一步斟酌与拓展：

第一，基于机会的创业研究观点是否适用于所有行业值得推敲。自从沙恩和维卡塔拉曼（Shane & Venkataraman，2000）提出基于机会的创业研究观点后，以机会识别、机会评估、机会开发为主线日益成为创业研究领域的主流。然而，对于农民在特定行业的创业活动，聚焦于机会这一概念的探讨是否能勾勒出农民创业过程的全貌值得斟酌。例如，在乡村旅游产业情境下，旅游产业的发展往往是由地方政府主导的，因而在这种自上而下的产业发展情形下，旅游微型企业的创业机会是被目的地的村民所共知的，且"机会"本身并没有太多的复杂性和隐匿性。因此，对农民在这种特定行业的创业活动的考察，企业生成观点、资源基础观点和社会网络观点相比于机会观点可能更加适切。

第二，家庭、家族在农民创业活动中的作用与地位值得深入研究。

已有研究虽然注意到家人、亲戚在农民创业启动资金获取和新创企业发展中所起到的作用，但对家人、亲戚所构成的亲缘关系网络对农民创业活动的影响机制还缺乏系统的探究。如前文所述，一方面农民创业企业往往是家庭经营的，家庭目标和企业目标具有一定的重合度；另一方面，融资环境和制度环境的缺失导致农民创业者更多地依赖于自有资金和亲友支持。可见，在农民创业过程中，家庭、家族与商业性的创业活动交织在一起，因此对农民创业全貌的探索离不开对家庭家族作用的系统细致的考量。这是未来研究亟需投入精力的方向。

第三章 家庭企业及其成长研究

绝大多数乡村旅游微型企业呈现出"家庭企业"的特点,即家庭生活功能和企业经营功能在这种类型的企业中是高度重叠的。基于乡村旅游微型企业"家庭涉入"(family involvement)的典型特征,本章对家庭企业研究的基础理论视角,即"家庭生产模式"理论进行了梳理,并对以往有关小型家庭企业成长以及影响成长过程关键因素的研究进行了回顾和总结,从而为本书后续研究的设计和开展提供底层概念和理论方面的基础。

第一节 家庭企业与家庭生产模式

一、家庭生产模式的内涵

"家庭企业"与"家族企业"具有本质的不同。家族企业研究虽然强调家庭和家族在企业经营、治理、传承方面的重要性,但家庭与企业之间是相互分离的。相反,"家庭企业"研究者并不把家庭和企业视为两个泾渭分明的单元,而是认为这种企业具有家庭与企业高度重叠的特征。因此,在已有文献中,家庭企业往往也被称为"家庭生意"(home business)或者"基于家庭的企业"(home-based enterprise)(Strassmann, 1987)。梅森等(Mason et al., 2011)将"家庭企业"定义为不雇佣员工、主要使用家居空间和资源向市场提供产品和服务的市场实体。梅森等在研究中使用"家庭生产模式"(family mode of production)这一术语对这种企业的性质进行了归纳和总结,获得了学界的广泛认可与响应。

"家庭生产模式"究其定义而言，其内涵在于识别出这种企业的生产和经营模式与现代的"资本主义生产模式"（capitalist mode of production）具有显著的差异。具体而言，资本主义生产模式的显著特征可以总结为劳动力有偿雇佣以及家庭与企业功能的完全分离。而家庭生产模式则完全不同，在这种生产模式下，家庭与企业之间不仅在功能上相互重叠，而且在资源利用方面也呈现出相互依赖（interdependence）和相互替代（fungibility）的突出特点（Lipton，1980；叶顺，2016）。具体分析如下：

第一，家庭生活资源与企业经营资源具有"互赖性"。对于家庭生产模式企业（即家庭企业），其创业和经营所依赖的场地、资本、人力等生产资源几乎完全来源于家庭。相应地，家庭生活和繁衍也极度依赖于企业经营资源。例如，这类企业的人力资源全部或主要由家庭成员构成，很少通过劳动力市场雇用人员。正因为这种企业能够利用家庭成员，尤其是老人、女性、孩童的零散空闲时间进行生产经营活动（Huang，2008；叶顺，2016），因此往往能以远低于资本主义生产模式企业的成本来维持经营活动，这在某种程度上成为家庭企业市场竞争优势的一大来源。

第二，家庭生活资源与企业经营资源具有"替代性"。利普顿指出，在采用家庭生产模式的企业中，承担生产经营功能的企业资源和承担生活消费功能的家庭资源之间存在高度的可替代性（Lipton，1980）。利普顿将"资源替代性"界定为"资源可以自由地、方便地、无损耗地按照利益最大化的原则来弥补任何一项投入的短缺"。家庭生产模式企业，例如本书所研究的农家乐和乡村民宿微型企业，一方面承载着提供旅游体验和服务的生产功能，另一方面又承担着维系家庭和繁衍后代的生活功能。在这种家庭生产模式企业的运营过程中，经营者会根据对生产功能和家庭功能需要优先度的评估，自由地将劳动力、资本、场地等资源在企业和家庭之间自由地分配。例如，家庭企业的经营者可以通过限制当前家庭消费来为企业的生产和经营积累资金；或在家庭生活面临困难时，抽取企业经营资源来应对家庭生活方面的需求。再比如，家居空间可以被用于一系列活动，这些活动可能是家务活动，也可能是生产性活动，两者的忙闲时间在一天中的不同时间及一年中的不同季节都是不一样的，两者之间可以进行随意的互补（Lipton，1980）。

总而言之，这种资源在企业功能和家庭功能之间随时随意调动是"家庭企业"所独有的特点，这在现代资本主义生产模式企业中则很少见（Huang，2008）。因此，对家庭生产模式理论的把握是深入理解家庭企业这一特殊类别企业的重要基础（叶顺，2016）。

二、家庭生产模式与微型企业的关系

实际上，家庭生产模式是人类社会最古老、最传统的一种生产模式，而工业革命的意义即在于将这种家庭、企业功能重叠的模式转变为两者分离的现代"资本主义生产模式"。在前工业社会，生产经营场所与家庭生活场所相重叠是极为普遍的现象，即使是在现代市场经济环境下，家庭生产模式在某些行业中仍然占据着重要的位置，甚至是主导性的位置（例如小型零售业、小型旅游接待业等）（Tipple，1993）。尤其需要注意的是，家庭生产模式似乎与小型、微型企业之间具有天然的联系。不少研究者指出，在现代社会，数量庞大的小微企业仍然或多或少地表现出家庭生产模式的某些特征。例如，小企业联合会（Federation of Small Businesses）2005年对英国的18 939家小企业进行了抽样调查，分析结果显示，其中36%的小企业是"基于家庭的"，即具备上文所述的家庭生产模式的显著特征；而在2006年同样针对英国小企业的抽样调查中，具有家庭生产模式的小企业的比重上升到了52%（Mason et al.，2010）。

基于此，不少研究者指出家庭生产模式与小企业，特别是微型企业是紧密相连的（Bjerke & Hultman，2002；Leinbach，2003；Tipple & Kellett，2003）。究其原因，过往研究者认为在于以下两个方面：

其一，家庭生产模式往往是微型企业生存和发展的首选模式。具体而言，与增长导向的主流创业动机不同，微型企业往往是作为家庭的补充收入而被创立的（Bjerke & Hultman，2002），因此这种企业的创建行为被不少学者视为"生存策略"或"必须型创业"（Lipton，1980）。在企业创立早期，资源往往非常有限，而家庭就是现成的生产场所，家庭成员则是现成的劳动力，在这种情况下，依靠家庭提供各种必要资源是很自然的选择（叶顺，2016）。很多研究发现，选择家庭作为经营场所主要是为了实现成本最小化（Mason et al.，2010）。这就可以部分解释为什么这些企业在偏远的、欠发达的地区更加普遍（Strassmann，1987；Kellett & Tipple，2003）。

其二，采用家庭生产模式往往意味着企业规模只能维持在一个较小的水平上。具体而言，对于大多数创业者来说，家庭能够提供的资源毕竟十分有限。家庭资源的限制将阻碍微型企业在规模上的进一步成长。叶顺（2016）在其针对小型旅游接待企业的研究中指出，家庭生产模式在资源方面的局限主要体现在经营场所和人力资源两个方面，这使得采用家庭企业模式的旅游接待企业通常只能维持在一个很小的规模水平上。利普顿（Lipton，1980）指出家庭资源对企业规模发展的限制不仅体现在客观限制上，还体现在对创业者和经营者主观意愿上。例如，在国外研究文献中，微型企业通常被描述为"隐形企业"（invisible business），其原因主要是企业所有者可能担心需要承担更多的费用（如纳税），或者受到相应行业管理规定的限制，从而不愿意使他们的经营行为被政府、行业协会等机构所知晓。因此，施特拉斯曼（Strassmann，1987）认为家庭生产模式是"非正规经济"中的主流，其中尤其以微型企业（micro-enterprises）比重最多。

第二节 企业成长研究的主要视角

任何一个企业大体上都会经历一个生成、成长，继而衰亡的生命周期。在管理学研究中，企业成长是一个重要的研究领域，研究者认为对企业成长过程和驱动机制的探究不仅能够洞悉企业参与市场竞争过程和战略行为的动态变化（叶顺，2016），还可能预测整体经济环境波动的微观因素。需要注意的是，企业成长是个很复杂的问题，这种复杂性不仅体现在成长本身的多样性上，也体现在已有研究视角和研究范式的多样性上。有研究者（Walker & Brown，2004）指出，并非所有的小企业都能成长为大企业；并非所有的小企业主都有让自己的企业成长为大企业的意愿。仅此一点便足见企业成长问题的复杂性。本部分我们主要对已有研究关于企业成长本质和影响因素的核心观点进行总结（见表3.1）。

表3.1 企业成长的概念与主要观点概况

来源	主要观点
古典经济学观点	企业成长包含单个企业规模的扩大和企业数量增多双重含义
新古典经济学观点	企业成长是企业调整产量达到"最优规模"的过程
新制度经济学观点	企业成长通常表现为企业功能的扩展
以彭罗斯（Penrose）为代表的资源基础观点	企业成长表现为对自身资源和管理职能的统筹、协调能力的增强
企业能力观点	企业能力是企业竞争优势的来源，是企业成长的一种动力机制
社会网络观点	企业成长需要整合内外部资源，而不限于关注自身异质性资源。社会网络观点提供了分析中小企业成长及其资源获取的思路，有助于更综合地理解企业成长规律

来源：资料整理。

一、规模效益与企业成长

古典经济学用分工的规模经济利益来解释企业成长问题（张之梅，2010）。1776年，古典经济学家斯密（Smith）以制针流程为例，阐释了分工的科学性和经济性。他指出，企业中生产作业的分工和专业化提高了劳动生产效率，同时也促进了企业生产规模的扩大。企业本质上是劳动分工下形成的组织形式，其目的在于获取更高的经济利益。他认为，企业的员工人数和分工程度可以作为衡量企业成长的重要指标。

马歇尔（Marshall，1980）在坚持规模经济决定企业成长这一观点的同时，引入外部经济的概念，认为企业成长是内部经济和外部经济共同作用的结果。马歇尔从企业内部职能部门和外部关联企业两个维度理解专业化分工带来的效率提升。内部专业化分工促进新的职能单位的形成。外部的专业化分工则形成了不同的产业和行业，促使企业向其所处领域深耕。此外，他引入企业家生命有限性的概念，并认为企业家是企业成长的关键。马歇尔的理论将古典企业成长理论和稳定均衡条件相结合，拓宽了企业成长理论的研究思路，也为后续的资源基础理论、演化理论等企业成长理论提供了基础。

新古典经济学中的企业成长是企业调整产量达到"最优规模"的过程（付宏，2013）。在新古典经济学中，企业内部的复杂性被抽象掉，企业被抽象为同质的专业生产组织。完全竞争市场假设下，技术、信息等充分流动，生产要素的投入所带来的产出可以精确计算。企业通过对生产要素进行最优组合，并根据边际收益等于边际成本确定最优生产规模，企业成长的目标是达成生产的最优规模（陈琦、曹兴，2008）。并且，新古典经济学认为企业扩张规模存在边界限制条件，越过这些条件会带来规模不经济。

总之，古典经济学将企业成长过程量化为规模扩大的过程。新古典经济学把企业的本质解释为生产函数。古典经济学和新古典经济学都将企业成长的动力理解为对规模经济的追求，企业是追求利润最大化的经济人；并且，影响企业成长的因素主要来源于企业外部，企业只能被动地适应和利用它，从而实现企业成长；重视企业外部因素，忽视企业间的异质性。然而，很多旅游微型企业是出于非经济目标创建的（Chen & Hilson，2013），有的企业经营者为了维持满意的家庭生活状况甚至会主动限制企业规模的扩大（Ateljevic & Doorne，2000；Shaw & Williams，2004；叶顺，2016）。因而将旅游微型企业假设为经济人并追求利润最大化是不合理的。这也从根本上动摇了新古典经济学理论的分析模式。因此，旅游微型企业的成长规律并不完全符合新古典经济学的条件和结论。此外，旅游小企业具有空间锁定的特征，他们在目的地提供直接面向旅游者的服务，其经济活动天然地嵌入地方社会和文化。旅游小企业各具特色（文彤，2017），因而将企业视为同质的也是不适宜的。

二、新制度经济学的企业成长

新制度经济学认为企业成长是企业边界扩大的过程,也就是把以前通过市场进行的交易活动纳入企业内部进行,表现为企业功能的扩展。企业成长的动因在于节约市场交易费用,分析企业成长因素也就是探讨决定企业边界的因素(朱晓霞,2008)。新古典经济学简化了企业内部的复杂结构,重点突出市场对资源配置的调节作用。而科斯(Coase,1937)发现现实中的企业和新古典经济学的企业不尽相同。他引入交易成本的概念,解决了企业成长的两个基本问题:(1)什么是企业;(2)企业的边界在哪。他指出,当企业内部的运营成本小于市场的交易费用时,追求利润最大化的厂商选择建立企业,以降低成本。企业组织是市场机制的替代物,市场交易费用与组织协调管理费用相等的均衡水平确定了组织的边界。企业成长的动因在于节约市场交易费用。威廉森(Williamson,1979)在科斯的基础上从交易的维度方面分析交易的特征,对交易进一步细化和一般化。他从资产专用型、不确定性和交易效率三个维度定义了交易成本,并分析了企业边界确定的原则。他认为不完备契约充满着结果的不确定性和决策的风险,增加了交易成本。为降低交易成本,企业会通过前向或后向的一体化,把原来属于市场交易的某些阶段纳入企业内部,这种情况下的企业成长就表现为企业纵向边界的扩张(张之梅,2010)。

总之,新制度经济学在信息不对称、有限理性和机会主义的假设前提下对企业成长问题进行分析,是对新古典经济学理论的继承与发展(付宏,2013)。但是,该理论过度强调企业的交易性质,与企业有关的变量也经过简化,不易反映企业现实中的复杂运作(程恩富,2002)。在乡村地区经营的旅游微型企业采取的各种经济行为根植于以人情和关系为基础的网络中,而非局限于单一的交易关系(冯卫红,2008)。

三、基于资源的企业成长理论

彭罗斯(Penrose,1959)和巴尼(Barney,1991)将企业视为各

种资源的集合，在此基础上，基于资源基础的企业成长理论有两个假设：（1）企业资源的异质性，表明企业拥有或控制不同的资源集合。（2）企业资源的不完全流动性，表明企业在资源集合上的差异是持续性的。企业具有不同的资源和能力，这些独特的资源与能力是企业竞争优势的源泉（朱晓霞，2008）。因而，企业成长是企业对自身资源和管理职能的统筹、协调的结果。

彭罗斯被公认为企业内部成长理论的开创者（邬爱其、贾生华，2007）。她以单个企业为研究对象，明确了影响企业成长的关键因素，并梳理了企业成长机制。她认为企业内部成长机制可以在"企业资源—企业能力—企业成长"这一分析框架下展开研究。具体为：（1）企业成长的动力是企业利用自身生产资源形成的生产服务，而非市场的均衡力量决定。（2）尽管资源提供了企业成长的内在基础，但企业管理能力却有可能为企业成长设限。企业的管理能力是企业调用其他资源所能提供的生产性服务的数量和质量的决定因素，进而制约企业成长的速度、方式和界限。此外，受熊彼特创新理论的影响，彭罗斯也强调了创新能力对企业成长的重要性，认为产品创新和组织创新是企业成长的推动因素，企业成长的重要一环就是发现潜在的成长机会。

总之，资源基础的"企业资源—企业能力—企业成长"的分析框架强调了企业的异质性，与传统的企业成长理论相比，更加符合企业成长的实际。然而，彭罗斯等学者潜在地假设企业只能被动地适应环境变化，而外部环境因素对企业成长的影响被极小化甚至省略了。虽然企业内部的资源和能力对企业成长有重要影响，但它对企业与环境间关系的认识过于绝对化（邬爱其、贾生华，2007）。现实中的多数企业并非在环境变化面前完全无能为力。

四、基于能力的企业成长

企业能力理论是随着企业竞争优势的讨论发展起来的。企业能力理论认为企业是"能力的独特集合体"，企业的长期竞争优势来自于企业的核心能力或动态能力（朱晓霞，2011）。具体而言，企业能力包含企业的知识、经验和技能，对其探讨多以企业资源基础观为理论依据（肖兴志，2014）。

企业能力理论中较为完善的是企业核心能力理论和企业动态能力理论。有学者（Hamel & Prahalad，1990）提出核心能力概念，认为企业的不可模仿、难以复制、不能完全转移的独特的核心能力是企业竞争优势的来源。企业的核心能力是企业多方面资源、技术和不同技能的有机组合，是组织中的积累性知识。这一概念强调了企业内部的资源、独有技术、技能等核心能力对企业的成长的重要性。企业拥有的核心能力的资源类型及其发生作用的机制不同决定了企业在成长路径上的不同选择。

传统能力理论是以静态的环境分析为基础的能力理论，缺乏对资源或能力产生过程的分析（Foss & Knudsen，1996；朱晓霞，2011）。然而，由于环境是动态变化的，某一时期形成的核心能力，不一定能长期维持。于是，有研究以资源基础观为理论根基，提出"动态能力"的概念，将动态能力定义为"企业整合、建立以及重构企业内外能力以便适应变化环境的能力"（Teece & Pisano，1994）。他们从资产、路径、组织过程三方面剖析动态能力的本质属性，将动态能力分为协调整合能力、学习能力和重构能力三方面（杜小民等，2015）。

总之，企业成长的外部环境日趋复杂，传统的内部或外部因素分析难以解释动态环境下的企业持续成长。动态能力观从促进企业成长的内外部因素相结合的视角出发，强调企业动态能力的重要性，对企业在不同的成长阶段维持竞争优势有重要的指导意义（夏清华，2019）。

五、基于社会网络的企业成长

随着全球一体化进程的加快，行业竞争日趋激烈。并且，企业间的竞争和合作方式发生改变，形成了在竞争中合作的"新竞争"格局（Best，1990）。在此背景下，越来越多的创业企业意识到仅仅依靠企业内部资源无法满足其快速成长的需要，通过建立正式或非正式的网络关系获取所需资源成为企业成长的重要方式（Ter Wal et al.，2016）。企业网络化成长机制指企业通过与其他企业、组织建立正式的或非正式的合作关系，获取和共享网络资源。网络资源与企业内部资源的整合成为企业成长的基本动力（邬爱其、贾生华，2007）。企业成长的核心是整合企业内外部的资源，创建和维护正式或非正式的关系网络。

社会网络理论认为任何经济组织或个人都具有与外界一定的社会关系联结，其经济行为嵌入在由各种关系联结交织成的一个多重、复杂、交叉重叠的关系网络中。嵌入性一词最早由波兰尼在《大转型》中提出（Polanyi，1944），后经格兰诺维特对嵌入性的阐述，嵌入性成为新经济社会学的核心理论。格兰诺维特（1985）认为行动者既不是像独立原子一样运行在社会网络之外，也不会单纯地依附在他所属社会类别赋予的角色下。大多数的经济行为都紧密地嵌入在社会网络中。伯特（Burt，1992）的"结构洞"理论则使得这一研究思路扩展到组织领域（朱晓，2008）。

网络嵌入对资源获取和企业成长有重要影响。一方面，有效嵌入网络为企业成长提供了资源，有助于降低小企业面临的资源约束（彭伟等，2018）。另一方面，过度嵌入也可能对企业成长带来不利影响。高度网络嵌入可能会带来非理性承诺，管理者可能会依据有限的信息进行决策，低估资源获取的风险进而选取风险较大的资源机会（杨震宁等，2013）。其次，过度嵌入可能会导致企业内部学习活动的刚性和锁定效应，抑制其对知识拓展与技术的学习，进而对其技术创新和企业成长产生不利影响（Uzzi，1997）。

总之，社会网络理论避免了个体原子化的陷阱，提供了分析旅游小企业资源获取和成长的重要思路。在我国，"关系"有很深的文化根植性，社会网络对企业成长尤为重要。与西方强调自我和独立的个体主义倾向不同，中国文化更强调个体在关系网络中的位置和针对不同人采取不同的态度和行为（姚小涛等，2008）。并且，旅游微型企业在成长过程中通常面临着"内部资源匮乏、外部合法性不足"的双重困境（王素洁等，2009）。由于旅游微型企业的脆弱性，旅游微型企业需要借助外部资源获得成长，关系网络对企业成长有重要意义。旅游微型企业通过与客户、供应商和同行企业等利益相关者建立关系，有助于获取市场需求,增加竞争优势(简兆权、肖霄,2015)。此外,通过与本地的政府等公共服务部门保持良好的关系,有助于企业克服制度缺陷,获取组织合法性,进而实现企业成长。因而,基于社会网络的观点为分析旅游微型企业的成长提供了有益的视角,也是本书的主要视角。

六、成长与创业的关系

关于成长与创业之间的关系,已有研究主要呈现出两种不同的观点。一种观点认为成长是创业活动的一种延伸,两者在本质上具有相同的属性。持这种观点的研究者甚至将企业成长称之为"内部创业"(intra-entrepreneurship)或"延续创业"(continued entrepreneurship)(Antoncic & Hisrich,2003;Davidsson,1991)。另一种观点则认为创业是成长过程中的一个阶段(Penrose,1959;Yang et al.,2008)。持这种观点的学者倾向于从企业生命周期的角度将企业的成长看作一个连续的过程,而创业正是企业成长生命周期的起点。

然而综合来看,以上两种观点都承认成长与创业之间难以区分开来,究其原因,乃在于两者在本质上具有高度的同一性,即都涉及市场机会的识别与经营资源的调动。有研究(Sexton,2000)指出,企业的创业和成长的基础都在于经营者的创业精神或企业家精神,即"个人承担一定的风险,通过创新和创意开启变革",因此无论是一个企业从无到有的创业过程,还是一个企业从小到大的成长过程,均涉及市场新机会的识别、评估与开发活动,涉及风险的承担以及各种创业资源的调动。从已有研究中还可以发现这样一个现象,即大多数创业研究期刊均发表有关企业成长(firm growth)方面的论文,可见在大多数学者眼里,创业和成长即使有所差别,其内在的同一性比两者之间的差别更加值得关注。

七、企业成长的二维视角

关于"创业的本质是什么?"这一问题,已有研究也呈现出两种不同的研究视角。一部分学者倾向于从创业者行为的角度来理解企业的成长，把企业成长看作创业者主导的一系列活动。另一部分学者则将企业成长视作为组织过程，倾向于从企业组织层面属性的变化来理解成长现象。这两种研究视角导致已有研究对企业成长的研究切入点具有很大的不同，使有关企业成长的研究结论呈现出纷繁复杂的特点。

（一）成长的行为研究视角

行为视角的成长研究以彭罗斯（1959）关于企业成长理论的论述最为典型。彭罗斯等学者认为企业的成长在本质上是由市场机会识别和资源动员两方面的行为所界定的。因此，创业者个人在企业的成长过程中具有至关重要的作用，创业者所具备的识别市场机会和开发市场机会的能力在很大程度上决定了企业的成长（Penrose，1959）。有研究（Maki & Pukkinen，2000）强调，左右任何企业成长的关键因素绝不是运气或者侥幸，而是创业者个人和团队积极、明确的商业意愿，以及对市场机会进行跟踪和开发的卓越能力。

因此，对创业者个人特质和能力的研究是行为视角的企业成长研究的主要切入点，大多数持该观点的学者都倾向于从创业者固有的个人特质方面寻找影响企业持续成长的关键要素。例如，一些学者认为男性和女性在企业成长意愿和进取心上具有显著的差别，进而导致创业者的性别特征与企业成长之间存在一定的关系。对发展中国家小企业的成长的实证研究（Hisrich & Ozturk，1999）结果显示，女性创业者的企业绩效增长表现显著低于男性创业者的企业绩效增长表现，究其原因，乃在于女性创业者相较于男性创业者普遍"野心不足"，她们更倾向于将时间和精力置于家庭和个人生活，更不愿意为了企业的长远发展而给予雇员更高的薪水和奖金激励。

诸如此类，行为视角的企业成长研究大多关注创业者个人特征以及动机、态度、能力等个人层面的因素，并将之与企业成长结果简单地关联起来。这种过度关注创业者的企业成长研究遭到了不少学者的批评。一方面，行为层面的研究结论的普适性往往不强，难以对企业成长提供足够的解释。事实上，影响企业成长的因素很多，创业者个人的行为并不总是能够导致相应的企业成长结果。另一方面，企业的成长可能表现出各种不同的方式和途径，例如并购、多元化、许可经营等等，仅从创业者个人特质和行为的视角很难厘清这些不同成长方式在驱动力方面的差异（Dahlqvist et al.，2010）。

（二）成长的过程研究视角

持这一观点的学者将企业的成长界定为组织层面的一些变化或效应。彭罗斯（1959）在其研究中指出，企业的成长过程可以被视为随着时间的推移，企业在"量"和"质"两个层面的变化程度。因此，不少学者认为应该从"量的成长（企业规模的变化）"和"质的成长（企业特征的变化）"两个层面来理解企业的成长过程（Bjerke & Hultman，2002；Delmar et al.，2003；叶顺，2016）。

1."量"的成长

"量"的成长主要指企业在经营规模上不断扩大的成长过程。需要注意的是，企业规模是一个多维度的概念，研究者们往往使用不同的指标来衡量企业在规模方面成长的情况（Coad，2010；Stam et al.，2007）。整体来看，已有研究主要使用三个方面的指标来衡量企业在"量"上的成长状况：一是投入性指标，主要包括资产投资量、人力资源投入量两个方面；二是企业市场价值指标，主要包括企业市场份额、股票价格、资产总价值等方面；三是产出性指标，主要包括销售量、营业收入、利润率等方面。

需要注意的是，对于不同类型的企业，衡量其成长时应当考虑采用适当的指标和适当的测量方案。例如，对于小型、微型企业来说，由于管理的非正规化，企业市场价值、市场份额等指标很难测算，而股票价格等指标的获取更是无从谈起，因而已有研究更多地采用销售量、营业收入等指标作为衡量其成长情况的首选。其次，同样源于微型企业的"非正规性"，客观会计核算数据的缺乏致使研究者们更多采用主观评价的方式来获取有关企业成长指标方面表现的数据。整体而言，在对企业"量"的成长进行衡量方面，产出性指标，尤其是营业收入往往被认为是优先于其他指标的。因为在大多数情况下，正是营业收入的提升使经营者意识到增加资产和人力投入的必要（叶顺，2016）。

2."质"的成长

不少学者指出,仅仅从规模上去理解企业的成长是不够的,企业的成长还体现在组织结构、资产结构、运营战略的变化等层面。彭罗斯(Penrose,1959)对此进行了全面的剖析。他指出,企业的成长至少囊括了两个方面的含义:一是量的成长,包括销售量、销售额、市场价值等方面;二是质的成长,主要体现在企业组织特征的变化。彭罗斯认为,伴随着企业规模的不断扩张(即量的成长),企业的内在结构和特征也会相应地实现不断的演变,而这些在组织结构和组织特征方面的变化可以被视作"质"的成长。叶顺(2016)认为企业的"质"的成长主要表现为以下六个方面:①现金流和融资能力的成长;②控制和规划系统水平的成长;③人力资源管理能力的成长;④营销能力和对客服务能力的成长;⑤企业战略规划能力的成长;⑥企业管理体系的复杂化和正规化。

由此可见,对企业成长的研究应当考虑到"量"和"质"这两个不同的层面,并将企业层面的变化和创业者个人层面的因素整合起来。唯有如此,才能从更加整体化的视角理解企业成长这一复杂的现象。基于这一思考,叶顺(2016)在其研究中总结了企业成长理论的研究框架(见图3.1),具有一定的参考价值。

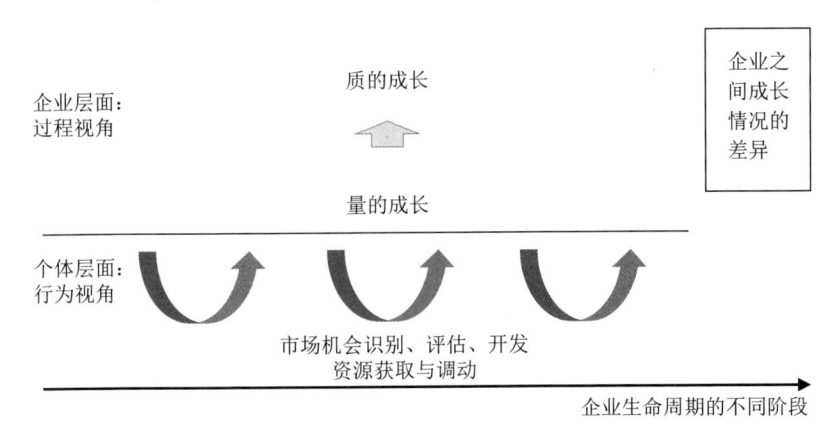

图3.1 企业成长的整体研究框架

资料来源:叶顺(2016)

第三节 影响企业成长的主要因素

对企业成长影响因素的探索可以说是企业成长研究中最大的领域。这方面的研究旨在回答以下问题：为什么一些小企业会成长，或成长得更快，而另一些小企业却一直维持在弱小的水平？正如前文对企业成长内涵的研究综述所显示的，企业成长是一个十分复杂的现象，其过程和结果受到诸多因素的影响，这导致学者们很难发现那些在不同的情境下都能对企业成长具有稳定影响效应的因素（Shepherd & Wiklund，2009）。

纵观该领域的已有研究可以发现，对影响企业成长的因素的研究视角差别很大。例如根据观察视角的不同，这些因素可以分为主观因素和客观因素；而根据具体分析层次的不同，这些因素则可以被区分为地理因素、产业环境因素、企业资源因素、个人特质因素、社会网络关系等诸多方面（Barron，1999；Gilber et al.，2006；Baum et al.，2001；叶顺，2016）。

在梳理已有相关研究的基础上，有学者（Gibb & Davies，1990）将企业成长影响因素的研究总结为四种不同的研究导向，即人格特质导向（personality dominated approaches）、企业发展导向（firm development approaches）、商业管理导向（business management approaches）、市场机会导向（opportunity based approaches）。四种研究导向下，研究者们对影响企业成长过程和结果的因素有不同的研究兴趣和切入点，具体如表3.2所示。与很多学者将企业成长视为一系列"行为"的逻辑相同，在对成长影响因素的研究中，"个人特质导向"处于主流的地位，这方面研究的数量也相对较多。有学者（Davidsson，1991）进一步将上述个人层面的影响因素区分为三个方面，即需求（need）、能力（ability）、机会（opportunity）。与之相对应，有学者（Pasanen，2007）则将企业成长在个人层面的关键影响因素归纳为创业者成长意愿、充分的经营资源和市场机会三个方面，分别对应着需求、能力和机会这三个最重要的环节。

表3.2 企业成长影响因素的四种研究导向

研究导向	研究着眼点
人格特质导向（personality dominated approaches）	创业者性格、能力、个人目标、成长抱负
企业发展导向（firm development approaches）	不同发展阶段的企业模式及相应的成长过程
商业管理导向（business management approaches）	组织商业技能、管理、规划、控制能力
市场机会导向（opportunity based approaches）	市场环境中的机会、制约因素

资料来源：Gibb & Davies（1990）。

需要注意的是，关于企业成长影响因素的研究往往存在这样一种假设，即所有的创业者都是追求企业不断成长的。这一假设来源是经济学对企业总是追求经济利益最大化的基本判断。然而，成长意愿本身是一个心理感知层面的变量，并不是客观界定的。事实上，很多的创业者在创立和发展自己企业的过程中并非追求经济利润的最大化，而是在追求某种主观的成就感、自由感、幸福感。这一点在旅游接待行业尤其显著。因此很可能出现的一种情况是，企业无论在"量"或"质"方面的成长都处于低水平的状态，而创业者本人却对企业的发展状况具有极为积极的主观评价。这种主观与客观相背离的现象依然得到了不少研究证据的支持（Ateljevic & Doorne，2000）。

本章小结

本章主要对已有研究中关于家庭企业特征以及企业成长过程、成长影响因素的观点进行了回顾和梳理。通过回顾已有文献可以发现，家庭生产模式理论是一个很重要的理论视角，为家庭企业的研究提供了一个系统的分析框架。虽然有关企业成长的研究已经较为丰富和成熟，但聚焦于"家庭生产模式"下的家庭企业如何成长的研究还很少。因此，将企业成长理论与微型企业中普遍存在的"家庭生产模式"特征相结合，对这种类型的企业如何成长的探索是后续研究需要进一步拓展的方向。

第四章 人力资本、社会资本和家庭嵌入理论框架

在以往针对创业活动和企业成长的研究中,学者们采用了一些系统性的理论框架,以求能够更加深入地分析影响创业决策和新创企业成功的诸多因素。在这些理论框架中,最具代表性的是人力资本理论(human capital theory)和社会资本理论(social capital theory)。这两大理论框架分别从个体层面和关系层面剖析了驱动创业决策和创业成功的关键因子。此外值得注意的是,在针对小型和微型企业的创业、成长研究中,家庭嵌入理论(family embeddedness perspective)逐渐引起学界的注意。这一理论将社会资本理论进行了细化,并将之聚焦于家庭层面,在探究家庭企业创建和成长的内在规律方面显示了独特的视角与潜力。因此,本章的主要目的是对以上三个理论框架进行概述,以期为后续研究的设计和开展提供理论基点。

第一节 人力资本理论概述

人力资本理论的基本假设是认为"知识存量"与个人的信息分析能力和商业实践能力具有紧密的联系。因此,拥有更多"知识存量"的个体往往具有更高的经济效率和经济产出(Schultz, 1959; Becker, 1964; Mincer, 1974)。在这方面,波拉尼(Polanyi, 1967)将个人所拥有的知识进一步细分为"显性知识"(explicit knowledge)和"隐性知识"(implicit knowledge)两种类型,指出相对于显性知识而言,更

具"专用性"的隐性知识对商业活动绩效的影响效应更大。显性知识主要指那些能够用文字、程序、图示等方式清晰编码和转移的知识。显性知识能够借由书本材料，特别是正规教育的方式习得，且在不同个体之间流动和转移较为容易。隐性知识主要与经验、技巧、诀窍（know-how）等难以精确编码和转移的知识相关。隐性知识往往需要在实践中不断积累和习得，很难以简单的文件形式在不同个体之间转移，即在个体之间的"传递"具有很大的难度。因此，个人往往虽然能够通过正规教育获取、提升自己的"显性知识"存量，但"隐性知识"则必须通过深入实践、与他人长期合作等途径获得。

在已有文献中，人力资本理论最初主要被用来分析个人职业发展和职业成功方面差异的来源（Becker，1964；Mincer，1958）。随着研究的不断深入，人力资本理论逐渐开始被引入创业研究和企业成长研究领域，用于解释和预测个体创业决策和创业成功方面的差异（Chandler & Hanks，1998；Davidsson & Honig，2003；Rauch et al.，2005）。大量研究都采用了定量分析方法来探索人力资本因素对创业决策的影响，以及不同类型的人力资本因素在影响效力上的差异（Davidsson & Honig，2003；Robinson & Sexton，1994；Ucbasaran et al.，2008）。虽然已有研究的视角差别较大，结论也存在相当大的多样性，但对于哪些人力资本因素可能会影响个体的创业决策以及创业成功，已有研究已经形成相对完整的系统观点。具体而言，这些人力资本因素包括：正规教育、培训经历、就业经历、创业经历、行业经历、父母背景、技能等（Unger et al.，2011）。

如前文所述，正规教育是显性知识的主要来源，能够为创业者提供有关创业和企业经营的基本能力。大量实证研究的结论证实了教育程度与创业意愿、创业成功率之间存在显著的相关性。例如，有研究（Bates，1990）证实，具有大学本科及以上学历的创业者在创业过程中更有可能取得成功，因为良好的正规教育背景意味着个体将具有更强的信息搜索和分析能力，对市场机会的识别和开发能力也明显高于那些教育程度低的个体。另有研究（Cooper et al.，1994）进一步指出，正规教育背景与新创企业的成长速度也具有显著的正相关性，其原因主要在于高教育水平的创业者在市场机会的把握和开发方面具有更强的分析能力和敏感度。

有趣的是，在正规教育与创业关系的研究中，一些学者提出了与上述研究不一致甚至是相反的观点。例如，有学者发现具有高等教育背景的个体的创业意愿反而不如低学历个体的创业意愿高，因为高学历背景意味着历史人力资本的高投入，他（她）们相较于那些在人力资本上投资较低的人更不愿意接受可能比固定职业更低的收入（Cassar，2006；Evans & Leighton，1989）。然而，研究（Cassar，2006）也发现，只要高学历的个人决定参与创业，他（她）们则往往比那些低学历的创业者更容易取得成功，创业企业的成长速度也更快。究其原因，是因为高学历创业者因为在人力资本的投入上较大，进而在企业的发展和利润的追求方面更具野心，否则他（她）们会觉得不如去做一份高薪的受雇工作（Gimeno et al.，1997）。可见，以教育程度为代表的人力资本因素与创业成功、企业成长之间整体上是存在一种正向关系的（Unger et al.，2011）。

创业者在经营管理和专业性工作中的长期实践则是其"隐性知识"的主要途径。已有研究指出这些隐性知识主要包括三方面，即行业经历（Jo & Lee，1996；叶顺，2016）、管理经历（Leach & Kenny，2000）、先前创业经历（Zhao et al.，2011）。先前经营管理经历和专业技术工作经历为个体提供了市场营销、人事管理、人际沟通、战略规划、财务管理等方面的技能和技巧（Carson & Gilmore，2000；叶顺，2016）。已有大量研究表明，个体先前的专业性工作经历、先前管理经历、先前创业经历与个体的创业意愿、创业绩效之间具有显著的正相关关系（Bates，1995；Robinson & Sexton，1994；蒋剑勇，2013；俞宁，2013），尤其在控制产业因素、环境因素等变量的情况下，"隐性知识"对创业成功的影响表现得更为显著，其对创业成功的解释力大大高于"显性知识"（Unger et al.，2011；叶顺，2016）。

需要指出的是，不少研究者注意到小型和微型企业的创业者相比于大中型企业的创业者（经营者）普遍具有偏低的正规教育水平，参与技能培训和其他人力资本开发活动的程度也普遍低得多（Billett，2001；Zhao et al.，2011；Unger et al.，2014）。例如，实证研究发现，微型家庭企业的创业者和经营者往往将家庭生活的需要置于首要位置，缺乏追求企业发展和成长的进取心，因而不太愿意参与管理技能培训等相关项目来提升自己的创业和经营能力（Kotey & Folker，2007）。针对旅游小企业的研究也发现，微型家庭旅游企业的创业者们普遍不愿意花费时间去提升自己的"显性知识"和"隐性知识"，原因同样是这些创业者过多地关注家庭生活的短期利益，而在关乎企业长远发展和成长的"投资"方面缺乏激情（Westhead & Storey，1996）。

第二节 社会资本理论概述

社会资本理论是与社会网络嵌入理论紧密相关的一套理论框架，是20世纪60年代以来在社会科学各研究领域中受到广泛关注、影响深远的重要思想。事实上，与社会资本理论类似的观点早在20世纪初即有学者提出。博特斯（Portes，1998）认为社会资本理论可以上溯到著名社会学家涂尔干对"群体生活"（group life）的研究，以及马克思对阶级社会的有关研究。然而，让当代社会科学各领域真正对这一理论思想产生兴趣的是法国社会学家布迪厄（Bourdieu）。他在一篇著名论文中将社会关系、场域等概念与经济学中的"资本"（capital）整合起来，对社会资本的概念和形式进行了探讨，从而将这一概念正式纳入社会学的研究范畴中来（Bourdieu，1986）。

然而，在社会资本理论的系统化和操作化研究方面，科尔曼（Coleman）的系列研究做出了最大的贡献。1988年，科尔曼发表了《作为人力资本发展条件的社会资本》一文，为社会资本理论进入主流社会科学理论体系奠定了最为坚实的基础。在此之后，帕特南（Putnam，1993，1995）对社会资本的概念和应用范围进行了进一步的拓宽，尤其是应用社会资本的理论体系解释公民社会和集体行为的内在机制与变迁规律，获得了学界和政界的极大关注。帕特南（Putnam，1995，2000）的研究指出当代美国社会公民参与政治等集体行动（collective actions）意识退化的原因在于信任、规范、互惠等"社会资本要素"的退化。帕特南对社会资本的研究在当时甚至得到了美国政府的高度重视，使"重构社会资本"成为当时美国复兴公民社会的政策口号（Portes，1998；李秋成，2014）。

社会资本理论的基本观点是认为社会关系网络及嵌入在社会关系网络中的资源要素能够影响网络中个体的认知、态度和行为，从而能够为网络中的个体以及整个网络群体带来各方面的好处（Claridge，2007；Portes，1998）。需要注意的是，与人力资本、财务资本等传统资本类型有所不同，社会资本的概念具有复杂和抽象的特点。社会资本这一概念的范畴既包括个体与个体之间的连带关系，又包括这些两两连带关系所组成的关系网络及其结构特征，还包括关系网络中所蕴含的各种有形、无形的资源（Brunie，2009；Harpham et al.，2002；Putnam et al.，1993）。社会资本理论聚焦于人际关系和社会网络要素对经济行为和社会行为的显著影响，因而长期以来得到了管理学、经济学、教育学、政治学和社会学等学科领域的高度重视与广泛应用。例如，在人力资源与组织发展研究（Lin，2001；Zhao，2002）、经济发展研究（Knack & Keefer，1997；Warren et al.，2001）、教育研究（Coleman，1988；Mintrom et al.，1997）、基层社会治理研究（Berman，1997；Uslaner，2004）、公共资源保护和治理研究（Ostrom，1990；Jones，2010；李秋成、周玲强，2014）等各个研究领域中，社会资本的理论框架都获得了应用，并显示了良好的预测力和解释力（Brunie，2009）。在创业研究和新创企业绩效研究方面，社会资本理论也得到了广泛的应用，这方面的研究主要聚焦于社会关系网络中隐藏的资源能够为网络中的个体创业者所获取和调动，因而将有利于创建过程的顺利开展，以及新创企业优良绩效的达成（Stam et al.，2014）。具体而言，这些有益于创业和成长的社会资本资源主要包括三种类型，即建议性资源、资产性资源和情感支持资源（Arregle et al.，2015；Renzulli & Aldrich，2005）。

总结来看，正如前文所述，社会资本是一个相对复杂和抽象的概念，对于什么是"社会资本"，以往研究者在观点上存在不小的差别（Grootaert & Van Bastelaer, 2002; Stam et al., 2014）。事实上，虽然研究者们在运用社会资本理论时大多落脚于社会网络和人际关系，但至今未能形成一个统一的、公认的对社会资本概念的界定。学者们大多根据特定的研究问题以及各自的学科背景对社会资本进行选择性的解读，从而使社会资本逐渐呈现出一种众说纷纭的"伞状概念"（umbrella concept）局面（Hirsh & Levin, 1999）。表4.1总结了部分研究对社会资本概念的界定。

表4.1 研究者对社会资本概念的界定

研究者	对社会资本概念的界定
布迪厄 （Bourdieu, 1986）	·与群体成员相联系的实际的或潜在的资源的总和，它们可以为群体的成员提供集体共有资本的支持
科曼 （Coleman, 1988, 1990）	·一种责任与期望、信息渠道以及一套规范与有效的约束，它们能够限制和鼓励群体成员的某些行为 ·社会组织构成了社会资本，它们有助于目标的实现，如若社会资本缺失，那么目标可能无法实现，或者实现的成本会很高昂
帕特南 （Putnam, 1993, 2000）	·社会资本是社会组织的特征，如网络、规范、信任，它们有助于人们为了共同的利益进行协调与合作 ·社会资本指个体之间的联系：社会网络以及在此基础上形成的互惠、信任的价值规范
福山 （Fukuyama, 1999）	·社会资本是特定群体的成员之间共享的非正式的价值观与行为规范
林 （Lin, 2001）	·社会资本是内嵌于关系网络中的资源，行为人可以调度和利用这些资源而使自身获益。社会资本包含两个重要层面：一是它代表的是嵌入在个人社会关系网中，而非个人所直接拥有的资源；二是个人通过关系网络能够获取和使用这些资源
联合国开发计划署 （1999）	·社会资本是一种自觉形成的社会规则，它体现于社会各组成部分的关系中，体现于人与人之间的关系中

由于研究者们对社会资本的研究视角具有很大的差异，因而在如何操作和测量社会资本方面，已有研究也显示出高度的差异性。例如，部分研究者倾向于从个体主观认知（如情感、信任、感知规范）的角度对社会资本因素进行界定和测量（Jones, 2005; Zhao et al., 2011; 李秋

成、周玲强，2014）；部分研究者则倾向于从网络和人际关系的结构视角（如结构洞）对这一概念进行测量（Burt，1992；Stam et al.，2014）；还有一些研究应用网络分析法（network analysis），从整体网络的结构属性和人体在网络中所处位置的角度（如中心度、网络密度、桥连接等）对社会资本进行更为细致的操作与测量（Freeman，1979；Hurlbert et al.，2000）。由于已有研究对社会资本理论的理解和具体操作方案具有相当大的差异，学者们对这一理论的实际价值提出了颇多质疑（Brunie，2009）。

第三节　家庭嵌入理论概述

在创业管理领域的已有研究中，部分学者关注到了家庭与创业过程和企业生成过程的密切关系。其中，以奥尔德里奇和克里夫（Aldrich & Cliff，2003）的研究最具有代表性。他们认识到很大比例的企业实际上是家庭企业，主要由家庭成员团队实施创业和企业经营的活动。在这种类型的企业中，家庭结构、家庭关系与企业的创业和成长是无法分开的（Heck & Trent，1999）。通过将"家庭"（family）和"生意"（business）两个原本相互割裂的社会实体相结合，奥尔德里奇和克里夫提出了创业研究的"家庭嵌入视角"（family embeddedness perspective），并勾画了这一视角下有关创业决策和企业生成的主要研究框架。

奥尔德里奇和克里夫指出，在创业决策和企业成长研究方面，一个让人难以理解的问题是研究者们往往忽视家庭在这一过程中所起到的关键作用。具体而言，无论是持有市场机会导向的创业研究者，还是持有企业生成视角的创业研究者，都未能系统地考虑家庭结构、家庭关系以及两者的变迁对创业环境和创业行为的影响（Stafford et al.，1999；Upton & Heck，1997）。此外，虽然不少创业研究者开始使用社会网络嵌入或者社会资本的理论框架来分析创业活动的内在规律，但家庭这个最基本的社会关系实体却很少有人给予细致和深入的分析。基于此，奥尔德里奇和克里夫（Aldrich & Cliff，2003）从诸多现实中的例子出发，描绘了家庭结构、家庭关系、家庭资源如何影响创业，并指出创业活动和企业成长可能会反作用于家庭，对家庭结构、家庭关系、家庭资源产生重塑作用。

家庭嵌入理论整体上可以看作前文所总结的家庭生产模式理论与社会资本理论的相互衔接。但家庭嵌入理论在对家庭与创业的关系的分析范畴上则比"家庭生产模式"要宽泛得多。已有研究者基于学者们对创业的两种观念，即"基于机会的创业""基于企业生成的创业"，全面分析了家庭在促进（或阻碍）创业方面的全面影响，并考虑到了创业行为和结果对创业者家庭可能具有的反向影响。

一、家庭嵌入对市场机会的影响

市场机会的识别与开发是创业研究的重要理论视角（Shane & Venkataraman，2000）。持这一理论视角的研究者认为创业活动的本质即在于对市场新机会的识别、评估及开发。所谓市场新机会主要包括两个方面：一是新的产品需求和新市场，二是新的组织方法和流程（Dijksterhuis et al.，1999；Lewin et al.，1999）。"家庭嵌入理论"认为家庭结构和家庭关系的变迁从"新机会的出现"（opportunity emergence）和"新机会的识别"（opportunity recognition）两个层面对创业活动产生深刻影响。

客观的市场新机会来源于哪里？关于这个问题已有研究一般从环境变化中获得解答。即外部环境的变迁会导致信息不均衡和信息空隙（information asymmetries and gaps）的出现，从而产生新产品需求的生成与聚集（Timmons，1999）。这些不断变化的环境因素包括经济环境、政治环境、文化环境、技术环境、人口统计环境等各个方面。很显然，家庭结构和家庭成员关系的变迁属于"人口统计环境"的范畴，且已有研究证实人口统计环境的变化是预测和追踪市场机会最可靠、最可行的信息来源（Drucker，1985）。在这方面，奥尔德里奇和克里夫（Aldrich & Cliff，2003）以北美地区为例，系统分析了家庭结构（family composition）、家庭成员角色和关系（family members' roles and relationships）变迁在各种新市场机会出现中所扮演的重要作用。

除了影响新机会的出现，家庭结构和家庭关系对新机会的识别也具有重要的影响。奥尔德里奇和克里夫指出，对于为什么有些人能够识别客观的市场机会而另一些人未能识别市场机会的问题，家庭嵌入理论能够提供一定解答。具体而言，以往研究大多基于人力资本理论，以"个人特质论"作为基础视角，将市场机会识别能力的差异归咎于人力资本因素的差异，例如个体在过往工作经历和正规教育中获取的特定知识被认为是影响市场机会识别能力的关键所在（Shane，2000）。然而，不容忽视的是，家庭结构和家庭关系同样能够提升（或阻碍）个体识别市场机会的能力，进而促进创业意愿和行为。一个典型的例子是那些从工作岗位回到家庭承担全职妈妈角色的妇女更能够识别育儿市场中新产品、新流程的机会（Aldrich & Cliff，2003）。

二、家庭嵌入对企业生成的影响

创业研究的另一个主要视角是新企业的生成。事实上，不少研究者认为市场机会的开发主要表现为新创企业的出现，即创业者是通过创建企业组织来对市场机会进行开发的（Gartner & Carter，2003；Solvoll et al.，2015）。新企业的生成主要涉及对关键创业资源的获取与利用过程（Aldrich & Cliff，2003）。在这方面，很多学者试图从社会网络嵌入的视角寻求创业者在资源调动方面体现出的差异。蕴含在个人社会关系网络中的资源，即社会资本被认为是影响新企业生成过程中资源调动潜力和能力的关键因素之一。很显然，家庭成员是创业者最为基础的社会关系，家人、亲戚在人力、资金、信息、设备等资源的获取和利用上必然能够提供相当大的助力。以往不少学者均通过实证研究验证了这一点。

例如，研究发现，新创企业中有近30%的比例是由两个以上的家人或亲戚团队共同创建的（Ruef et al.，2002）。另一研究也得出了相似的结论，发现家庭成员联合创业的情况占到新创企业总数的三分之一之多（Reynolds & White，1997）。其他研究则发现很大比例的企业在创建阶段获得了家人亲戚在资金方面的强力支持（Steier & Greenwood，

2000）。除了财务资源的支持，已有的实证研究还证实在人力资源支持、实物资源支持以及经营场地的提供方面，创业者家庭均扮演了关键的积极角色（Aldrich & Waldinger，1998；Aldrich & Cliff，2003）。整体来看，虽然上述研究者并没有直接提出家庭嵌入视角的研究框架，但这些分散的研究发现印证了这样一个事实，即家庭结构、家庭关系是研究新企业生成规律不可忽略的重要因素。

三、家庭嵌入理论的创业研究框架

奥尔德里奇和克里夫（2003）在已有相关研究的基础上，勾画了家庭系统对创业过程的影响，并将这一影响延伸到创业结果（创业绩效、创业成功）的层面。此外，他们还预测，创业过程和创业结果会反作用于家庭系统，最终导致家庭结构、家庭关系以及家庭共享价值规范的变迁。图 4.1 显示了"家庭嵌入理论"的框架。具体而言，已有研究从创业意愿、创业绩效和企业成长方面，探讨了家庭对创业活动的影响。

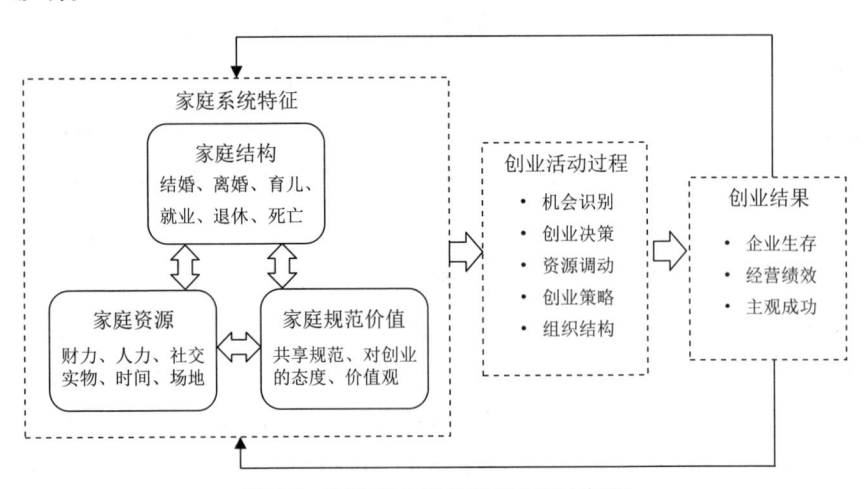

图 4.1　家庭嵌入视角的创业研究框架

资料来源：Aldrich & Cliff（2003）

创业意愿是引导潜在创业者开展创业活动的内在动力，也是学术和实践领域广泛关注的议题（张秀娥等，2021）。已有研究表明家庭为潜在的创业者提供了角色榜样和资源支持，在创业意愿方面发挥重要作用。首先，家庭成员扮演了创业榜样的角色，有助于引导潜在创业者开展创业活动。个体因感知与榜样的相似性，会有行为模仿的激励，从而更愿意开展创业活动。例如，研究发现父母拥有商业背景的个体选择创业的可能性更大（周劲波等，2018）。这种影响在跨文化背景中也得到了支持。在德国的研究表明，父母的经营背景增加了个体创业的可能性（Chlosta et al.，2012）。其次，通过观察创业榜样，个体积累了关于创业的知识和技能，创业的信心得以增强，提升了他们的创业意愿。例如，有研究发现创业教育和家庭支持对学生的成就需求和创业意向产生了积极影响（Bignotti & Roux，2016）。再次，个体的创业潜力受到其对自身能力的评估，人们更喜欢从事自我效能感高的工作（Scherer et al.，1989）。家庭为潜在创业者提供了支持，有助于提高他们的自我效能感，进而影响他们的创业意愿。例如，研究发现，大学支持、家庭结构支持和情感支持是影响学生创业意愿的重要因素（Denanyoh et al.，2015）。进一步的研究（Laguía et al.，2019）发现，感知到的家庭支持和大学支持与学生的创业意愿呈正相关。创业自我效能感和创业教育对创业支持与创业意向之间的关系有调节作用。

在创业绩效方面，已有研究探讨了家庭支持、家庭禀赋、家庭结构对创业绩效的影响。首先，家庭成员可以为企业活动提供必要的工作支持，有助于企业的发展和绩效的提高（Teixeira，2001；Karra et al.，2006）。尤其是在资源有限时，经济活动所需资源主要由家庭供给（Danes et al.，2008）。一方面，家庭成员可以为企业家发展提供工具性支持。例如，直接提供资金帮助或帮助获得外部资金（Aldrich & Cliff，2003；Anderson et al.，2005）。除了资金支持外，家庭还可以提供人力支持。整体而言，农民创业绩效是其家庭人力资本禀赋、社会资本禀赋、经济资本禀赋、金融资本禀赋和政策资本综合作用的结果（朱红根、康兰媛，2016）。另一方面，家庭还可以给创业者提供情感支持。获得家人胜任性支持的创业者，更能感受到自己对创业的胜任感和成就感，从而积极投身创业活动（陶雅、李燕萍，2018）。工具性支持和情感支持都是创业的重要资源，对企业的发展有重要作用（Shen et al., 2017）。此外，家庭内部结构存在着较大的异质性（Melin & Nordqvis, 2007），因此家庭对创业绩效的作用并非完全统一。李后建和刘维维（2018）发现贫困地区家庭嵌入的多样性与农民创业绩效之间存在非线性关系。家庭嵌入多样性程度越高，家庭社会关系网络上的知识、资金和技能的异质性程度越高。家庭嵌入多样性程度过低时，家庭嵌入对农民创业绩效的作用会受到家庭嵌入同质性的限制；而当家庭结构嵌入多样性程度过高时，创业者可能难以将有限的精力集中在有前景的领域上，给农民创业绩效带来消极影响。

在企业成长方面，企业经营与家庭生活密不可分，家庭为企业成长提供了知识、信息、资金等资源。首先，家庭成员间的知识和信息传递，为企业发展提供了知识基础，有利于企业成长。并且，旅游产品具有无形性、生产与消费同时进行等特征，因而旅游微型企业的相关知识大部分为隐性知识。而隐性知识难以意会、难以表达、不易交流等特点决定了该类型知识转移较为困难（饶勇，2009；闫婷婷，2016）。网络成员之间的信任是知识传递的前提（马费成，2006），因而强关系网络内更容易发生知识的传递。家庭成员间的高度互信，有助于家庭成员间的信息和知识的分享，尤其是一些关键信息或隐性知识的分享（Bian, 1997）。这些知识和信息有助于创业者快速行动，为持续成长提供丰富的资源和决策依据，避免因资源约束导致的创业机会丧失与失败（祝振铎、李新春，2016）。其次，旅游企业的创建与成长过程还具有其独特性，如追求家庭和工作更好的平衡。已有研究表明工作与家庭的冲突会影响个体的身心健康（压力、心理幸福感、身体健康）、工作满意度、生活满意度等（Allen, 2000; Nohe et al., 2015；田莉、张玉利，2018）。和谐的家庭关系有助于提高创业者的工作满意度，也有助于企业非经济目标的实现和企业的长期发展（于晓宇等，2018）。

总之，创业者的家庭与经济活动紧密交织，企业与家庭间的互动对创业的成败有极大的影响（Heck & Trent, 1999；田莉、张玉利，2018）。家庭对创业意愿、创业绩效和企业成长都有所影响。对于旅游微型企业而言，家庭的作用更为重要。首先，在认知上，家庭氛围和家庭文化会直接影响家庭成员的职业认知、职业选择和精神支持（杨婵等，2017；李志刚等，2020）。在旅游微型企业中，所有权和管理权并未分离，企业主能对资源分配做出个人选择（Spence，1999）。因而企业的经营发展与经营者素质密切相关，创业者的创业决策和创业实施都易受其家庭成员的影响（Garay & Font，2012）。其次，资金支持制约着创业者的创业行为。家庭为旅游微型企业提供了主要的资金支持。正式网络在旅游微型企业资金获得中发挥的作用并不明显。在银行贷款不足的情况下，创业者家人、亲友等非正式网络为企业的成立和成长提供了主要的资金支持（闫婷婷，2016）。再次，家庭的生命周期影响家庭的人口负担、劳动力数量、生产生活需求等，进而影响了农民创业的策略选择（赵微、张宁宁，2019）。

家庭嵌入视角为从家庭价值规范、家庭资源、家庭结构出发来分析解释创业现象提供了一个微观基础。从家庭嵌入的视角来看，家庭可以促进或阻碍以获取稀缺资源为目的的个体行为。而如何有组织地获取和分配稀缺资源正是在乡村经营的旅游微型企业所面临的挑战（游家兴、邹雨菲，2014），因而旅游微型企业的创业研究应该重点关注家庭这一支撑基础。

本章小结

人力资本理论和社会资本理论是创业研究和企业成长研究中应用最为广泛的理论框架，实际上，前文中提到的关于创业研究的"特征论""环境论""网络论"便是这两个理论逻辑在具体研究中的体现。本章还对家庭嵌入视角以及这一理论视角下创业研究的框架进行了概述。家庭嵌入视角将家庭和企业这两个在已有研究中相互分裂的研究单元进行了整合，详细梳理了家庭结构、家庭关系的特征及其变迁可能给创业活动和创业结果带来的影响。因此，本书认为，家庭嵌入理论在家庭这一个人最基本的社会关系层面对社会资本理论进行了深化，其逻辑尤其适合对乡村旅游微型企业的创业和成长的研究。后续研究可以在以下两个方面进一步拓展：第一，比较不同理论在解释和预测创业活动、结果方面的效力。第二，将家庭嵌入理论如何与中国的社会情境更加适配，也更有利于全面剖析家庭和家族因素对创业的影响。

第五章　整体思路与研究框架

在对以往文献进行回顾和梳理的基础上，本章进一步总结已有研究的主要不足之处，提出本书的理论切入点，特别是对乡村旅游微型企业的特殊属性以及"亲缘社会网络嵌入"在乡村旅游微型企业生成、经营、成长不同层面可能具有的差异化影响的内在理论逻辑进行了阐述。其次，明确本书的研究对象、对本书研究涉及的几个核心概念进行了界定，并提出研究框架。最后介绍案例地选择以及调研的具体过程。

第一节　理论切入点：亲缘社会网络嵌入

一、以往研究的主要不足

通过文献回顾可以发现，虽然已有文献中关于乡村旅游微型企业、农民创业、家庭企业及其成长的研究已经颇为丰富，但几个领域基本处于相互割裂的状态。很少有研究能够将创业研究、家庭企业研究领域的已有理论和框架与乡村旅游微型企业的具体研究情境结合起来，对这种特殊企业的生成和发展情况进行系统地分析。总结来看，已有研究的不足主要体现为以下三点。

（一）乡村旅游企业研究存在表层化和片段化的局限

通过对已有研究的梳理可以发现，大多数研究都聚焦于乡村旅游微型企业的特点、问题、功能，以及对农村经济社会发展的作用。除个别研究以外，很少有学者聚焦于企业生成、经营和成长，并对其内在的规律和机制进行深入的探讨。已有研究的这一不足使得该领域的知识构建缺乏系统性和细致性，因而呈现出"泛泛而谈"的特点，难以实现相关知识的积累与深化，也难以为激励和扶持乡村旅游发展策略的开发提供微观的知识基础。因此，聚焦于企业本身，对企业生成、经营、成长的细致和系统探究是拓展该领域研究的重要方向。

其次，很少有学者运用成熟的经济管理理论对乡村旅游微型企业进行规范化的研究。虽然不少学者意识到"小企业""家庭企业""农民创业"等视角在研究乡村旅游微型企业的过程中不可或缺，但大多数研究并未引入小企业研究和家庭企业研究领域的理论，就旅游情境下的研究对象进行深入的探讨。主流理论应用的不足限制了乡村旅游微型企业研究的深度，也使该领域的研究难以与主流学科进行理论对话。因此，结合乡村旅游特殊情境，应用经济管理主流理论的跨学科研究是乡村旅游微型企业研究的重要方向。

（二）企业创业成长研究与乡村旅游特殊性衔接不足

机会识别、机会评估、机会开发是创业研究领域的主流框架。然而，对于农民在特定行业的创业活动，聚焦于机会这一概念的探讨是否能勾勒出农民创业过程的全貌值得斟酌。特别是在乡村旅游产业情境下，旅游产业的发展往往由地方政府主导。在这种自上而下的产业发展情境下，旅游微型企业的创业机会是被目的地的村民所共知的，且"机会"本身并没有太多的复杂性和隐匿性。因此，对农民在这种特定行业的创业活动的考察，聚焦于新企业的生成和成长更具可行性。

另外，聚焦于"家庭生产模式"下的家庭企业如何成长的研究还很少。因此，将企业成长理论与乡村旅游微型企业中普遍存在的"家庭生产模式"特征相结合，对这种类型的企业如何成长，尤其是在"质"的层面如何成长的探索是该领域研究需要进一步拓展的方向。

（三）已有经典理论框架有待进一步拓展和相互比较

如前一章所讨论的，"家庭嵌入理论"虽然在家庭层面对社会资本理论进行了拓展和深化，但在中国社会情境下，将"家庭嵌入"延伸至"亲缘嵌入"是一个可行的方向。正如奥尔德里奇和克里夫（Aldrich & Cliff, 2003）所指出的，西方社会所理解的"家庭"指的是"两代

（two-generational）夫妻和孩子组成的生活群体单位"。在中国社会，尤其是相对传统的乡村地区，"家庭"的概念较之更为宽泛，往往囊括更大的家人、亲戚范畴。即中国乡村社会所理解的"家庭"在宽泛的意义上指的是拥有由血缘和婚姻关系所扭结的所有个体。因此，在家庭嵌入视角的分析单位层面，使用"亲缘"（kinships）这一概念更加符合中国的社会情境，也更有利于全面剖析家庭、家族因素对创业的影响。

通过文献回顾可以发现，以往研究大多各自采用不同的理论框架对影响创业决策和创业绩效的因素进行探索，很少有研究涉及不同理论框架在解释和预测效力方面孰优孰劣的问题。尤其是社会资本理论与人力资本理论，哪个范畴下的因素能够更好地解释创业意愿和创业绩效在不同个体间的差异？这是后续研究需要进一步探讨的方向。

二、理论切入点

基于对已有研究的梳理与总结，聚焦于乡村旅游微型企业呈现出的"家庭经营""家庭涉入"的突出特点，本研究以"亲缘社会网络嵌入"作为基本的理论切入点，力求厘清由家人亲戚构成的亲缘社会网络及嵌入这一网络中的资源对乡村旅游微型企业生成、经营和成长过程的影响机制。本书的理论构思主要基于以下两个方面的思考。

（一）乡村旅游微型企业的特殊性：家庭与企业的交织

与以制造业为代表的传统行业的企业不同，乡村旅游微型企业具有一定的特殊性。农家乐、乡村民宿等旅游微型企业表现出"家庭生产模式"的显著特点，即家庭与企业之间具有十分紧密的关联，家人、亲戚在其创立、经营和成长过程中扮演着重要的角色。

首先，在乡村旅游地，以民宿和农家乐为代表的"微型企业"是以家庭为单位进行创业和经营的。家庭（家族）往往是与乡村旅游创业相关的信息和资源的主要来源。家庭成员之间往往具有紧密的情感连带和信任关系，很多有关创业的行为都来自于家庭成员的集体决策（Phelan & Sharpley，2010）。在家族观念和集体主义文化浓烈的中国乡村地区，创业与家庭的关系尤其紧密（徐红罡、马少吟，2012）。甚至可以说，在乡村旅游的创业过程、经营过程中,"家庭"起着至关重要的作用。因此,家庭或家族网络提供的信息、物质和情感支持是研究乡村旅游微型企业创业和成长过程中不可或缺的因素。

其次,旅游创业,尤其是乡村居民的旅游创业与其他领域的创业具有一定的差异。相比于传统行业创业中较为普遍的"增长导向",很多乡村旅游创业者的创业动机表现为"家庭生活必需"和"维持特定生活方式",因此旅游学界一直认为"生活方式型创业"(lifestyle entrepreneurship)是乡村旅游创业的显著特征(Atlejevic & Doorne,2000)。相较于市场份额、经营利润、规模扩张等界定增长导向创业活动的经济成功因素,"家庭幸福感"在衡量乡村旅游微型企业的创业和经营绩效方面占据重要的位置(Marchant & Mottiar,2011;Peters et al.,2009)。因此,对乡村旅游创业和经营绩效的评价不能完全套用传统创业研究的评价体系,"家庭幸福感"等主观因素在衡量创业成功、推动创业活动可持续发展方面具有重要的价值。

再次,乡村旅游微型企业的成长呈现出从"家庭生产模式"向"现代企业模式"转变的动态过程。已有研究指出,乡村旅游微型企业的成长包括"量"的成长(雇员数量、资产规模、经营收入)和"质"的成长两个方面(Lynch,2005;叶顺,2016)。其中"质"的成长表现为家庭与企业功能的分离。即随着乡村旅游微型企业的不断发展,家庭生活目标与企业经营目标逐步分离,家庭生活空间与企业经营空间逐步分离,家庭作坊式的生意模式逐渐向"资本主义生产模式"转变(Mason et al.,2011)。

(二)亲缘社会网络影响的复杂性:强关系网的双面效应

格兰诺维特(Granovetter,1973)提出"关系强度"这一概念,并从四个维度判断关系强度。(1)互动频率。互动的频率高为强关系,反之是弱关系。(2)感情深度。感情深,为强关系。反之,为弱关系。(3)亲密程度。相互信任度高、关系紧密为强关系。反之,为弱关系。(4)互惠程度。互惠范围广、互惠程度高为强关系,反之为弱关系。亲缘网络是一种特殊的"强关系"网络,其所具有的高互信、高承诺、高互惠的特点使这一网络及嵌入其中的资源对乡村旅游微型企业的生成和发展具有独特的促进作用;而其所具有的高内聚、高冗余、高同质的特点又使其对企业的持续发展和成长可能具有反向的制约作用。以往有关社会网络嵌入和社会资本方面的研究对强关系网可能具有的复杂效应进行了深入解读(见表5.1和表5.2)。

表5.1 强关系的正面效应

优势	特点	文献来源
获取、交换和使用有价值的资源(知识、资本、经验等)	强关系带来的信任有助于优质资源交换	Hansen(1995);Uzzi(1999);Mizruchi & Stearns(2001);Jack & Anderson(2002);Jack(2005)
灵活应对不确定性	网络成员间相互信任,因而可以灵活应对不确定性(灵活应对合作中的突发情况)	Granovetter(1985);Zukin & DiMaggio(1990);Uzzi(1996);Adler(2001)
降低交易成本	相互信任的合作关系可以降低交易双方的信息不对称程度,减少合作过程中的交易成本,提高合作质量	Granovetter(1985);Uzzi(1996;1999)
提高行动的效率	网络成员可以更快地获取信息,更好地传播信息和其他资源	Baker(1990);Burt(1992);Davidsson & Honig(2003);Beritelli(2011);Rank(2014)
共同解决问题	网络成员间的目标共享程度高,可以提高合作效率,还能有效避免合作过程中的知识和技术溢出	Hansen(1995);Nahapiet & Ghoshal(1998);Lechner & Dowling(2003)

表5.2 强关系的负面效应

缺点	特征	来源
创新水平较低	缺乏与网络外部的交流(信息、知识、资本等),因而缺乏"新鲜感",容易出现"集体盲目性"	Granovetter(1973);Burt(1992);Uzzi(1996;1997);Gargiulo & Benassi(2000);Mitręga & Zolkiewski(2012)
灵活性较低	依赖网络内部成员,导致外部适应性较低	Grabher(1993);Nahapiet & Ghoshal(1998);Mizruchi & Stearns(2001)
经济效率受限	成员间重复交往、信息冗余、非理性承诺增加、经济效率降低	Uzzi(1997);Mizruchi & Stearns(2001);Pages & Garmise(2003);Anderson & Jap(2005);Grégoire & Fisher(2008)

续表

缺点	特征	来源
发展和维护强关系的成本较高	维护关系需要的资金、时间、业务等成本较高	Larson（1992）；Jack et al.（2008）；Obukhova & Zhang（2017）
更易受到机会主义活动的影响	专用性资产投资规模的扩大，企业间机会主义行为的风险增加	Wathne & Heide（2000）；Mitręga & Zolkiewski（2012）；Seggie et al.（2013）；Czernek & Czakon，（2016）；Chowdhury et al.（2016）

具体而言，虽然研究者们认同个人或组织嵌入的社会关系网络能够提供多样化的资源利用机会，有利于个人或企业的发展，但不少研究者也意识到"过度嵌入"（over-embedded）社会网络的情况下，个人或组织的行为将受到诸多阻碍（Uzzi，1996）。具体而言，社会网络嵌入的反向作用主要体现在"强关系"网络中。首先，强关系网络中的个体相互之间高度信任、互动频繁，拥有高度类同的价值观和规范体系。因此，如果一个人或组织的社会关系以强关系为主，那么其通过网络获得的信息、建议和资源往往具有同质性和冗余性的特点（Hite，2005）。其次，维持强关系网络所需要的时间和精力投入也会限制个人或组织借由其他"弱关系"获取多样化资源的能力，因而不利于企业组织的持续竞争优势的构建。

基于以上理论思辨，本书认为亲缘社会网络虽然在乡村旅游微型企业的生成、经营和成长过程中扮演着关键性的作用，但源于强关系网络及其嵌入资源的上述"双面性"，亲缘社会网络在乡村旅游微型企业生成、经营、成长的各个层面上可能具有差异性的影响效应。

第二节 概念界定与研究框架

一、核心概念界定

（一）内生型乡村旅游微型企业

一般而言，基于投资主体和经营主体的差异，乡村旅游地主要存在两种类型的旅游企业，一种是外来投资、外人经营的旅游企业，一种是本地农民创建和经营的旅游企业。所谓"内生型乡村旅游微型企业"，即根植于本地乡村的，由乡村本地的农民（和家庭）创建和经营的小型旅游接待企业。内生型旅游微型企业是中国乡村旅游市场主体的主要形式，由于其根植于本地乡村，体现为本地农民直接参与旅游创业和经营，因而在推动乡村产业升级、促进农民脱贫致富方面具有更加重要的意义。因此，本书将研究对象限定为乡村地区的内生型旅游微型企业，外来投资的乡村旅游企业（例如德清"洋家乐"）则不在本书研究之列。

基于已有研究的论点（Lynch，2005；叶顺，2016），本书将乡村旅游微型企业界定为拥有 20 间以下客房的乡村旅游接待企业，其主要形式是"农家乐"和"乡村民宿"。一般而言，在中国的乡村旅游地，投资较少、市场定位相对低端的旅游接待单位通常称为"农家乐"；而投资量较大，设施设备相对高档的则一般称之为"乡村民宿"（叶顺，2016）。在乡村旅游转型升级的大背景下，一些"农家乐"在追加投资、扩大规模之后对外以"民宿"自称。但事实上，除了投资和经营规模之外，"农家乐"和"乡村民宿"并无本质区别。因此，"农家乐"可以视作乡村旅游微型企业的初级阶段，而"乡村民宿"则可视作乡村旅游微型企业的高级阶段。需要指出的是，无论是"农家乐"还是"乡村民宿"，其中的绝大多数都符合本书对乡村旅游微型企业的定义，且大多采用家庭生产模式，而非正规的现代企业化经营模式。因此，本书不考虑两者的区别，统一纳入"乡村旅游微型企业"的范围，并以此作为本书的研究对象。

(二)亲缘社会网络

如前所述,本书在以往研究对"家庭网络嵌入"(family network embeddedness)定义的基础上对"亲缘社会网络"(kinship social network)进行界定。正如奥尔德里奇和克里夫(2003)所指出的,西方社会所理解的"家庭"指的是"两代(two-generational)夫妻和孩子组成的生活群体单位"。在中国社会,尤其是相对传统的乡村地区,"家庭"的概念较之更为宽泛,往往囊括更大的家人、亲戚范畴。即中国乡村社会所理解的"家庭"在宽泛的意义上指的是拥有由血缘和婚姻关系所扭结的所有个体。因此,在家庭嵌入视角的分析单位层面,使用"亲缘"(kinships)这一概念更加符合中国的社会情境,也更有利于全面剖析家庭、家族因素对创业的影响。因此,本书中的"亲缘社会网络"(kinship social network)是指以农民个体为中心的、基于血缘和婚姻关系所结成的人际关系网络,其构成包括农民个体以及农民的家庭成员与亲戚成员。

二、研究框架

基于"亲缘社会网络嵌入"的视角,聚焦于乡村旅游微型企业这一特殊的研究对象,本书通过四个层层递进的研究,系统探讨和检验亲缘社会网络在乡村旅游微型企业的生成、经营、成长不同阶段所扮演的差异化效应。

通过四个研究的开展,本书一方面致力于打开亲缘网络对乡村旅游微型企业影响的"黑箱",另一方面比较亲缘社会网络因素与人力资本因素、商业网络因素在影响乡村旅游微型企业生成、经营、成长效力方面的差异。本书的研究框架如图5.1所示。

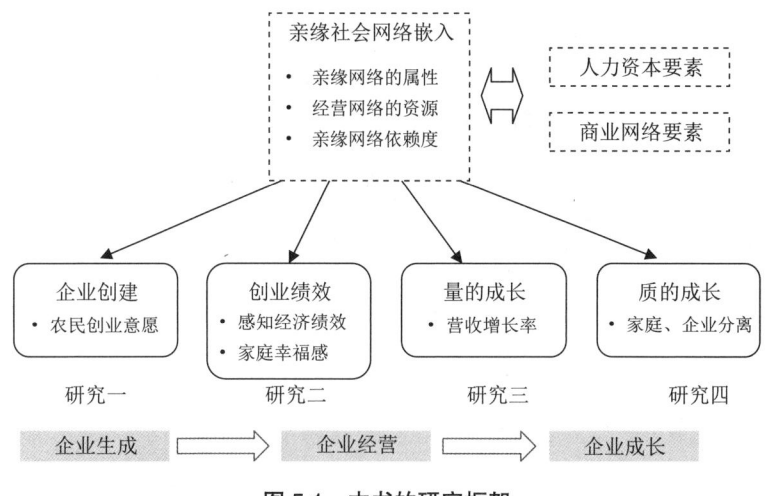

```
            亲缘社会网络嵌入
         ・亲缘网络的属性              人力资本要素
         ・经营网络的资源     ⇔
         ・亲缘网络依赖度              商业网络要素

    ┌────────┬──────────┬──────────┬──────────┐
    ↓        ↓          ↓          ↓
  企业创建   创业绩效    量的成长    质的成长
 ・农民创业意愿 ・感知经济绩效 ・营收增长率 ・家庭、企业分离
          ・家庭幸福感
   研究一    研究二      研究三      研究四

   企业生成  ⇒  企业经营  ⇒  企业成长
```

图 5.1 本书的研究框架

第三节 调研概况

一、案例地选择

本研究选取浙江省金华市浦江县的虞宅乡（马岭脚村）和前吴乡（罗源村）、杭州市临安区的白沙村、湖州市长兴县的水口乡顾渚村作为案例地，进行调查问卷的发放与收集。上述三个地区均为浙江省内乡村旅游发展的高地，在乡村旅游产业发展和农民旅游创业致富方面具有较高知名度。三个地区在浙江省内乃至全国均具有较高的认知度与美誉度，且各自处于乡村旅游发展的不同阶段。因此，笔者认为上述三个案例地在研究旅游微型企业的生成、经营和成长方面具有一定的代表性。

具体而言，浦江县的两个乡目前正处于乡村旅游企业发展初期阶段。农家乐、乡村民宿等微型企业创建、经营的时间普遍不长，数量较少，且分布较为分散，大多数村民感受到了乡村旅游产业发展的氛围与机遇，但参与旅游创业的村民数量还很少；临安区白沙村和长兴县水口乡顾渚村的乡村旅游起步早，发展成熟，旅游微型企业数量较多，且形式多样，经营内容丰富，尤其是水口乡旅游微型企业较为密集，已经形成了产业集群，在国内乡村旅游产业发展领域具有相当的知名度。三个案例地的乡村旅游发展以及旅游微型企业基本情况如表 5.3 所示。

表 5.3　调研地基本情况表

	浦江县虞宅乡、前吴乡*	临安区白沙村	长兴县顾渚村
区域面积（km^2）	58.87/63.93	33	18.8
居民数量（人）	9,011/14,000	2,360	2,800
企业数量（个）	150	186	325
发展时间	2013 年至今	2000 年代初至今	1990 年代初至今
发展阶段	初始阶段	较为成熟	成熟阶段

*浦江县两个乡以乡村自然风景旅游为主，"内生型"乡村旅游企业数量较少且分散，本研究的调研主要面向景区周边村庄，主要涉及马岭脚村、罗源村、前吴村等 6 个村。

具体而言，本书的研究一选取浦江县的虞宅乡和前吴乡作为案例地对未创业村民进行问卷数据的收集（调查问卷详见附录 1）。研究二、研究三、研究四则在上述三个地区分别针对"内生型"乡村旅游微型企业业主进行问卷的发放与收集（调查问卷详见附录 2），以求尽可能提高研究样本的多样性。

二、调研过程

问卷调研过程于 2017 年暑期的 7 月至 8 月间完成。该时间段为乡村旅游地游客相对较少、农家乐和乡村民宿业主不太繁忙的传统淡季，因此有利于开展对村民、业主等调研对象的深度访谈和复杂问卷的发放与收集工作。

由于涉及入户访谈、问卷填写等耗时且复杂环节，本书各研究的数据调研过程主要使用了"便利抽样"（convenient sampling）的方式进行，即在各个案例地随机拜访村民、企业主，邀请其参与研究课题的调研。具体过程由笔者和杭州某高校旅游管理专业的 6 位研究助理共同完成。考虑到研究问卷的体量和复杂性,以及农村居民文化层次较低、不愿透露个人真实信息等调研过程中的困难,调研工作采取了以下措施。一方面尽可能调动受访者参与调研的积极性,另一方面当受访者对调研问卷理解有困难时,研究助理能够当场进行解答与协助。

第一,在正式调研之前对研究助理就问卷内容和调研要点进行了统一的培训,并对进入农户进行调研需要掌握的地方风俗习惯、与农民交谈的"话术"等进行了前期培训。

第二,利用笔者的渠道关系,邀请当地村干部协助调研(水口乡顾渚村由长兴县旅委工作人员协助),通过"带队入户"的方式对受访普通村民以及旅游微型企业主进行面对面的调研,以提高调研工作的顺利度和调研质量。

第三,调研小组向每位受访村民、企业业主赠送洗衣粉、啤酒等小礼品作为参与访谈和问卷调查的报酬,激励对象参与调研,提高数据收集的效率与质量。

本章小结

在文献综述的基础上,本章进一步总结了已有研究中存在的三个方面的主要不足,对乡村旅游微型企业的特殊属性以及亲缘社会网络在乡村旅游微型企业生成、经营和成长过程中可能起到的差异作用进行了进一步分析。基于已有研究的不足和本书的理论思辨,提出了本研究的具体研究对象和研究框架。最后,本章还对案例地的选择和具体调研过程的设计进行了介绍。

第六章　研究一：亲缘社会网络对农民乡村旅游创业意愿的影响

从本章开始，本书立足于亲缘社会网络嵌入的视角，围绕乡村旅游微型企业创立、经营、成长的主线，系统考察亲缘社会网络及其嵌入资源的作用机制。本章主要回答前言中提出的第一个研究问题，即亲缘社会网络对村民创建旅游微型企业的意愿具有什么样的影响？这一影响的内在机制是什么？具体而言，本章从亲缘网络结构、亲缘网络关系、亲缘网络认知三个维度对亲缘社会网络进行解构，系统分析三个维度如何对农民乡村旅游创业的意愿产生影响，并通过实证研究来检验上述影响的力度以及感知创业风险、创业警觉性两个认知变量在上述影响关系中所起到的中介作用。

第一节　问题的提出

社会心理学领域的已有研究指出，行为意愿（behavioral intention）是预测实际行为最有效的指标。例如在阿杰恩（Ajzen，1991）开发的著名的计划行为理论（theory of planned behavior）中，行为意愿被认为是距离实际行为最近的预测变量，它对实际行为的解释力达 30% 左右，远远大于个人特质等其他因素的解释效力。创业活动是一种经过个体深思熟虑的有计划的行为决策，对创业意愿的研究自然而然也就成为创业决策研究领域的重点内容（Bird & Brush，2002；Thompson，2009）。与计划行为理论的逻辑相似，创业意愿在以往研究中被证实是预测实际创业行为最好的指标之一（Krueger，2000；蒋剑勇、郭红东，2012）。因此，对农民旅游创业意愿的探究是乡村旅游微型企业理论研究的起点。此外，厘清影响农民创业意愿的关键因素对于地方政府鼓励农民创业、促进乡村旅游市场主体的孕育与繁荣也具有重要的实践价值。

通过对以往文献的回顾可以发现，早期的学者大多倾向于从个人特质和外部环境两个角度探索影响创业意愿的关键因素（Liao & Welsch，2005）。在个人特质方面，性别、年龄、婚姻状况、受教育程度、个人经历等因素均被证实对个人创业意愿具有显著的影响（Storey，1994；Zhao & Seibert，2005；范巍、王重鸣，2004）。例如不少研究发现男性相对于女性更倾向于自主创业（Weber，2007；石智雷等，2010）；受教育程度高的个体比受教育程度低的个体自主创业的意愿更强（钟王黎、郭红东，2010；朱红根等，2010）。然而已有研究关于人口统计变量对创业意愿影响的结论存在不少矛盾和争议。例如关于性别和创业意愿之间的关系，不同研究情境下的结论显示出很大的差异（石智雷等，2010；董玥玥，2016）。除了人口统计变量，不少学者还从心理特质的角度对个体特质与创业意愿之间的关系进行了探索。这一流派的研究主要应用心理学领域的概念，证实了风险倾向、成就需要、内控点、自我效能感等心理特质对个体创业意愿具有显著的影响（Lüthje & Franke，2003；Barbosa et al.，2007；Zhao et al.，2009；丁明磊等，2009）。此外，控制幻想、过分自信等认知偏差（cognitive bias）也被证实是对创业决策影响强烈的心理变量（Busenitz & Barney，1997；李敏、董正英，2014）。与个体特质研究不同，创业意愿研究的外部环境流派则主要关注市场、政策、技术变革等因素对个体创业行为的影响（Zhao et al.，2011）。需要注意的是，在这类研究中，外部环境的层次界定是多样化的：有的研究将外部环境界定于国家层面，有的研究则界定于地区、社区层面。例如"创业氛围"这一环境变量就经常被置于社区层面进行研究（蒋剑勇、郭红东，2012）。

随着研究的深入，研究者将影响创业意愿的个人特质变量进行了统合，从人力资本理论的视角对影响个人创业决策和创业绩效的个人特质要素进行了研究（Liao & Welsch，2005；Ucbasaran et al.，2009）。人力资本视角的研究发现，相对于反映显性知识的正规教育经历，反映隐性知识的创业经历、管理经历、行业经历对创业决策的影响更大（Firkin，2001；Unger et al.，2011）。

与此同时，社会网络和社会资本与创业意愿之间的关系也得到了学者们的关注。已有研究大多聚焦于社会关系中的创业榜样以及家人朋友的支持对个人创业意愿的影响（蒋剑勇、郭红东，2012）。也有一些研究从个体嵌入的社会网络整体出发，从社会网络的规模、广度、密度等层面全面考量社会网络及其嵌入资源在个体创业决策中所扮演的作用（De Carolis et al.，2009；Zhao et al.，2011；朱红根等，2010；戚迪明等，2012）。例如，以广西乡村为例的研究（Zhao et al.，2011），证实了农民家人朋友社会关系的规模和多样性对其创业决策具有显著的正向影响。霍红梅（2014）从网络规模、网络密度、互惠互信等层面对农民社会资本进行了界定，并实证检验了社会网络嵌入对农民创业意愿的显著影响。社会网络流派的另一特色是将社会网络与个体层面的心理变量整合起来，研究激发个人创业意愿的内在机制。例如德·卡罗利斯等学者（De Carolis et al.，2009）指出社会网络和社会资本能够通过影响个体的内控点和风险倾向，进而影响其创业意愿。这方面的研究对于探究创业意愿驱动机制的全貌具有重要的意义。

通过上述分析可以发现，关于创业意愿影响因素的研究已经较为丰富，针对农民乡村旅游创业的研究则相对较少。但对一般性创业意愿的研究能够为农民乡村旅游创业意愿的研究提供基础。基于前几个章节的分析，结合乡村旅游创业的情境，本书认为已有研究还存在一定的不足，具体体现为以下三个方面：首先，关于社会网络对农民创业意愿的研究大多聚焦于创业榜样、亲友支持等特定变量，很少有研究全面考察社会网络各个维度对创业意愿的影响以及各维度影响效力的差异；其次，虽然亲缘关系在乡村人际关系中占据重要地位，但目前为止还很少有研究聚焦于家人亲戚构成的亲缘社会网络对创业决策的影响，更少有研究深入探究亲缘社会网络对个体创业意愿影响的内在机制；最后，关于创业意愿影响因素的理论观点之间缺乏比较与对话,如很少有研究对社会网络视角与人力资本视角在影响创业意愿方面的效力进行比较,造成了两个领域"各说各话"的局面。针对已有研究的不足和本研究的研究情境,本章聚焦于"亲缘网络嵌入"的理论视角,对以下三个研究问题进行系统探讨:

第一,亲缘社会网络各个维度对农民创建乡村旅游微型企业的意愿是否具有影响?各个维度的影响是否具有差异?

第二,亲缘社会网络对农民创建乡村旅游微型企业意愿影响的内在机制是什么?感知创业风险、创业警觉性是否扮演了中介的角色?

第三,亲缘社会网络要素与人力资本要素在影响农民乡村旅游创业意愿方面的效力是否具有差异?

围绕上述三个研究问题,本章的后续部分安排如下:首先,在理论分析和经验研究的基础上提出本研究的理论假设与概念模型;其次,通过问卷调查收集数据,并运用统计分析方法对研究提出的假设进行检验;最后,基于统计分析的结果,回应本节提出的三个研究问题并进行总结与讨论。

第二节 理论基础与假说模型

创业活动需要多样化资源的支持,这些资源包括市场与行业信息、资金与实物资源、情感支持等方面(Zhao et al.,2011;Stam et al.,2014)。与市场经济制度成熟的发达国家和地区不同,发展中国家的潜在创业者借助市场渠道获取创业资源受到多方的限制。因此,个人社会网络在发展中国家潜在创业者的创业决策和创业准备中扮演着重要的作用。在发展中国家的乡村地区,这种以个人社会网络弥补市场渠道不足的现象则更加普遍(Bradley et al.,2012;Stam et al.,2014)。

在中国的乡村地区,相对封闭的社会环境使农民通过市场获取创业资源的途径有限,个人社会网络便成了"替代"市场渠道的主要资源来源。费孝通(1947)指出,中国乡村地区的人际关系体现出一种"差序格局"。在这种差序格局中,个人会将自己的社会关系清晰地分为自己人和外人,而家庭家族成员无疑是"自己人"中最核心的成员。鉴于强关系网络在中国人的商业生活中的重要性(黄洁等,2010),可以预见,在乡村地区旅游微型企业的创业情境下,家人、亲戚构成的"亲缘社会网络"会在农民创业资源提供方面起到关键的作用。通过本书前面的文献回顾可以发现,以往学者在研究乡村旅游微型企业的概念时均将"创业资源主要来源于家人亲戚"视为这种企业的主要特征之一。由此可见,亲缘社会网络可能在促进农民参与旅游创业中扮演着关键角色。

本研究将亲缘社会网络定义为基于血缘和婚姻形成的个人关系网络,其成员包括个体的家人和亲戚。需要注意的是,以往研究往往将家人亲戚之间的关系界定为"强连带",认为仅仅研究家人亲戚关系忽略了"弱连带"的重要作用。奥瑞格等(Arregle et al., 2015)指出,与基于共同价值观和密切互动的朋友关系不同,亲缘关系往往是基于血缘的天然关系,具有更强的多元性,是包含了强连带和弱连带的复杂网络。为了更全面地分析亲缘社会网络对农民创建乡村旅游微型企业意愿的影响,本研究基于纳比特和戈沙尔的研究(Nahapiet & Ghoshal, 1998),从亲缘网络结构、亲缘网络关系、亲缘网络认知三个维度对亲缘社会网络这一概念进行解构,并系统探讨它们在激发农民乡村旅游微型企业创业意愿中所起的作用。

一、亲缘网络结构对农民创业意愿的影响

如本书的文献回顾所述,纳比特和戈沙尔(1998)将社会资本分为结构性社会资本(structural social capital)、关系性社会资本(relational social capital)、认知性社会资本(cognitive social capital)三个维度。所谓结构性社会资本指的是社会网络关系的"整体连接形态"(overall pattern of connections),包括网络中连带的类型和组成。本研究将这一维度划分应用到亲缘社会网络中,将亲缘网络结构界定为家人亲戚网络中关系的广度和规模。社会网络的广度和规模与嵌入在网络中的资源的广度和规模是息息相关的(Zhao et al., 2011)。因此,可以预见,那些

具有多样化亲缘网络结构的农民将能够通过亲缘社会网络获取更多有助于创业的资源支持。

新企业的创建是一个充满风险和不确定性的过程（Morrison et al., 1999），需要行业市场信息、资金和实物等各方面资源的支持。在乡村地区，拥有广阔的亲缘网络结构意味着从家人亲戚那里可以得到多样性的资源支持。例如，亲缘网络中的创业者能够为农民提供有关创业活动方面的知识支持；亲缘网络中的政府雇员能为农民提供有关政府扶持信息和行业前景方面的信息支持；亲缘网络中的金融机构工作人员能够为农民提供有关信贷方面的信息支持和帮助。由此可见，亲缘网络结构的广度和规模实际上表征了农民通过亲缘关系网络可能获得的资源的广度与规模，而这些资源恰恰能够降低创业过程中的风险和不确定性，对农民参与创业活动的意愿具有积极的促进作用。

虽然对亲缘网络结构与创业意愿之间关系的研究还很少，但以往学者对社会网络结构、规模与创业意愿之间关系的研究可以为我们提供间接的证据。例如，有研究发现农民社会网络中创业者的数量、具有特定行业经验者的数量对其参与创业的意愿具有显著的正向影响（Zhao et al., 2011）。另一研究发现个人社会网络的多样性对其创业意愿以及初创企业的绩效均具有积极影响（Stam et al., 2014）。对大学生创业意愿的研究发现，潜在创业者父母社会网络的广度会"传承"给大学生，这对大学生创业的意愿和进展均有正向影响（Edelman et al., 2016）。其他研究发现农民社会网络规模和广度（常联系朋友人数、亲戚担任公职人员状况）对其返乡创业的意愿具有显著的正向影响（朱红根等，2010）。

基于上述分析和相关经验研究提供的证据，本书推测亲缘社会网络中关系的广度和规模对农民乡村旅游创业的意愿具有积极影响，并提出以下研究假说：

研究假说1：亲缘网络结构对农民创建乡村旅游微型企业的意愿具有正向影响。

二、亲缘网络关系对农民创业意愿的影响

关系性社会资本指的是社会连带的质量，主要表现为网络成员之间关系的亲密度和互惠行为的频率（Nahapiet & Ghoshal，1998）。基于此，本研究将亲缘网络关系定义为家人亲戚之间关系的质量。其中，互信和互惠是亲缘网络关系维度的核心要素。社会关系中的信任能够有效降低道德风险和机会主义行为风险，是促进社会网络中资源调动的"润滑剂"（Davidsson & Honig，2003）。而社会关系中的互惠预期和情感紧密度是形成关系性社会资本的关键要素，是个体获取和利用嵌入在社会关系中稀缺资源的核心媒介（Portes，1998；Krackhardt，1992）。因此，如果说亲缘网络结构决定了农民能够获得的有关创业的资源的广度和规模，那么亲缘网络关系则决定了所获资源的质量和资源获取的成本。

一方面，已有研究表明，拥有紧密社会关系的个人能够得到更加优质的市场信息和创业隐性知识，这些优质的市场信息和创业隐性知识对创业决策和创业活动均有积极的促进作用（Inkpen & Tsang，2005）。究其原因，乃是专业深入的优质的市场信息和创业隐性知识的转移需要当事人之间密切和频繁的互动，而难以通过简单的交流获得。因此，亲密的亲缘网络关系意味着农民与家人亲戚之间能够凭借紧密的关系和频繁的交流互动获取有关创业的优质的市场信息和隐性知识，这对于降低创业过程的风险和不确定性具有更加实质的作用。另一方面，基于社会交换理论的逻辑，社会互动中的情感互惠关系能够激发个体的"回报义务"（Blau，1964）。因此，互信互惠的亲缘关系能让农民更容易从亲缘网络中获取资金、设施设备和人力资源，进而大大降低创业过程中的交易成本。

总结来看，亲缘网络关系实际上界定了农民与家人亲戚关系连带的强弱程度，具有强连带特征的亲缘关系能够提高亲缘网络资源供给的质量、降低资源调用的成本，因而有利于创业决策的形成。在已有研究中，不少学者均发现社会关系中的互信和互惠对创业意愿具有积极影

响。例如，有研究证实了关系性社会资本对个体创业活动的进展具有显著的积极影响（De Carolis et al.，2009）；以广西乡村为例的研究，对农民创业者和未创业农民进行了比较，发现农民创业者在关系性社会资本的所有测量指标上均显著强于未创业者（Zhao et al.，2011）。基于大学生的实证研究发现网络联系强度对大学生的创业意向具有显著的正向影响（胡文安等，2016）。也有研究证实了社会关系中的互惠、信任对农民的创业意愿具有显著的影响（霍红梅，2014）。

虽然以往经验研究针对的情境不同，对关系性社会资本的测量各异，但它们均聚焦于"关系质量"对创业行为的影响。因此，基于理论分析和已有研究，本书提出以下研究假说：

研究假说 2：亲缘网络关系对农民创建乡村旅游微型企业的意愿具有正向影响。

三、亲缘网络认知对农民创业意愿的影响

纳比特和戈沙尔认为，认知性社会资本指的是个人社会网络中共享的规范、价值观和理念体系（Nahapiet & Ghoshal，1998）。德·卡罗利斯和萨帕里托（De Carolis & Saparito，2006）指出，社会网络对创业行为的意义不仅体现在信息、资金和实物资源的提供方面，还涉及网络成员之间共享的规范和共同的语言系统，也即纳比特和戈沙尔所界定的认知性社会资本。这种网络成员间共享的规范、价值观和理念体系能够进一步促进成员间信息、知识的交换，进而为创业活动提供助力（Zhao et al.，2011）。基于上述逻辑，本书将亲缘网络认知定义为家人亲戚网络中共享的规范、价值观和理念体系，具体指亲缘网络关于旅游创业的认可和支持态度。

对于亲缘网络认知与农民创业意愿之间的关系，我们可以从组织合法性（organizational legitimacy）和创业文化氛围（entrepreneurial culture）两个方面进行分析。一方面，个人社会网络对创业以及特定行业创业的认可程度能够显著影响个体创业的决策。违背个人社会网络共享的规范和价值观的创业往往会因为丧失"合法性"而受到网络成员

的抵制。例如在一些国家和地区，性交易和博彩业虽然得到法律认可，但来自社区和亲缘网络的抵制会使上述行业的创业行为丧失"合法性"（Zhao et al.，2011；叶顺，2016），因而潜在创业者很难获得个人社会网络资源的支持。另一方面，亲缘网络中共享的鼓励创业、鼓励承担风险的文化氛围能够使农民向往创业，并将创业过程中的风险和不确定性视为常态（Karlsson，2005），这对激发农民创业意愿具有积极的影响。

在以往研究中，不少学者探讨了社会网络中创业文化氛围对农民创业意愿的影响，为本书的研究提供了基础。例如，研究发现相对于非创业农民，创业农民的社会网络具有对成功创业者更强的崇拜氛围（Zhao et al.，2011）。农村地区的创业氛围对嵌入其中的农民创业意愿具有显著的正向影响（蒋剑勇、郭红东，2012）。针对大学生创业意愿的研究发现家庭创业氛围在促进创业意愿方面具有显著的积极影响（刘月秀，2013）。虽然上述研究并未直接使用认知性社会资本这一术语，但它们均意识到个体社会网络共享的规范、价值观和理念体系在激发创业活动方面的积极作用。基于上述分析和研究证据，本书聚焦于亲缘社会网络，推测家人亲戚关于旅游创业的共享的规范和文化氛围对农民创建旅游微型企业的意愿具有正向影响，并提出下述研究假说：

研究假说3：亲缘网络认知对农民创建乡村旅游微型企业的意愿具有正向影响。

四、两个认知变量的中介效应

（一）感知创业风险的中介效应

如前文所述，创业是一个充满风险和不确定性的过程，对有关创业可能带来的风险的认知对个体创业行为具有重要的影响。这些风险可能包括经济、社会、自信等层面的损失（刘万利，2012）。以往不少研究将风险倾向（risk propensity）视为相对稳定的个人心理特质，认为拥有高风险倾向的个体具有更强的自主创业意向。近年来，不少学者指出风险倾向并不完全是稳定的个人心理特质，而是一个具有可塑性的认知变量，个人经历、社会环境以及人际互动都能够影响个人对创业风险的感知（De Carolis et al.，2009；郭红东、周惠珺，2013）。

从经济学的视角来看，创业的风险主要来源于信息的不完全和资源的稀缺两个方面。根据上文的分析可以发现，广阔的亲缘网络结构能够为潜在创业者提供多样化的创业资源，紧密的亲缘网络关系则有助于提高资源的质量、降低网络资源调动的成本。可见，亲缘社会网络能够通过资源的供给降低潜在创业者对创业风险的感知，进而激发他们的创业意愿。亲缘网络认知对感知创业风险的影响可以从社会信息处理理论（Social Information Processing Theory）中获得支持（Salancik & Pfeffer，1978）。该理论指出，个人的态度和行为受到社会互动关系的强烈影响，尤其在拥有共同语言和价值导向的强关系网络中，这种影响更为显著。基于这一理论逻辑，对创业持积极态度的亲缘社会网络必然会影响农民对创建旅游企业风险的认知。这种积极的创业氛围将使社会网络中的个体乐观（甚至过度乐观）地评价自己对创业过程的控制力，降低对预期风险的感知，进而更倾向于自主创业（De Carolis et al.，2009）。

在已有文献中，少数学者通过实证研究证实了感知风险在人力资本、社会资本等要素与个体创业意愿关系中所起到的中介作用，为本书的研究提供了直接或间接的证据。例如，德·卡罗利斯等学者的研究（De Carolis et al.，2009）发现社会资本通过"过度自信"和"风险感知"两个认知变量的中介效应进而影响个体创业的进展。李敏和董正英（2014）发现创业感知风险在认知偏差（过度自信、控制幻想）对创业意愿的影响中具有中介作用。刘万利等（2011）基于类似的逻辑，探索了感知风险在创业机会识别与创业意愿之间所起的中介作用，并获得了数据的支持。基于上述分析和已有实证研究，本书推测亲缘社会网络的三个维度可能通过降低农民对创业风险的感知，进而影响他们参与乡村旅游创业的意愿，并提出以下研究假说：

研究假说4：感知创业风险在亲缘网络结构与农民乡村旅游创业意愿之间起到中介作用。

研究假说5：感知创业风险在亲缘网络关系与农民乡村旅游创业意愿之间起到中介作用。

研究假说6：感知创业风险在亲缘网络认知与农民乡村旅游创业意愿之间起到中介作用。

（二）创业警觉性的中介效应

与风险倾向类似，早期的学者大多将创业警觉性视为个人所拥有的相对稳定的认知特质或能力。例如，有学者认为创业警觉性是"一种不用进行刻意搜索就能识别被忽略的商业机会的能力"（Tang et al., 2012）。随着研究的深入，一些学者认识到创业警觉性并不是一种天赋，而是个体在实践、学习以及社会互动影响下形成的一种认知特质（杨学儒、杨萍，2017）。因此，创业警觉性与上文所述的风险倾向一样，是具有一定可塑性的认知变量。

以往研究大多将创业警觉性与创业机会识别联系起来，认为具有高创业警觉性的个体拥有准确的商业嗅觉，能够迅速识别未满足的市场需求，进而识别和开发创业机会。例如，加里奥和塔博（Gaglio & Taub, 1992）就指出，具有较高的创业警觉性和洞察商业机会的意识是识别创业机会的前提条件。因此，如果说感知风险是激发创业行为的"拉力"，创业警觉性则可以视为激发创业行为的内在"推力"。因为这种对创业机会"关注但不搜索"的认知敏感性乃是驱动个体参与实际创业行为的最直接的内动力（Tang et al., 2012）。虽然很少有学者对社会网络与创业警觉性的关系进行探讨，但已经有少数学者关注到社会网络要素对个人创业警觉性的潜在影响。例如，研究发现潜在创业者的社会网络资源越多，其创业警觉性越高，进而也越倾向于选择成为创业者（Parker, 2009）。整体而言，社会网络及嵌入其中的资源能够提升潜在创业者获取市场环境变化的信息，促进他们更多地积累和沉淀创业机会识别的技能、经验和习惯（惯性），进而提升他们潜在创业的创业警觉性（杨学儒、杨萍，2017）。

在经验研究方面，已有少数学者关注到创业警觉性是一种具有可塑性的认知变量，并实证考察了创业警觉性在个人经历、社会网络对创业机会识别的影响中可能具有的中介作用。例如，郭红东和周惠珺（2013）研究发现农民的先前经验会通过影响创业警觉性进而驱动农民对创业机会的识别能力。杨学儒和杨萍（2017）针对乡村旅游创业的实证研究发现创业警觉性在农民社会资本（网络规模、网络资源）与创业机会识别之间起到了部分中介作用。基于此，本书提出以下研究假说：

研究假说7：创业警觉性在亲缘网络结构与农民乡村旅游创业意愿之间起到中介作用。

研究假说8：创业警觉性在亲缘网络关系与农民乡村旅游创业意愿之间起到中介作用。

研究假说9：创业警觉性在亲缘网络认知与农民乡村旅游创业意愿之间起到中介作用。

五、本研究的假说模型

基于上述理论分析与逻辑推演，本研究分析了亲缘社会网络对农民创建乡村旅游微型企业意愿的影响，探讨了感知创业风险、创业警觉性两个主观认知变量在上述影响关系中所起到的中介作用，提出了9个理论假设。本研究的概念模型如图6.1所示。

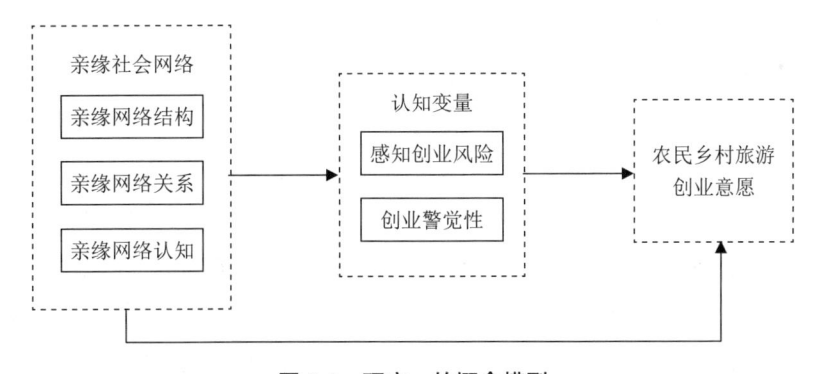

图6.1 研究一的概念模型

第三节 研究方法

一、案例地概况与数据收集

本研究选取浙江省浦江县虞宅乡和前吴乡作为数据的收集地点。浙江省浦江县位于浙江省金华市。浦江县综合治水与产业升级在浙江省具有典型性，一度的"低、小、散"式传统水晶产业发展导致了全县自然环境的严重污染。在浙江打响铁腕治水攻坚战后，浦江县展开水环境综合治理和清洁农村行动，关停个体水晶加工户、各类低小散畜禽养殖场和印染、造纸、化工等污染企业，拆除违法建筑。基于治水拆违的系列举措，浦江县一方面实现了生态环境质量的全面提升，展开清淤工作和农村治污，打造水系联通的生态格局，建设生态湿地和生态廊道等，另一方面促进了产业结构的调整，以倒逼传统水晶产业转型升级，将2000多家水晶家庭作坊集中到4个大型水晶产业集聚园区统一管理，实现了产业集聚、治污统一，并因势利导带动挂锁产业的集聚和快速发展。到2017年，浦江县全部消灭22条劣V类支流，全县51条支流中优于Ⅲ类水质的达42条，成功捧回了浙江省"五水共治"先进县的"大禹鼎"，全县GDP比上年增长6.1%。在治水的同时，浦江县十分注重当地"两山"资源的转换，鼓励资源条件合适的乡村发展乡村旅游。浦江县素有"书画之乡""文化之邦"的美称，文化底蕴深厚，自然山水秀美，拥有万年上山、千年孝义、百年书画三大文化品牌。近年来，县委县政府高度重视旅游产业发展，践行习近平总书记提出的"绿水青山就是金山银山"发展理念，将旅游业作为全县战略性支柱产业来抓，形成城区景区化、乡镇景点化、村居景观化的特色，打造出处处是景的全域旅游环境。浦江万村景区化建设也硕果累累，截至2020年初，浦江县已有93个省A级景区村庄，其中有8个省3A级景区村庄。此外，浦江民宿（农家乐）也达到300余家，床位3600余张，涌现出以野马岭中国村、逸境、柳秀泊隐、青致吾庐等金宿为代表的一大批特色精品民宿。

本研究选择虞宅乡和前吴乡两个乡村的原因在于它们均为浦江县当前乡村旅游发展较为蓬勃的地区，乡村民宿、农家乐等旅游微型企业正处于创立、发展的初始阶段。当地居民对旅游业的机会与前景以及政府发展旅游的方向也较为了解。因此，相较于浙江省内其他较为成熟的乡村旅游地，上述区域更适合作为研究乡村居民参与旅游创业意愿的案例地。具体上，本研究在虞宅乡的马岭脚村、利民村、新光村，以及前吴乡的前吴村、民生村、寿溪村等6个村进行问卷的发放与收集。问卷调研过程于2017年暑期的6—7月完成。

由于调研区域范围较大，难以使用随机抽样的方法进行数据收集，本研究主要采用"便利抽样"（convenient sampling method）的方法进行问卷的发放与收集。具体调研过程由6位来自浙江省某高校旅游管理专业的研究助理协助完成。鉴于问卷调研对象是乡村地区教育程度较低的农民，本研究采取了统一培训研究助理、邀请当地村干部带队入户收集数据、向受访村民赠送洗衣粉和啤酒等措施，以有效提高调研的效率和数据的质量。调研以家庭户为单位展开，共计发放问卷270份，删除部分回答不完整以及明显随意回答的问卷30份，最终获得有效问卷240份，有效问卷回收率为88.9%。

在240份有效样本中，男性略多于女性，占比62.9%；受访者年龄为35—44岁的村民人数最多，占比37.5%；绝大部分受访者为已婚，占比85.4%；受教育程度为初中及以下的村民占比61.3%，高中学历及以下的村民总计占比约85.0%，说明调研地村民整体受教育程度较低；45.8%的受访家庭年收入少于6万元。本次调研样本的人口统计信息与以往乡村旅游创业研究的调研结果颇为接近（Zhao et al.，2011；叶顺，2016），可见本次调研具有一定的代表性。

表 6.1 村民样本基本信息

	频数	百分比（%）
性别		
男	151	62.9
女	89	37.1
年龄		
18—24 岁	12	5.0
25—34 岁	50	20.8
35—44 岁	90	37.5
45—54 岁	64	26.7
55—64 岁	16	6.7
65 岁以上	8	3.3
婚姻状况		
已婚	205	85.4
未婚	35	14.6
教育程度		
小学及以下	43	17.9
初中	104	43.3
高中	57	23.8
本科或大专	34	14.2
研究生	2	0.8
家庭年收入（元）		
2 万以下	20	8.3
2—3.9 万	34	14.2
4—5.9 万	56	23.3
6—7.9 万	50	20.8
8—9.9 万	36	15.0
10—11.9 万	22	9.2
12 万以上	22	9.2

二、问卷设计与测量方案

本研究的调研问卷由研究简介、研究变量测量题项、受访者人口统计信息三部分构成。为了提高研究的信度和效度以及与已有相关研究的比较，本研究涉及变量的测量主要参考已有研究使用过的方案（根据本研究的情境进行了适当调整）。此外，由于部分变量的测量量表来源于英文文献，因此本研究采用"反向翻译"的方法将英文初始题项转译为中文。研究变量的测量方案具体如下：

（1）被解释变量

本研究的被解释变量为创业意愿。如前文所述，创业意愿指的是村民在近期创建民宿或农家乐等乡村旅游微型企业的行为意向。本研究借鉴前人在农民创业意愿研究中使用的量表（Chen et al.，1998；Thompson，2009；蒋剑勇、郭红东，2012），并结合本研究的情境，使用5个题项对村民创建乡村旅游微型企业的意愿进行评估（见表6.2）。受访村民基于李克特–5点法对这5个题项进行自评（1="完全不同意"，5="完全同意"）。

表6.2 农民创业意愿的测量题项

编号	测量题项
EIN1	我对开办自己的农家乐/民宿很感兴趣
EIN2	我自己经常考虑是否要经营自己的农家乐/民宿
EIN3	我为创办一个自己的农家乐/民宿做好了准备
EIN4	我会尽最大的努力去创办自己的农家乐/民宿
EIN5	我不久后就很有可能自己创办农家乐/民宿

测量题项来源：Chen et al.（1998）；Thompson（2009）；蒋剑勇、郭红东（2012）。

（2）解释变量

本研究的解释变量是亲缘社会网络。如前文所示，基于已有文献对社会资本维度的划分以及已有相关实证研究（Nahapiet & Ghoshal，1998；Brunie，2009；Zhao et al.，2011），本研究从亲缘网络结构、亲缘网络关系、亲缘网络认知三个维度对亲缘社会网络这一概念实施操作化。具体测量方案如下：

本研究的亲缘网络结构指的是村民家人、亲戚社会关系的规模和多样性。基于此前学者的研究（Zhao et al., 2011；叶顺，2016）以及本书的研究情境，本研究使用 5 个题项对受访村民的亲缘网络结构进行测量。这 5 个题项分别调查村民亲缘网络中创业者、旅游行业从业者、政府部门雇员、金融机构雇员、管理者或技术工作者的规模（见表 6.3）。受访村民基于实际情况对此 5 个题项进行自评（1="0 人"，2="1~2 人"，3="3~5 人"，4="6~8 人"，5="9 人及以上"）。此外，本研究根据"1= 很少，3= 一般，5= 很多"的模式将亲缘网络结构的测量转变为李克特 -5 点式的测量量表，以便于后续研究假设的统计检验。

表 6.3　亲缘网络结构的测量题项

编号	测量问项
FSC1	您的家人亲戚中有多少人正在做生意或者做过生意？
FSC2	您的家人亲戚中有多少人有旅游行业的从业经验？
FSC3	您的家人亲戚中有多少人是村干部或者在政府部门工作？
FSC4	您的家人亲戚中有多少人在银行等金融机构工作？
FSC5	您的家人亲戚中有多少人在企业任管理者或技术类职务？

测量题项来源：Zhao（2009）；Zhao et al.（2011）；叶顺（2016）。

如前文所述，本研究的亲缘网络关系指的是家人亲戚网络关系的强度和密度（strength and intimacy），主要表现为网络关系的情感亲密度和互惠行为的频率。基于相关研究（Nahapiet & Ghoshal，1998；Zhao et al., 2011；叶顺，2016），结合本书的研究情境，我们使用 4 个题项对受访村民的亲缘网络关系进行测量（见表 6.4）。受访者基于李克特 -5 点法对这 4 个题项进行自评（1="完全不同意"，5="完全同意"）

表 6.4 亲缘网络关系的测量题项

编号	测量题项
FRC1	我经常和家人亲戚讨论就业或做生意方面的信息
FRC2	我和家人亲戚之间经常相互借钱借物
FRC3	当我有困难时，我的家人亲戚总是支持和帮助我
FRC4	在家人亲戚的眼里，我是个非常值得信赖的人

测量题项来源：Nahapiet & Ghoshal（1998）；Zhao et al.（2011）；叶顺（2016）。

亲缘网络认知是指家人亲戚间共享的规范、价值观和理念体系（Nahapiet & Ghoshal，1998）。本研究的亲缘网络认知主要指家人亲戚对于旅游创业的认可和支持态度。基于相关学者的研究（Liao & Welsch，2005；Zhao et al.，2011；叶顺，2016），结合本研究的情境，我们采用3个题项对受访村民的亲缘网络认知进行评估（见表6.5）。受访者基于李克特–5点法对这3个题项进行自评（1="完全不同意"，5="完全同意"）。

表 6.5 亲缘网络认知的测量题项

编号	测量问项
FCC1	我的家人亲戚都鼓励年轻人自己做生意，而不是去上班或者打工
FCC2	我的家人亲戚都很崇拜成功的生意人
FCC3	我的家人亲戚都认为从事旅游创业是很好的选择

测量题项来源：Liao & Welsch（2005）；Zhao et al.（2011）；叶顺（2016）。

（3）中介变量

本研究假设模型的中介变量为感知创业风险、创业警觉性。这两个中介变量均采用已有研究中使用过的量表进行测量，并结合本书研究情境对部分题项的措辞进行了微调，具体测量方案如下：

感知创业风险：本书的感知创业风险是指村民对于创建乡村旅游微型企业面临的风险的感知。与作为个人特质的"风险倾向"不同，感知风险是个体对特定行为涉及风险的主观感知，具有主观性和可塑性的特点（Sitkin & Weingart，1995；De Carolis et al.，2009）。本研究基于相关研究（Barbosab & Kickul，2007；刘万利，2012），使用5个题项对农民感知的乡村旅游创业风险进行评估（见表6.6）。与已有研究从成本与收益两个角度测量感知风险不同，本研究仅从成本（即创业可能造成的损失）角度对感知创业风险进行测量。受访村民基于李克特–5点法对这5个题项进行自评（1="完全不同意"，5="完全同意"）。

表 6.6 感知创业风险的测量题项

编号	测量问项
PER1	如果创业失败了，我的自信心会受到打击
PER2	创业可能会破坏我在周围人中的形象
PER3	我创业的行为可能不被亲戚和朋友认可
PER4	创业需要我投入太多的时间
PER5	创业如果失败会让我损失很多钱

测量题项来源：Barbosab & Kickul（2007）；刘万利（2012）。

创业警觉性：本书的创业警觉性指的是村民对乡村旅游创业敏感性和关注程度以及时间、精力的投入程度。本研究参考郭红东和丁高洁（2012）、杨雪儒和杨萍（2017）的研究，使用4个题项对创业警觉性进行测量（见表6.7）。受访村民基于李克特–5点法对测量题项进行自评（1="完全不同意"，5="完全同意"）。

表 6.7 创业警觉性的测量题项

编号	测量问项
ENA1	我经常在想有关创业的事
ENA2	我会花一整晚的时间和别人讨论创业的事
ENA3	我一闲下来，总是在考虑有关创业的事
ENA4	我总是能够看到我身边的创业机会

测量题项来源：郭红东、丁高洁（2012）；杨雪儒、杨萍（2017）。

（4）控制变量

基于前文的分析以及已有相关研究，本研究将人口统计变量、家庭财务状况、人力资本变量作为控制变量纳入模型的分析。人口统计变量包括年龄、性别、婚姻状况；人力资本变量包括受教育程度、先前创业经历、先前管理经历、先前行业经历。其中，家庭财务状况使用"和本地的其他家庭比，您家的经济情况属于哪种？"这一题项，请受访者基于"1=非常贫穷，5=非常富裕"的李克特–5点法进行自评；先前创业、管理、行业经历则均采用虚拟变量进行测量（1="有"，0="无"）。

三、统计方法与分析程序

针对提出的研究问题，本研究主要使用层次多元回归（hierarchical multiple regression）的方法对研究假设进行统计检验。在进行假设检验之前，本研究先使用验证性因子分析（confirmatory factor analysis）对测量量表的质量，即信度和效度进行检验。在此基础上，本研究分以下两个步骤进行统计分析：首先，使用层次多元回归方法对本研究提出的主效应假设和中介效应假设进行统计检验；其次，使用多元线性回归分析比较亲缘社会网络要素与人力资本要素在影响农民创业意愿的效力方面是否具有差异。

此外，本研究还采用哈曼单因素法对可能存在的共同方法偏差（common method bias，CMB）问题进行评估。具体而言，本研究将所有李克特型测量问项进行未旋转的探索性因子分析，观察是否存在单个因子解释绝大部分方差的情况（Hochwarter et al.，2004；Podsakoff et al.，2003；周浩、龙立荣，2004）。本研究的统计分析采用 AMOS 17.0 和 SPSS 17.0 软件完成。

第四节　数据分析与结果

一、信度与效度检验

（一）信度检验

对于李克特型量表，本研究通过问项－总体相关系数（CITC）及克朗巴赫 α 系数（Cronbach's α）对量表的信度进行检验。一般认为，如果某测量题项的 CITC 值小于 0.4 且删除后量表的克朗巴赫 α 系数得以提高，则需要删除该题项（Cronbach，1951）。在大多数实证研究中，克朗巴赫 α 系数大于 0.7 表示量表具有良好的信度（Hair et al.,1988），但部分方法论学者也指出，当测量问项数量小于 6 个时，克朗巴赫 α 系数大于 0.6 即表示量表基本可靠（Hair et al., 1988；Peter, 2002）。本研究基于上述两个标准进行量表信度的检验。

基于 CITC 和克朗巴赫 α 系数标准的信度检验结果如表 6.8 所示。分析结果显示，本研究涉及的潜变量的克朗巴赫 α 系数间于 0.611~0.933 之间。虽然亲缘网络认知和感知创业风险的测量量表信度略低，但也符合克朗巴赫 α 系数大于 0.6 的基本要求。此外，根据题项 CITC 指标小于 0.4 且删除后量表信度提高的标准，本阶段删除了感知创业风险量表的题项 PER4（"创业需要我投入太多的时间"）后，感知创业风险量表的克朗巴赫 α 系数提高至 0.636。

表 6.8　李克特型量表的信度检验

变量	测量问项 问项个数	测量问项 问项代码	问项删除后的均值	问项删除后的方差	CITC	问项删除后的 α 系数	克朗巴赫 α 系数
创业意愿	5	EIN1	11.92	18.308	.785	.924	0.933
		EIN2	11.98	17.895	.841	.913	
		EIN3	12.19	18.295	.804	.920	
		EIN4	11.97	17.271	.842	.913	
		EIN5	12.21	17.666	.834	.915	

续表

变量	测量问项 问项个数	测量问项 问项代码	问项删除后的均值	问项删除后的方差	CITC	问项删除后的α系数	克朗巴赫α系数
亲缘结构	5	FSC1	6.47	5.740	.468	.815	0.797
		FSC2	7.30	6.221	.656	.736	
		FSC3	7.14	6.395	.593	.755	
		FSC4	7.26	6.228	.664	.735	
		FSC5	7.09	6.368	.590	.755	
亲缘关系	4	FRC1	11.15	5.556	.554	.625	0.718
		FRC2	11.15	6.145	.442	.695	
		FRC3	10.28	6.053	.522	.646	
		FRC4	10.25	6.513	.514	.655	
亲缘认知	3	FCC1	6.97	3.078	.438	.588	0.652
		FCC2	6.78	3.143	.493	.516	
		FCC3	7.05	3.023	.457	.562	
感知风险	5	PER1	12.21	8.417	.415	.535	0.611
		PER2	12.89	7.799	.419	.528	
		PER3	12.73	7.522	.409	.533	
		PER4	11.71	9.161	.207	.636	
		PER5	11.84	8.321	.396	.542	
创业警觉	4	ENA1	9.13	8.124	.679	.825	0.856
		ENA2	9.36	8.574	.690	.821	
		ENA3	9.19	8.223	.741	.800	
		ENA4	8.98	7.928	.692	.820	

（二）效度检验

效度包括聚合效度（convergent validity）和区分效度（discriminant validity）两个方面。本研究使用验证性因子分析，通过考察测量题项的标准化因子负荷进行量表聚合效度的检验。对于区分效度，本研究采用潜变量平均方抽取值（AVE）的平方根与变量之间相关系数的比较来进行检定（Fornell & Larcker, 1981）。效度检验的结果如表6.9、表6.10

所示。

聚合效度的分析结果显示（见表6.9），除少部分题项外，绝大部分测量题项的标准化因子负荷大于0.5，且在 $p<0.05$ 的水平上显著。此外，测量模型的整体拟合指标 RMSEA 小于0.08，卡方自由度比间于1~5之间，GFI、NFI、CFI 等指标均大于0.80，说明测量工具的质量基本过关，具有良好的聚合效度。区分效度的分析结果显示（表6.10），所有变量 AVE 值的平方根均大于与其他变量相关系数的绝对值，说明变量之间具有良好的区分效度。

表6.9 李克特型量表聚合效度检验

变量	问项代码	标准化因子负荷	T值	CR	AVE
创业意愿	EIN1	0.828**	——	0.926	0.716
	EIN2	0.861**	19.512		
	EIN3	0.806**	14.479		
	EIN4	0.892**	16.824		
	EIN5	0.840**	15.416		
亲缘结构	FSC1	0.460**	——	0.809	0.467
	FSC2	0.802**	6.689		
	FSC3	0.694**	6.369		
	FSC4	0.762**	6.593		
	FSC5	0.646**	6.179		
亲缘关系	FRC1	0.743**	——	0.717	0.401
	FRC2	0.547**	7.659		
	FRC3	0.591**	8.259		
	FRC4	0.605**	8.449		
亲缘认知	FCC1	0.649**	——	0.646	0.380
	FCC2	0.557**	6.640		
	FCC3	0.639**	7.306		

续表

变量	问项代码	标准化因子负荷	T 值	CR	AVE
感知风险	PER1	0.303**	——	0.617	0.340
	PER2	0.714**	6.123		
	PER3	0.846**	4.064		
	PER5	0.201**	2.930		
创业警觉	ENA1	0.743**	——	0.858	0.602
	ENA2	0.782**	11.853		
	ENA3	0.825**	12.526		
	ENA4	0.751**	11.361		

拟合指标状况：χ^2/df = 2.332；RMSEA = 0.075；GFI = 0.811；NFI = 0.821；IFI = 0.890；CFI = 0.890；TLI = 0.870

注：n=240；** 表示 $p < 0.05$。

表 6.10 李克特型量表区分效度检验

变量	M	SD	1	2	3	4	5	6
1. 创业意愿	3.01	1.05	**0.85**					
2. 亲缘结构	1.76	0.60	0.36**	**0.68**				
3. 亲缘关系	3.57	0.78	0.60**	0.23**	**0.63**			
4. 亲缘认知	3.47	0.81	0.49**	0.20**	0.53**	**0.62**		
5. 感知风险	2.93	0.76	−0.40**	−0.10	−0.33**	−0.29**	**0.58**	
6. 创业警觉	3.06	0.93	0.74**	0.29**	0.59**	0.50**	−0.33**	**0.78**

注：n=240；** 表示 $p < 0.05$；对角线加粗数字为变量 AVE 值的平方根。

二、共同方法偏差检验

如前文所述，本研究采用哈曼单因素法对可能存在的 CMB 进行检定。分析结果显示，未旋转的探索性因子分析析出了 6 个因子，累积解释了数据总方差的 66.751%。析出的第一个因子解释了数据总方差的 32.582%，占据总体解释方差的 48.811%。因此，哈曼单因素分析没有发现存在一个解释了数据整体方差超过 50% 的因子，本研究基本可以忽略共同方法偏差带来的影响。

三、层次回归与假说检验

表 6.10 中也显示了主要研究变量的均值、标准差、相关系数等描述性统计结果。相关分析结果显示，本研究假说模型中的被解释变量、解释变量、中介变量之间呈现出显著的相关性，这为后续回归分析提供了基础证据。在上述分析的基础上，本研究主要采用层次多元回归的方法对提出的主效应假说和中介效应假说进行检验。在此过程中，我们将变量的因子得分纳入回归模型进行参数估计。表 6.11 总结了层次多元回归的结果。

（一）主效应检验

表 6.11 中的模型 1 和模型 2 对本研究提出的三个主效应假说进行了检验。值得注意的是，仅在回归方程中纳入控制变量的分析结果显示（模型 1），村民的家庭财务状况对其创业意愿具有显著的正向影响（$\beta = 0.37, p < 0.05$），人力资本要素中的先前创业经历（$\beta = 0.27, p < 0.05$）和先前行业经历（$\beta = 0.10, p < 0.1$）对村民乡村旅游创业意愿具有显著的正向影响。这一结果说明，那些认为自己家庭较为富裕、曾经有过创业经验的村民更倾向于参与乡村旅游微型企业的创业活动；之前在旅游行业有过工作经历的人也表现出较高的乡村旅游创业意愿。

将三个解释变量纳入回归方程的分析结果如模型 2 所示。针对假说 1 提出的亲缘网络结构对农民创建旅游微型企业的意愿具有正向影响，回归分析结果显示，亲缘网络结构对创业意愿的影响正向且具有统计意义（$\beta = 0.13, p < 0.05$），因此假说 1 获得了数据的支持。针对假说 2 提出的亲缘网络关系对农民创建旅游微型企业的意愿具有正向影响，回归分析结果显示，亲缘网络关系对创业意愿的影响正向且具有统计意义（$\beta = 0.39, p < 0.05$），因此假说 2 也获得了数据的支持。针对假说 3 提

出的亲缘网络认知对农民创建旅游微型企业的意愿具有正向影响,回归分析的结果显示,亲缘网络认知对创业意愿的影响正向且具有统计意义($\beta = 0.20$,$p < 0.05$),因此假说3也获得了数据的支持。模型2的判定系数 R^2 变化值显示,纳入三个亲缘网络嵌入因素的回归模型解释了农民创业意愿22%的方差,显示模型具有良好的效力。

表6.11 层次多元回归结果

	因变量:创业意愿						因变量:感知风险			因变量:创业警觉		
	模型1	模型2	模型3	模型4	模型5	模型6	模型7	模型8	模型9	模型10	模型11	模型12
年龄	−0.13	−0.04	−0.13	−0.05	−0.04	−0.02	0.02	−0.03	0.01	−0.10	−0.04	−0.11
性别	0.00	0.01	−0.01	−0.02	0.00	−0.01	−0.05	−0.05	−0.05	0.04	0.04	0.04
婚姻	0.05	0.00	0.09	0.08	0.02	0.04	0.12	0.14*	0.13*	−0.05	−0.08	−0.05
教育程度	0.07	−0.02	0.09	0.00	−0.05	−0.03	−0.22**	−0.19**	−0.20**	0.10	0.04	0.05
先前创业	0.27**	0.05	0.24**	0.03	0.05	−0.03	−0.12*	−0.03	−0.06	0.33**	0.18**	0.23**
先前行业	0.10*	0.09*	0.10*	0.06	0.09*	0.05	0.01	0.01	0.01	0.03	0.08	0.08
先前管理	0.02	−0.01	0.03	−0.05	−0.01	−0.07	0.03	0.03	0.04	0.08	0.11**	0.09
财务状况	0.37**	0.19**	0.30**	0.16**	0.16**	0.11**	−0.24**	−0.16**	−0.19**	0.29**	0.19**	0.22**
亲缘结构		0.13**			0.14**	0.12**	0.04			0.07		
亲缘关系		0.39**			0.36**	0.19**		−0.23**			0.45**	
亲缘认知		0.20**			0.18**	0.09			−0.18**			0.34**
感知风险			−0.29**		−0.18**							

续表

	因变量：创业意愿						因变量：感知风险			因变量：创业警觉		
	模型1	模型2	模型3	模型4	模型5	模型6	模型7	模型8	模型9	模型10	模型11	模型12
创业警觉				0.69**		0.56**						
R^2	0.26	0.48	0.33	0.59	0.50	0.64	0.18	0.22	0.20	0.31	0.46	0.40
ΔR^2	0.26	0.22	0.07	0.34	0.03	0.16	0.02	0.06	0.04	0.00	0.15	0.09
F值	10.02**	18.93**	12.36**	37.34**	19.06**	33.43**	5.48**	7.27**	6.48**	11.44	21.52	16.93

注：$n = 240$；** 表示 $p < 0.05$；* 表示 $p < 0.1$。

统计分析的结果验证了本研究提出的三个主效应假说。这说明亲缘社会网络对农民乡村旅游创业的意愿和决策过程的确具有积极的影响。具体而言，村民家人亲戚社会关系的广度和规模、村民家人亲戚之间情感连带的紧密度以及家人亲戚对自主创业和旅游创业的共同认知均能够对村民创业的决策起到促进的作用。通过对亲缘网络嵌入三个维度标准化回归系数的观察可以发现，相对于亲缘网络结构和亲缘网络认知，亲缘网络关系对村民创业意愿的影响最强（$\beta = 0.39$，$p < 0.05$）。这一结论说明在影响村民旅游创业的诸多因素中，家人亲戚之间的关系亲密度和互惠预期可能起到关键性作用。

（二）中介效应检验

本研究基于前人的研究，采用以下四个步骤对假说4、5、6进行验证：第一步，考察自变量对因变量的影响是否显著；第二步，考察中介变量对因变量的影响是否显著；第三步，考察自变量对中介变量的影响是否显著；第四步，考察在控制中介变量的情况下，自变量对因变量的影响是否消失或降低。一般认为，在自变量对因变量的影响显著、中介变量对因变量的影响显著、自变量对中介变量的影响也显著的情况下，如果在控制中介变量后，中介变量对因变量的影响仍然显著，而自变量对因变量的影响变得不显著，则说明该自变量与因变量的关系受到中介变量的"完全中介作用";如果在控制中介变量后,自变量对因变量的影响仍然显著,但标准化回归系数减小,则说明该自变量与因变量之间的关系受到中介变量的"部分中介作用"(Baron & Kenny,1986;温忠麟等,2004)。中介效应的数据分析结果呈现在表 6.11 中。

1. 感知创业风险的中介效应检验

假说 4 提出感知创业风险在亲缘网络结构与农民乡村旅游创业意愿之间起到中介作用。根据上文所述的四个步骤,表 6.11 中的模型 2、模型 3、模型 7、模型 5 可以用于这一中介效应的检验。模型 2 的分析结果显示,亲缘网络结构(自变量 1)对创业意愿(因变量)有显著的正向影响($\beta = 0.13$,$p < 0.05$);模型 3 的分析结果显示,感知创业风险(中介变量 1)对创业意愿(因变量)具有显著的负向影响($\beta = -0.29$,$p < 0.05$);模型 7 的分析结果显示,亲缘网络结构(自变量 1)对感知创业风险(中介变量)的影响不具有统计意义($\beta = 0.04$,$p > 0.1$);模型 5 的分析结果显示,在将感知创业风险(中介变量 1)加入回归方程后,亲缘网络结构(自变量 1)对创业意愿(因变量)的显著影响没有消失或降低。因此,假说 4 未得到数据的支持。

假说 5 提出感知创业风险在亲缘网络关系与农民乡村旅游创业意愿之间起到中介作用。表 6.11 中的模型 2、模型 3、模型 8、模型 5 可以用于这一中介效应的检验。模型 2 的分析结果显示,亲缘网络关系(自变量 2)对创业意愿(因变量)有显著的正向影响($\beta = 0.39$,$p < 0.05$);模型 3 的分析结果显示,感知创业风险(中介变量 1)对创业意愿(因变量)具有显著的负向影响($\beta = -0.29$,$p < 0.05$);模型 8 的分析结果显示,亲缘网络关系(自变量 2)对感知创业风险(中介变量 1)具有显著的负向影响($\beta = -0.23$,$p < 0.05$);模型 5 的分析结果显示,在将感知创业风险(中介变量 1)加入回归方程后,亲缘网络关系(自变量 2)对创业意愿(因变量)的影响依然正向且显著,但回归系数由 0.39 降至 0.36,说明存在部分中介效应。因此,假说 5 获得了数据的支持。

假说 6 提出感知创业风险在亲缘网络认知与农民乡村旅游创业意愿之间起到中介作用。表 6.11 中的模型 2、模型 3、模型 9、模型 5 可以用于这一中介效应的检验。模型 2 的分析结果显示,亲缘网络认知(自变量 3)对创业意愿(因变量)有显著的正向影响($\beta = 0.20$, $p < 0.05$);模型 3 的分析结果显示,感知创业风险(中介变量 1)对创业意愿(因变量)具有显著的负向影响($\beta = -0.29$, $p < 0.05$);模型 9 的分析结果显示,亲缘网络认知(自变量 3)对感知创业风险(中介变量 1)具有显著的负向影响($\beta = -0.18$, $p < 0.05$);模型 5 的分析结果显示,在将感知创业风险(中介变量 1)加入回归方程后,亲缘网络认知(自变量 3)对创业意愿(因变量)的影响依然正向且显著,但回归系数由 0.20 降至 0.18,说明存在部分中介效应。因此,假说 6 获得了数据的支持。

总结来看,回归分析的结果基本证实农民对创业风险的感知在亲缘社会网络与农民乡村旅游创业意愿之间具有中介作用,即农民亲缘社会网络亲密度、对旅游创业的积极态度通过降低村民对创业风险的主观感知而提高了他们创建旅游微型企业的意愿。

2. 创业警觉性的中介效应检验

假说 7 提出创业警觉性在亲缘网络结构与农民乡村旅游创业意愿之间起到中介作用。表 6.11 中的模型 2、模型 4、模型 10、模型 6 可以用于这一中介效应的检验。模型 2 的分析结果显示,亲缘网络结构(自变量 1)对创业意愿(因变量)有显著的正向影响($\beta = 0.13$, $p < 0.05$);模型 4 的分析结果显示,创业警觉性(中介变量 2)对创业意愿(因变量)具有显著的正向影响($\beta = 0.69$, $p < 0.05$);模型 10 的分析结果显示,亲缘网络结构(自变量 1)对创业警觉性(中介变量 2)的影响不具有统计意义($\beta = 0.07$, $p > 0.1$);模型 6 的分析结果显示,在将创业警觉性(中介变量 2)加入回归方程后,亲缘网络结构(自变量 1)对创业意愿(因变量)的显著影响没有消失或降低。因此,假说 7 未能得到数据的支持。

假说 8 提出创业警觉性在亲缘网络关系与农民乡村旅游创业意愿之间起到中介作用。表 6.11 中的模型 2、模型 4、模型 6、模型 11 可以用于这一中介效应的检验。模型 2 的分析结果显示,亲缘网络关系(自变量 2)对创业意愿(因变量)有显著的正向影响($\beta = 0.39$, $p < 0.05$);

模型 4 的分析结果显示，创业警觉性（中介变量 2）对创业意愿（因变量）具有显著的正向影响（$\beta = 0.69$，$p < 0.05$）；模型 11 的分析结果显示，亲缘网络关系（自变量 2）对创业警觉性（中介变量 2）具有显著的正向影响（$\beta = 0.45$，$p < 0.05$）；模型 6 的分析结果显示，在将创业警觉性（中介变量 2）加入回归方程后，亲缘关系（自变量 2）对创业意愿（因变量）的影响依然正向且显著，但回归系数由 0.39 降至 0.19，说明存在部分中介效应。因此，假说 8 获得了数据的支持。

假说 9 提出创业警觉性在亲缘网络认知与农民乡村旅游创业意愿之间起到中介作用。表 6.11 中的模型 2、模型 4、模型 12、模型 6 可以用于这一中介效应的检验。模型 2 的分析结果显示，亲缘网络认知（自变量 3）对创业意愿（因变量）有显著的正向影响（$\beta = 0.20$，$p < 0.05$）；模型 4 的分析结果显示，创业警觉性（中介变量 2）对创业意愿（因变量）具有显著的正向影响（$\beta = 0.69$，$p < 0.05$）；模型 12 的分析结果显示，亲缘网络认知（自变量 3）对创业警觉性（中介变量 2）具有显著的正向影响（$\beta = 0.34$，$p < 0.05$）；模型 6 的分析结果显示，在将创业警觉性（中介变量 2）加入回归方程后，亲缘网络认知（自变量 3）对创业意愿（因变量）的影响由原来的显著（$\beta = 0.20$，$p < 0.05$）变为不显著（$\beta = 0.09$，$p = 0.08$），说明存在完全的中介效应。因此，假说 9 获得了数据的支持。

如上所述，回归分析的结果基本证实创业警觉性这一要素在亲缘社会网络与农民旅游创业意愿之间所起到的中介作用。这一结果说明农民家人亲戚关系的紧密度以及家人亲戚关于旅游创业的共享理念能够提高农民对创业的敏感性和关注度，进而提高他们创建旅游微型企业的意愿。

四、亲缘社会网络与人力资本效应的比较

针对本研究提出的第三个问题"亲缘社会网络要素与人力资本要素在影响农民乡村旅游创业意愿方面的效力是否具有差异？"，我们将亲缘社会网络的三个维度、人力资本的四个要素分别对创业意愿进行线性

回归分析（将年龄、性别、婚姻、财务状况设为控制变量），比较两者对农民乡村旅游创业意愿影响效力的差异。线性回归分析的结果如表6.12所示。

表6.12 亲缘网络与人力资本效应的比较（因变量：创业意愿）

模型1	标准系数	T值	Sig.	模型13	标准系数	T值	Sig.
年龄	−0.13	−1.62	0.10	年龄	−0.03	−0.53	0.60
性别	0.00	0.00	0.99	性别	0.03	0.55	0.58
婚姻状况	0.05	0.76	0.45	婚姻状况	0.01	0.08	0.94
财务状况	0.37**	5.90	0.00	财务状况	0.17**	3.26	0.00
教育程度	0.07	0.97	0.33	亲缘结构	0.17**	3.41	0.00
先前创业	0.30**	4.45	0.00	亲缘关系	0.41**	6.94	0.00
先前行业	0.10*	1.67	0.09	亲缘认知	0.20**	3.57	0.00
先前管理	0.02	0.30	0.78				
$R^2 = 0.26$　$F = 10.02$**				$R^2 = 0.47$　$F = 29.01$**			

注：$n = 240$；** 表示 $p < 0.05$；* 表示 $p < 0.01$。

分析结果显示，人力资本要素对农民乡村旅游创业意愿的线性回归模型拟合良好（模型1）。在四个人力资本要素中，只有先前创业经历对农民乡村旅游创业意愿具有显著的正向影响（$\beta = 0.30$，$p < 0.05$），先前行业经历对农民乡村旅游创业意愿也具有正向影响，但影响较为微弱（$\beta = 0.10$，$p < 0.1$）。判定系数 R^2 值显示模型1解释了村民创业意愿26%的方差。模型13的分析结果显示，亲缘社会网络的三个维度对农民乡村旅游创业意愿均具有显著的正向影响，其中亲缘网络关系对创业意愿的影响系数达0.41。判定系数 R^2 值显示模型13解释了村民创业意愿47%的方差，说明模型的解释效力良好。通过将两个线性回归模型的系数和拟合指标进行比较可以发现，本研究中的亲缘社会网络要素对村民创业意愿的影响效力整体大于人力资本要素，这说明在驱动农民创建乡村旅游微型企业的过程中，家人亲戚构成的亲缘网络所扮演的作

用可能比个体层面的人力资本要素更加重要。

第五节 结论与讨论

基于亲缘社会网络嵌入的理论视角，本研究从亲缘网络结构、亲缘网络关系和亲缘网络认知三个维度对亲缘社会网络与农民创建旅游微型企业意愿的关系进行了分析，并探讨了感知创业风险和创业警觉性两个认知变量在上述影响关系中所扮演的中介角色。针对浙江省浦江县6个村240个家庭样本的实证研究基本证实了本研究提出的理论假说，印证了亲缘社会网络在农民乡村旅游创业决策中所起的关键作用及其内在机理。本研究的主要结论可以总结为以下三点：

第一，亲缘社会网络对农民旅游微型企业创业意愿具有积极的影响。实证分析结果显示，亲缘网络结构、亲缘网络关系、亲缘网络认知对农民创建旅游微型企业的意愿均具有显著的正向影响。这说明在资源相对匮乏的中国乡村地区，家人、亲戚网络为旅游创业决策提供了至关重要的资源和情感的支持，对村民旅游创业决策的形成具有积极的推动作用。研究发现，家人亲戚间关系的亲密度和互惠行为的频率（亲缘网络关系）显现出对农民乡村旅游创业意愿最强的直接影响（$\beta = 0.39$，$p < 0.05$），这一结论说明亲密的亲缘情感关系以及这一亲密关系下对资源共享的预期能够极大地促进村民参与乡村旅游创业的意愿。事实上，对于乡村地区的农民而言，家人亲戚间的情感关系的确是亲缘网络中的核心要素。紧密的情感关系能够转化为资金、设施、人力等事物资源的支持，因此本研究的这一结论与现实情况较为符合。本研究的这一结论与已有相关研究的结论也较为一致（De Carolis et al., 2009；杨学儒、杨萍，2017）。

第二，亲缘社会网络通过影响感知创业风险和创业警觉性实现对农民乡村旅游创业意愿的驱动效应。创业活动与风险具有紧密的关系。事实上，不少学者认为个人的风险倾向特质以及对风险的评估在创业决策中起到关键的作用（Busenitz & Barney，1997；De Carolis et al.,

2009）。本研究实证分析的结果显示感知创业风险在亲缘网络关系和亲缘网络认知与村民旅游创业意愿之间起到部分中介作用。这说明家人亲戚间紧密的情感连带以及家人亲戚对旅游创业的积极态度能够在一定程度上降低村民对创业可能带来的风险的感知，进而促使他们更倾向于创建自己的旅游微型企业。与以往聚焦于稳定的个人风险倾向特质的研究不同，本书认为风险感知是一个主观的、可塑的变量，亲缘社会网络能够对这一主观变量产生"干扰"的作用。这一研究发现与德·卡罗利斯等人（De Carolis et al.，2009）的研究结论较为一致，后者的研究也指出关系资本（relational capital）能够通过对主观风险感知的干扰进而启动个体的创业决策。

本研究发现创业警觉性在亲缘社会网络与农民乡村旅游创业意愿之间也起到一定的中介作用。尤其是在家人亲戚对创业行为积极的态度认知（亲缘网络认知）与创业意愿之间，创业警觉性起到了完全中介作用。这一结论证实了亲缘共享的规范在村民旅游创业决策中的重要作用。具体而言，身处一个对旅游创业抱有支持态度的家族，村民将对创业信息更加关注和敏感，因此也更倾向于将创业行为付诸实施。已有不少学者都注意到创业警觉性对个人创业意愿和创业机会识别的影响（Parker，2009；郭红东、周慧珺，2013；杨学儒、杨萍，2017），但在从亲缘网络嵌入角度考察创业警觉性的中介机制方面，本研究尚属首次。根据研究结论可以预测，在乡村地区以家庭、家族为单位进行旅游创业教育、培养旅游创业意识对激励农民创业可能具有更好的效应。

第三，在乡村地区，亲缘社会网络对农民旅游创业决策的影响整体强于人力资本要素。本研究的实证分析结果显示，相比于正规教育年限、先前创业经历、先前行业经历、先前管理经历等人力资本要素，亲缘社会网络对村民创业意愿的影响更为强烈。在人力资本要素与社会资本要素驱动创业行为效力的比较方面，已有不少研究也得出了类似的结论。有研究发现社会资本因素在驱动个人创业意愿方面的效力与个人特质相当，两者均强于人力资本要素的影响（Zhao et al.，2010）；元分析研究也发现社会资本要素对创业绩效的影响显著高于人力资本因素的影响（Unger et al., 2011）。因此，本研究的发现符合以往创业研究的普遍结论。此外，本书的这一研究结论也能从中国乡村居民人力资本普遍缺乏的实际情况中得到解释。例如本研究样本的人口统计信息显示，大多数受访村民的教育程度较低，且差异不大，这也在一定程度上限制了对人力资本要素影响力的评估，因此该结论是否具有普遍性还需要更多不同情境的实证研究的检验。

本章小结

研究一聚焦于"亲缘社会网络如何影响村民旅游创业意愿"的问题，从亲缘社会网络嵌入的视角实证分析了三个维度的亲缘社会网络要素对村民旅游创业意愿的影响，以及这一影响的内在机制。针对浙江省浦江地区6个村240户家庭样本的实证研究证实了亲缘社会网络在农民旅游创业决策中所起到的重要作用，以及感知创业风险、创业警觉性在其中所扮演的中介机制。通过本研究可以发现，在乡村旅游微型企业的创立阶段，家人、亲戚所构成的亲缘社会网络具有关键的作用，亲缘网络的规模和广度、亲缘关系的亲密度、亲缘网络关于创业行为共享的规范对驱动村民参与旅游创业活动的意愿均具有积极的影响，且亲缘网络关系的亲密度在影响居民创业意愿方面显示出最强的效应。

第七章 研究二：亲缘社会网络对乡村旅游微型企业创业绩效的影响

在研究一的基础上，本研究将聚焦点转移至创业结果，即企业创业绩效的问题。围绕"亲缘社会网络如何影响新创乡村旅游微型企业绩效？"这一核心问题，本研究旨在探究亲缘社会网络和企业成立后所形成的商业网络在促进新创企业生存和发展过程中起到的作用机理，比较亲缘网络和商业网络对新创乡村旅游微型企业绩效影响的差异。通过研究二，我们力求厘清这样一个疑问：如果说亲缘网络在乡村旅游微型企业的"生成"阶段起到了关键性作用，那么在新创企业的经营和绩效形成阶段，亲缘网络是否仍然扮演着主导性的作用？

第一节 问题的提出

在乡村旅游微型企业创立后，企业如何生存和发展便成为摆在创业者面前的首要问题。一般而言，创业绩效指的是创业者为实现其创业目标，通过一系列的工作行为所获取的反映新事业初创和成长的各种结果（张君立，2008；俞宁，2013）。统计数据显示，我国大学生创业企业的5年成活率仅有1%左右；国外创业研究者普遍认为新创企业中能够成功存活和运营8年以上的比例也仅为5%左右；即使农民返乡创业往往是追求生存而非企业增长，其成功率也仅有三成左右（黄振华，2011）。关于旅游行业创业成功率的统计数据目前还很难获得，但从上述几个相关数据可以发现，现实中的创业企业仅有小部分可以生存下来并持续发展。基于这一现实，学术界意识到新创企业的绩效是衡量创业活动成功与否的重要指标，对新创企业绩效及其驱动因素的探究也因此成为创业管理研究领域长期以来关注的一个重要议题（Keith & Frese，2005；Unger et al.，2013；朱红根、康兰媛，2013；赵德昭，2016）。

对于哪些因素影响了创业企业的绩效，已有研究从不同的角度进行了大量的探讨，取得了丰富的研究成果。通过对已有文献的梳理可以发现，与激发创业意愿或创业行为的研究逻辑相似，学者们主要从认知、环境、资源、网络等四个层面对驱动创业绩效的关键因素进行了探讨（文亮、李海珍，2010；刘畅等，2016；郭铖、何安华，2017）。然而，由于研究视角和侧重点差异很大，学术界至今尚未形成统一的框架和普遍认可的结论。犹如"盲人摸象"般的研究成果使人们很难对影响新创企业绩效的规律性机制有一个完整的认知。此外，关于如何界定和测量创业绩效，已有研究也存在很大的差异。学者们在客观指标测量和主观感知测量之间的争论较多，使得研究结论在不同行业、不同情境之间难以进行比较（Stam et al.，2014）。

着眼于乡村旅游微型企业这一特殊研究对象，以及中国农村社会相对封闭和落后的市场和制度环境，本研究预测以家人、亲戚为核心的亲缘关系网络依然是影响新创企业绩效的关键因素。究其原因，乃在于新创企业经营所需的信息、资金、物资以及情感支持等资源在乡村地区借由成熟市场获取的可能性较低，家人、亲戚以及朋友等"强关系"网络的作用几乎是不可或缺的（Stam et al.，2014；蒋剑勇等，2013）。在创业绩效的界定与衡量上，除了以往研究普遍使用的经济绩效指标，创业者对家庭幸福感的评价也应当是衡量乡村旅游微型企业创业绩效的应有之义，毕竟农家乐、民宿等乡村旅游微型企业往往是与创业农民家庭紧密结合在一起的，家庭生活性目标在创业目标中往往占据着极其重要的位置（Zhao et al.，2011；叶顺，2016；杨学儒、杨萍，2017）。

需要注意的是，如果说在企业生成阶段，亲缘网络是获取创业资源主要的甚至是唯一的渠道，那么当乡村旅游微型企业生成并进入经营阶段后，必然涉及与旅游供应商、分销商、金融机构、行业协会以及政府机构等外部主体的合作与互动。这些因商业关系而形成的"商业网络"也为创业企业获取知识信息、资金资产、情感支持等各种创业资源提供了另外一条可行的渠道（庄晋财等，2014；刘畅等，2016）。因此，在生成并进入经营阶段后，乡村旅游微型企业实际上是嵌入在以创业者个人为中心的"社会关系网络"和以新创企业为中心的"商业关系网络"中的。可以预测，对新创企业获取良好绩效具有关键作用的资源可以借由社会网络和商业网络这"双重网络"获取。鉴于这一现实问题以及本研究的理论视角，研究二系统考察亲缘网络、商业网络"双重网络嵌入"下新创乡村旅游微型企业创业绩效的影响因素和内在机制，比较亲缘网络和商业网络对新创乡村旅游微型企业绩效影响的差异。具体而言，基于"网络嵌入—资源获取—创业绩效"的理论逻辑，本研究主要针对以下三个问题展开系统的探讨：

第一，亲缘网络、商业网络在主要创业资源（知识性资源、资产性资源、心理性资源）的获取方面是否具有差异性影响？

第二，嵌入在双重网络中的创业资源（知识性资源、资产性资源、心理性资源）如何影响创业绩效？不同类型的资源对创业绩效的影响是否具有差异性？

第三，相对于商业网络，亲缘网络是否对乡村旅游微型企业的创业绩效具有更加重要的意义？

本章的后续部分安排如下：首先，在理论分析和经验研究的基础上提出本研究的理论假设和概念模型；其次，通过问卷调查收集数据，运用统计分析方法对研究提出的假设进行检验；最后，基于统计分析的结果，回应本节提出的三个研究问题并进行总结与讨论。

第二节 理论模型与研究假说

一、理论基础与逻辑主线

长期以来，学术界一直致力于探索影响新创企业绩效的关键因素。为了更好地解释创业绩效的形成机制，厘清创业企业之间绩效差异的来源，学者们从创业者个体特征、创业资源禀赋、组织战略、产业结构、外部环境等诸多视角出发，构建了解释和预测新创企业绩效的多元化理论模型，获得了大量的研究成果（Sandberg & Hofer，1987；Gibb & Davies，1990；Chandler & Hanks，1994；Storey，1994；Chrisman et al.，1998）。总体而言，已有文献对影响创业绩效因素的探讨经历了认知视角、环境视角、资源视角、网络视角四个阶段，为本研究理论视角和基本逻辑的构建提供了良好的基础。

（一）认知视角

持认知视角的研究者认为新创企业的生存与发展在很大程度上取决于创业者的个人特质，尤其是创业者个人的创业动机和创业能力。这一视角的潜在假设是创业者抱有的特定创业动机，尤其是增长性动机决定了创业者在企业经营中愿意投入的资源与精力，因此其能在很大程度上解释新创企业的绩效。而创业者本身的创业能力则被视为一种"资源禀赋"，可以直接决定创业活动的成败（张佳瑜，2013）。在个体创业能力与创业绩效关系方面，钱德勒和汉克斯（Chandler & Hanks，1994）发现创业者机会识别能力和资源利用能力与其创业绩效之间有着显著的直接联系；庄晋财等人（2014）针对返乡农民工创业者的研究也指出创业者个人的创业能力，尤其是机会能力和运营能力与其初创企业的绩效之间具有最直接的关系。在创业动机与创业绩效的关系方面，朱红根和康兰媛（2013）针对438个农民创业者样本的实证研究发现与生存型创业动机相比，拥有成长型和价值型创业动机的农民的创业绩效更好。

（二）环境视角

持环境视角的研究者认为相对于其他因素，外部经济、技术、政治、文化环境对初创企业的绩效具有主导性的影响。例如，有研究发现经济、技术、人口等宏观外部环境因素能够很好地解释区域内新创企业的成活率与绩效（Delacroix & Carroll，1983）。有学者指出新创企业所在地的融资环境是否理想直接关系到新创企业能否成功开发创业机会、实现持续的经营与增长（Timmons，1999）。在我国，也有很多学者认为创业企业所在地的外部市场和制度环境是影响其初创绩效的关键因素（文亮、李海珍，2010；余绍忠，2013；刘畅等，2016）。

随着研究的深入，一些学者对过度重视宏观环境影响创业绩效的研究思路提出了质疑，认为宏观环境只能解释不同区域间企业创业绩效差异的原因，并不能对个体企业之间初创绩效的差异提供令人信服的解释。此后，部分学者转而探究创业企业的组织结构、经营战略选择与创业环境之间的"匹配度"对创业绩效的影响（Covin & Slevin，1989；Aldrich & Martinez，2001；俞宁，2013；蔡莉等，2007）。

（三）资源视角

创业绩效研究的资源视角实际上脱胎于战略管理领域的资源基础观（resource-based view）。资源基础观认为，企业的竞争优势来源于有价值的、稀缺的、不可复制、难以模仿的资源（Barney，1991）。因此，一个企业持有资源的异质性越高、可替代性越低，资源能够为企业带来的利润也就越大，企业的竞争优势也就自然越发突出。沿着这一逻辑，研究者们将这种资源决定论引入到创业绩效的研究中，探讨了"创业资源获取"对新创企业绩效的关键性影响。例如，利希滕斯坦和布拉什（Lichtenstein & Brush，2001）指出，对创业资源的获取贯穿于新创企业生命周期的各个阶段，他们还构建了创业资源获取与创业绩效之间的动态模型，力求厘清创业企业发展不同阶段的资源与绩效之间的关系。赵文红和梁巧转（2010）分析了技术获取方式与企业绩效的关系，研究结果显示无论是外部获取还是内部积累，技术这种稀缺资源对创业企业的绩效具有关键性的影响。刘畅等（2016）以农村微型企业为例，证实了创业资源获取能力是影响新创企业绩效最为关键的因素。

(四)网络视角

近年来,随着经济社会学的兴起,关于社会网络嵌入与创业绩效关系的研究得到了学术界的重视。持网络视角的研究者摒弃了将创业企业作为独立个体进行研究的传统视角,同时意识到完全依赖环境解释绩效的"环境决定论"的不足,立志于从新创企业嵌入的社会关系网络来分析影响创业绩效差异的原因。这方面的研究对社会网络的界定主要分为以下两类:一类以创业者个人为中心,立志于从个人社会网络的视角分析网络及嵌入其中的资源对创业绩效的影响(Nahapiet & Ghoshal,1998;Hoang & Antoncic,2003;Gulati et al.,2011);另一类则以新创企业为中心,从组织关系网络的角度探索新创企业优良绩效的来源(Kilduff & Tsai,2003;郑山水,2016)。

(五)本研究的逻辑主线:"网络嵌入—资源获取—创业绩效"

本书的理论视角主要是社会网络嵌入,即从亲缘社会网络嵌入的视角来分析乡村旅游微型企业的生成、生存与成长。也就是说,本研究在创业绩效的研究方面主要采用网络视角。通过对网络视角相关研究文献的梳理可以发现,持网络视角的研究者其实是从网络结构和网络关系的层面对资源基础观进行的拓展,即认为新创企业绩效获取所需要的各种资源不仅包括创业者自身的禀赋,更来源于创业者及其企业所在的关系网络。因此,网络视角的核心仍然是资源,社会网络对创业绩效的价值在于嵌入其中并可为创业者提供有价值的、稀缺的、不可复制且难以模仿的资源。总而言之,用网络视角来解释和预测创业绩效存在一个核心的逻辑主线,即对"网络嵌入—资源获取—创业绩效"三者之间关系的基本假设。沿着这一基本的逻辑主线,本节余下部分的内容主要在理论推演和经验研究证据的基础上,分析亲缘网络和商业网络"双重网络嵌入"下新创乡村旅游微型企业之间绩效差异的来源,尤其是异质性网络及其提供的异质性资源在影响创业绩效的过程中所起到的作用。

二、双重网络嵌入与创业资源获取

如前文所述,乡村旅游微型企业生成并进入经营阶段后,如何生存和发展成为摆在创业者面前的首要问题。创业是否成功直接取决于新创企业是否能够在较大程度上实现当初创业的预计目标。在这一过程中，创业资源是维持新创企业生存、实现企业发展的关键所在（Dollinger，2003；刘畅等，2016）。已有研究指出新创企业的生存和发展主要依赖三种异质性资源的支撑，即知识性资源、资产性资源、心理性资源。由于上述资源被广泛证实在新创企业绩效的形成方面具有关键性作用，因此以往研究常常将它们称为"创业资源"（庄晋财等，2014）。

新创企业能否有效获取上述资源与新创企业的创业绩效具有紧密的联系。网络视角则给我们提供了一个关于关键的创业资源来自何处的合理解释。尤其是在乡村旅游微型企业的创业情境下，创业者的文化层次普遍较低，商业知识积累严重不足，仅仅依靠自己很难获取维持企业发展所需的各种资源（Zhao et al., 2011；Arregle et al., 2015；庄晋财等，2014），因而由家人和亲戚组成的亲缘网络就成为创业者获取相关资源的重要通道。显然，那些拥有多样化的亲缘关系、密切的亲戚联系的创业者在创业企业的经营阶段更有可能以较低的成本获取关于企业经营的市场信息、商业知识和经营所需的资金、物资、场所以及人力的支持（蒋剑勇，2013）。此外，家人和亲戚对企业发展的支持与理解能够使创业者拥有更强的信心，使其在遭遇困境的时候能有更强大的精神力量支撑，这一点对于缺乏经验和财力基础的农民更为关键。在以往研究中，不少学者意识到家庭、家族在创业资源获取方面所起到的重要作用。例如，有研究指出家庭关系连带为新企业的成长提供了商业建议、商业资源、情感支持三种重要的资源（Renzulli & Aldrich, 2005）；也有研究发现，个人社会网络为农民创业者提供了知识性资源和运营性资源，这两种资源是农民经营企业能力的主要来源（庄晋财等，2014）；新创企业成长的研究也得出亲缘网络是知识建议、实物资产、情感支持等关键创业资源的重要来源（Arregle et al., 2015）。基于上述分析和以往经验研究提供的直接和间接佐证，本研究提出以下研究假说：

研究假说1：亲缘网络对新创乡村旅游微型企业的创业资源获取具有正向影响。

研究假说 1a：亲缘网络对新创企业知识性资源获取具有正向影响。
研究假说 1b：亲缘网络对新创企业资产性资源获取具有正向影响。
研究假说 1c：亲缘网络对新创企业心理性资源获取具有正向影响。

需要注意的是，企业生成阶段所需的资源和新创企业经营阶段所需的资源均包括知识信息、资金资产、情感支持三个方面，但两个阶段对上述资源在量和质方面的要求不同。具体而言，新创企业要生存和发展，就必须了解和跟踪市场需求的趋势与变化，并在产品供给和服务提供上适时做出回应；企业的持续经营相比创建阶段需要更多、更持久的资金和物资的支持；进入经营阶段，创业者可能会遭遇之前未曾料想的困难挫折，因而在情感、信念支撑方面的需求往往比新企业创建阶段更多。此外，鉴于乡村旅游微型企业的创业者大多是社会关系网络层次不高的农民，其亲缘网络的资源存量往往十分有限，且存在趋同性强、异质性弱的特点，因此，仅仅从单一的亲缘社会网络往往不能获取新创企业发展所要求的全部资源（庄晋财等，2014）。而企业创建后嵌入的商业网络则为创业企业关键资源的获取提供了另一个可行的渠道。

乡村民宿、农家乐等微型旅游创业企业的经营必然涉及与供货商、旅游分销商（旅行社）、金融机构等产业微观环境主体的合作与互动。政府旅游主管部门、旅游行业协会等组织也将在企业的经营过程中扮演管理、咨询、服务等多方面的角色。由商业关系主导的这种组织关系网络（即商业网络）实际上为新创企业创业资源的获取提供了第二条通道，这种商业网络内企业、组织之间的资源共享与知识溢出效应理论上能够为新创企业提供更多的创业资源（Kilduff & Tsai，2003；庄晋财等，2014）。此外，相对于同质化较为明显的亲缘网络，嵌入在商业网络中的资源具有更强的多元性与异质性，而多元、异质的创业资源正是支撑新创企业持续发展并构建竞争优势的基础来源（Johannisson et al.，1994；Dollinger，2003）。

在经验研究方面，不少学者都关注到产业内部分工合作的商业网络在创业资源提供方面所起的重要作用。例如，研究发现，与行业内上下游企业建立密切联系是影响新创企业资源获取与经营绩效的重要因素，那些不能构建良好商业网络的企业会遭受"未联结的负债",因而在生存发展方面处于劣势(Kilduff & Tsai,2003);针对农民工创业的研究发现,囊括与供应商、中介机构、金融机构、政府机构关系的"产业网络"是新创企业知识资源、运营资源获取的重要来源,这一网络及嵌入其中的资源直接决定了农民工新创企业在机会识别和运营管理方面所具备的能力(庄晋财等,2014)。基于上述分析和以往经验研究提供的证据,本研究提出以下研究假说:

研究假说 2:商业网络对新创乡村旅游微型企业的创业资源获取具有正向影响。

研究假说 2a:商业网络对新创企业知识性资源获取具有正向影响。
研究假说 2b:商业网络对新创企业资产性资源获取具有正向影响。
研究假说 2c:商业网络对新创企业心理性资源获取具有正向影响。

三、创业资源获取与新创企业绩效

(一)乡村旅游微型企业创业绩效:经济绩效与家庭幸福感

关于如何度量创业企业的绩效,以往研究存在很大的差异和争论(Unger et al.,2011;Stam et al.,2014)。库姆斯(Combs et al.,2005)指出新创企业的绩效是个多维度的概念,应该从多个角度去度量新创企业的经营结果,全面反映"创业成功"的程度。因此,在以往相关研究中,对新创小微企业创业绩效的操作化呈现出多样化的方案。一方面,学者们在财务绩效和非财务绩效(financial and nonfinancial performance)上进行了区分,认为新创企业的绩效不仅应该用销售额、利润率、资产回报率等财务性指标进行表征,还应包括技术表现、综合竞争力、创新能力等非财务指标。另一方面,在数据测量方面,一部分学者通过企业年报、政府和商业机构统计数据等途径获取度量企业绩效的客观指标(archival data),另有一些学者则采用创业者自评的方式来获取关于新创企业绩效的主观评价数据(self-reported data)。所采取的创业绩效度量方案的差异一方面反映了学者们对创业绩效理解的不同,另一方面也源于研究行业和情境的不同。例如,对于乡村旅游微型企业,通过档案数据获取企业绩效的客观财务指标几乎没有可能，且对企业市场份额、股价、投资回报率等经济表现的测量在这种"非正式产业"中也缺乏可行性。斯塔姆等学者（Stam et al.，2014）综合了以往创业绩效研究的观点，提出应该从盈利能力、成长潜力、非财务表现（包括服务能力、技术能力、创新能力等）三个层面综合评价新创企业的经济绩效。本书采用这一框架，将创业"经济绩效"界定为新创企业在盈利性、成长性、创新性等方面的表现，并用主观自评的方案来对新创乡村旅游微型企业的经济绩效进行综合性的度量。

此外，正如本书前几个章节所述，乡村旅游微型企业是以家庭为载体的，家庭是企业投资和经营的主体，是资金、人力等经营要素的主要来源，这种企业的创业和经营目标也是与家庭生活紧紧结合在一起的。综合来说，在乡村旅游中，微型企业的生产经营活动和创业者的家庭生活是重叠在一起的。因此，对这种特殊企业创业绩效的界定和度量不能将家庭生活排除在外，毕竟在大多数乡村旅游创业者的创业目标中，提高家庭生活质量、维持一种喜欢的生活方式乃是首要的目标（Ateljevic & Doorne，2000；Shaw & Williams，2004；叶顺，2016）。有鉴于此，本书认为，创业家庭幸福感，即"创业者对乡村旅游微型企业的创业和经营给家庭整体生活质量带来影响的综合感知"也是研究这种类型企业创业绩效的应有之义。基于本研究在案例地调研中的体会以及麦克拉斯（Michalos，1985）提出的多重差异理论（Multiple-discrepancies Theory），本研究将创业家庭幸福感具体定义为创业者家庭生活质量与他人、过去、期望等维度的比较。

基于上述分析，结合本书研究对象的特殊性，本研究将创业绩效划分为经济绩效、家庭幸福感两个维度（见图7.1），并综合分析嵌入在亲缘、商业"双重网络"中的创业资源对这两个维度创业绩效的影响效应。

```
        ┌─────────────────┐
        │ 乡村旅游微型企业 │
        │   创业绩效       │
        └─────────────────┘
           ↙         ↘
┌──────────────┐   ┌──────────────┐
│  经济绩效    │   │  家庭幸福感   │
│ •企业盈利性  │   │ •与他人比较   │
│ •企业成长性  │   │ •与过去比较   │
│ •企业创新性  │   │ •与期望比较   │
└──────────────┘   └──────────────┘
```

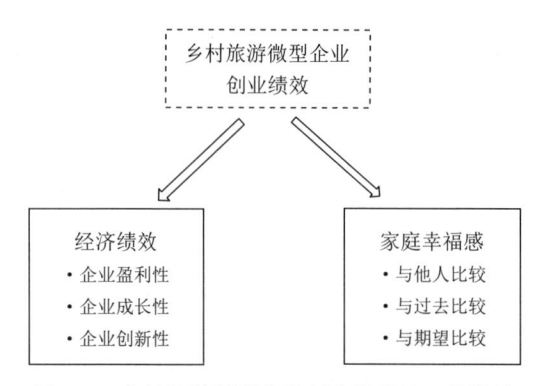

图 7.1　乡村旅游微型企业创业绩效的二维结构

（二）创业资源获取对创业绩效的影响

如前文所述，基于以往相关研究的结论，本书认为乡村旅游微型企业生成后对其创业绩效具有关键影响的资源包括知识性资源、资产性资源、心理性资源三个层面（Luthans et al., 2004；Hmieleski & Carr, 2007；庄晋财等, 2014；刘畅等, 2016）。三种创业资源通过不同的路径对新创企业的经济绩效产生驱动的作用。

知识性资源主要指有助于新创企业经营发展的信息与建议性资源。很显然，对市场信息、行业信息的把握以及企业管理运营方面知识的获取是一切企业在市场竞争中获得成功的"软实力"保证。及时、多元、准确的知识性资源对于新创企业则尤其重要。商业性建议资源（即本研究界定的知识性资源）对企业的成长与创新极其关键，有助于新创企业在多变的市场环境中及时采取应对措施，实现生产经营规范化，扩大销售额和市场份额（Zahra, 2000）。具体而言，知识建议性资源能够帮助新创企业识别新产品新服务的开发机会、识别新的细分市场、追踪技术以及消费者偏好的趋势、了解政策和法律的变化，因而对于新创企业的生存和发展具有重要的价值（Batjargal, 2007）。整体而言，知识性资源的功效在于降低新创企业经营发展中面临的不确定性和风险（Deligonul et al., 2008），使新创企业能够把握动态的企业内外环境，因而对创业绩效具有积极的价值。

资产性资源主要指资金和技术设备、场地设施、人力等实物性资源。资产性资源可以说是乡村微型企业生存和发展的前提（刘畅等，2016）。从宽泛意义上看，创业行为是对创业机会的识别和开发的过程，而实实在在的资产性资源则是决定新创企业能否对市场机会进行开发、获取回报的前提基础。因此，获得产品和服务的生产和经营所需的资金、设备、人力直接决定了企业实现良好绩效的潜力，而那些能够以较低成本获取资产性资源的新创企业必然比竞争者具有更强的盈利能力和增长潜力。在经验研究方面，奥瑞格等学者（Arregle et al.，2015）以中、美、俄、法四国新创企业为例，证实了创业者从社会网络中获取资产性资源的能力对新创企业的经济绩效增长率具有显著的正向影响。庄晋财等人（2014）针对中国农民工创业的研究也得出了类似的结论，他们发现资产性资源与农民创业者的机会能力和运营管理能力直接相关，有助于创业企业良好绩效的形成。

心理性资源指的是创业者对新创企业的生存、发展所抱有的信心（confidence）、乐观度（optimism）、抗击性（resilience）等（Envick，2005）。以往创业研究忽视了对心理性资源的探讨，但这种内在的心理性资源支持对新创企业绩效的影响与人力资本、社会资本几乎同等重要（Hmieleski & Carr，2007）。创业企业的经营和发展面临着诸多的风险和不确定性，这意味着创业者在寻求企业生存与发展的过程中将遭遇各种各样的阻碍与困难，因此，企业创建后的精力、时间、资源的投入可能远比之前预测的高得多（Sarason et al.，2006）。而来自家人亲戚以及生意伙伴的情感支持有助于创业者在艰难的创业过程中保持平稳的情绪和积极的心理状态。在情感支持下，创业者对自己的事业更有信心、对企业的未来更加乐观，当面临困难和挫折时也更具抗压和恢复的能力（resilience），这些都有助于创业者在风险和困难的环境下将精力聚焦于企业的运营和发展，因而对创业绩效无疑具有积极的效应。

基于上述分析和以往经验研究提供的证据，本研究提出以下研究假说：

研究假说 3：创业资源获取对乡村旅游微型企业的经济绩效具有正向影响。

研究假说3a：知识性资源获取对新创企业的经济绩效具有正向影响。
研究假说3b：资产性资源获取对新创企业的经济绩效具有正向影响。
研究假说3c：心理性资源获取对新创企业的经济绩效具有正向影响。

如前文所述，家庭在乡村旅游微型企业创建、经营、成长过程中往往处于核心的位置，企业的经营与家庭生活目标具有紧密的联系。在这种企业与家庭相互重叠的"家庭生产模式"下（Mason et al., 2011），与新创企业经济绩效相关的资源实际上也直接影响着创业者对"家庭绩效"，即家庭生活质量提升的感知。具体而言，知识性资源、资产性资源的获取意味着创业者在企业经营中所面对的不确定性得以降低，他们能够有更多的时间和精力在企业经营和家庭生活之间实现平衡。换句话说，资源的充裕能够让创业者更容易感知到创业活动给家庭生活质量带来的积极变化（Peters et al., 2009）。心理性资源对创业家庭幸福感的影响则更加容易理解，一个信心十足、乐观抗压的创业者本身即更倾向于从积极的角度感知创业给生活带来的变化。因此，在创业资源获取与创业经济绩效假说关系的基础上，本研究进一步提出以下假说：

研究假说4：创业资源获取对创业家庭幸福感具有正向影响。
研究假说4a：知识性资源获取对创业家庭幸福感具有正向影响。
研究假说4b：资产性资源获取对创业家庭幸福感具有正向影响。
研究假说4c：心理性资源获取对创业家庭幸福感具有正向影响。

四、创业幸福感与创业经济绩效

如前所述，旅游创业，尤其是乡村居民的旅游创业与其他领域的创业具有差异性。相比于传统行业创业中较为普遍的"增长导向"（growth-oriented entrepreneurship）动机，"家庭生活必须"和"享受特定生活方式"这两种动机在乡村旅游创业者中较为普遍。因此旅游学界一直认为"生活方式型创业"（lifestyle entrepreneurship）是乡村旅游创业的一个显著特征（Atlejevic & Doorne, 2000）。一方面，相较于销售额、利润率界定增长导向创业活动的经济成功因素，"家庭幸福感"在衡量乡村旅游微型企业的创业和经营绩效方面占据重要的位置

(Marchant & Mottiar, 2011)。另一方面，以家庭为核心的经营特点和非增长动机的普遍性决定了创业幸福感与主观经济绩效感知之间具有一定的重叠度。可以推测，如果乡村旅游微型企业的创业者将提高家庭收入、维持满意的生活方式作为自己的创业目标，那么对家庭幸福感的评价便会直接影响他（她）们对企业经济绩效的满意程度。在这方面，已有研究（Atlejevic & Doorne，2000）为其提供了一个佐证。研究发现很多旅游小微企业的创业者为了保持现有的家庭生活质量，甚至会限制自己企业绩效的增长，因为对这些以家庭为核心动机的创业来说，创业绩效已经"足够好了"。基于上述分析以及已有相关文献的结论，本研究提出下列研究假说：

研究假说 5：创业家庭幸福感对创业经济绩效具有正向影响。

五、本研究的概念模型

基于"网络嵌入—资源获取—创业绩效"的逻辑主线，本研究系统探讨了亲缘、商业双重网络嵌入对创业资源调动的影响机制，以及创业资源获取对新创企业主观经济绩效、家庭幸福感的多重影响。此外，针对乡村旅游微型企业的特殊性以及"生活方式型创业"在该领域创业中的普遍性，本研究分析了创业家庭幸福感对创业经济绩效主观评价的影响。在理论推演和经验研究证据的基础上，本研究提出了 13 条研究假说，图 7.2 显示了本研究的概念模型。

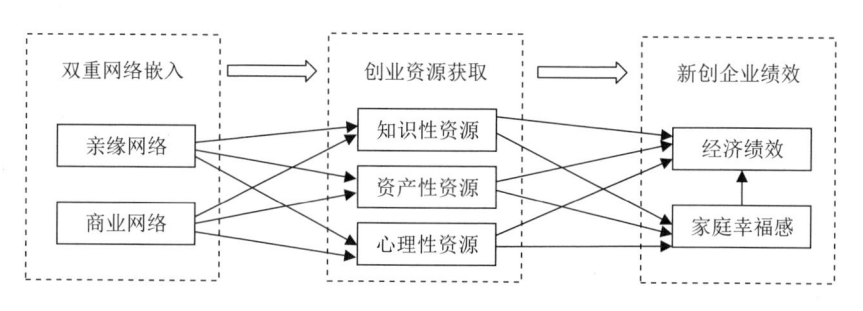

图 7.2 研究二的概念模型

第三节 研究方法

一、案例地选择与数据收集

为了提高研究样本的多样性，研究二选取浙江省金华市浦江县的虞宅乡和前吴乡、杭州市临安区的白沙村、湖州市长兴县的水口乡作为案例地，进行新创乡村旅游微型企业数据的收集。浦江县乡村的介绍可见第五章第三节和第六章第三节相关内容。白沙村位于浙江省杭州市临安区的西北角，因太湖源景区坐落于该村，又被称为"太湖源头第一村"。全村总面积33平方千米，其中山林面积30平方千米，森林覆盖率达97%。多年来，白沙村立足山区实际，延伸农业生产链条，开发绿色、有机的农特产品，同时利用农业生产资源和良好的生态环境，大力发展"农家乐"休闲度假旅游，积极引导村民走"体验休闲农事、发展休闲旅游"的致富增收之路。通过多年的努力，白沙村已成为集自然保护、生态观光、"农家乐"休闲旅游、体验生态农事活动为一体的"全国生态文化村"，受到了各级领导、国内外专家和参观者的一致好评，被列为联合国教科文组织考察基地，并先后获得了"全国文明村镇先进村""浙江省全面小康建设示范村""浙江省特色旅游村""浙江省农家乐特色示范村""浙江省老年养生基地""杭州最美丽的村庄""美丽浙江——外国人眼中的最美乡村"等几十项荣誉。2019年全村的人均纯收入达到了7万元，而这其中有90%来源于农业和由农业引导的旅游三产的收入。长兴县水口乡东临太湖，地处苏浙皖交界，有一处三面环山，西北部被包围在一片清幽环境之中，境内山清水秀，气候温和，常年气温比市区低3—5度，是一个大的天然氧吧。它是"浙江首个"以及"全国唯一"的省级乡村旅游产业集聚区。水口乡域面积80平方千米，总人口1.8万人，下辖8个行政村和1个居委会。核心旅游区域16.8平方千米，2014年成功创建了省内首批全乡域开放式的国家AAAA级旅游景区。在这里，繁华与宁静兼得，旅游商业经济与文化内蕴并存，越来越多的都市人来这里寻找久违的乡愁。它先后获得了全国环境优美乡、第六届中华宝钢环境奖（国家）、省级旅游强乡、浙江省首届"我心目中最美生态乡镇"、浙江省"最佳宜居示范乡镇"、首届"浙江最美乡镇"、浙江省老年养生旅游示范基地等诸多荣誉。水口乡有585家乡村民宿，30%的人口直接从事乡村民宿行业，乡村旅游及其相关产业几乎成了水口乡的支柱产业。

综上所述，本研究的案例地均为浙江省内乡村旅游发展的高地，且处于乡村旅游发展的不同阶段，在研究旅游微型企业的创业绩效方面具有一定的代表性。其中，浦江县的两个乡目前处于乡村旅游发展初期阶段，农家乐、乡村民宿等微型企业创建时间普遍不长，且分布较为分散；杭州市临安区白沙村和湖州市长兴县水口乡的乡村旅游起步早，发展成熟，尤其是水口乡旅游微型企业较为密集，已经形成了产业集群，在国内乡村旅游产业发展领域具有相当的知名度。本研究的问卷调研工作于2017年暑期的7—8月完成。

由于不少乡村旅游微型企业的业主不愿意接受访谈和问卷调查，且在企业分布复杂的情况下很难采用随机抽样的方法选择调研对象，因此本次调研主要采用"便利抽样"的方法，在案例地选择愿意接受调查的旅游微型企业进行问卷数据的发放与收集。具体调研操作实施方法参见前文。本次调研全程发放问卷300份（浦江、临安、长兴各100份），删除回答不完整和回答明显无逻辑的问卷24份，最终获得有效问卷276份，有效问卷回收率为92.0%。

在样本调查的276家旅游微型企业中，经营年限均值为6.33年，拥有床位均值为30个、餐位均值为48个，初始投资总额均值为82.32万元，拥有员工人数均值为4人。在经营的休闲娱乐设施方面，大多数旅游微型企业较为多元，除了基本的餐饮与住宿设施外，囊括了棋牌室（92.4%）、茶室（68.5%）、酒吧（19.2%）、农事体验园（32.2%）、卡拉OK（88.0%）等设施和项目。在业主个人信息方面，男性业主显著多于女性，占比66.3%，年龄在45岁至54岁之间的业主人数最多，占比为37.0%，绝大多数的业主为已婚（95.3%）且为本地户籍（95.3%）。在受教育程度方面，67.4%的业主仅受过初中及以下教育，具有大专及以上学历的业主仅占比12.0%，说明乡村旅游微型企业的经营者文化程度普遍较低。

表 7.1 旅游微型企业样本信息

	频数	百分比（%）
企业年龄		
5 年以下	127	46.0
6—10 年	106	38.4
11—15 年	35	12.7
16—20 年	8	2.9
床位数（个）		
10 以下	55	19.9
11—20	53	19.2
21—30	35	12.7
31—40	63	22.8
41—50	37	13.4
51 以上	33	12.0
员工人数		
5 人以下	240	87.0
6—10 人	32	11.6
11—15 人	3	1.1
15—20 人	1	0.4
餐位数（个）		
50 以下	205	74.3
51—100	55	19.9
101—150	9	3.3
151—200	4	1.4
201—250	1	0.4
251—300	2	0.7

表 7.2　业主样本信息（研究二）

	频数	百分比（%）
性别		
男	183	66.3
女	93	33.7
年龄		
18—24 岁	6	2.2
25—34 岁	41	14.9
35—44 岁	78	28.3
45—54 岁	102	37.0
55—64 岁	39	14.1
65 岁以上	10	3.6
教育程度		
小学以下	53	19.2
初中	133	48.2
高中	57	20.7
本科或大专	32	11.6
研究生	1	0.4
婚姻状况		
已婚	263	95.3
未婚	13	4.7

二、调研问卷与变量测量

本研究的调研问卷由研究简介、研究变量测量量表、受访企业基本信息、业主人口统计信息等四部分构成。为了提高研究过程和结论的信度与效度，本研究涉及变量的测量主要参考已有研究中采用过的方案（根据本研究的情境进行了适当调整）。研究概念的测量方案具体如下：

（1）经济绩效

以往研究对创业经济绩效的测量包括主观测量和客观测量两种方案。由于乡村旅游微型企业在经营统计方面普遍缺失，且政府和行业协会的绩效统计数据收集也较为滞后，因此使用销售额、利润率、市场份额等客观指标测量其绩效可行性不高。另外，针对小企业绩效的综述性研究发现，相较于客观指标，主观评价的绩效测量更可行、效果更好（Stam et al.，2014）。基于以上两点，本研究借鉴相关研究（刘畅等，2016；Bradley et al.，2012），使用7个问项对新创旅游微型企业的综合经济绩效进行测量（见表7.3）。受访企业主基于李克特–5点法对这7个题项进行自评（1="完全不同意"，5="完全同意"）。

表 7.3　创业经济绩效的测量题项

编号	测量问项
PER1	现在创业比我之前的工作收入高很多
PER2	我的农家乐/民宿能够长久地维持下去
PER3	我的农家乐/民宿具有较强的盈利能力
PER4	在我这里打工的人工资比本地同行要高
PER5	我的农家乐/民宿投资回报率较高
PER6	大多数顾客对我的产品和服务很满意
PER7	我的农家乐/民宿具有较大的发展潜力

测量题项来源：Bradley et al.（2012）；刘畅等（2016）。

（2）创业家庭幸福感

基于已有研究对创业幸福感的界定（魏江、权予衡，2014；权予衡，2015），本研究将创业家庭幸福感定义为创业者对乡村旅游微型企业的创业和经营给家庭整体生活质量带来影响的综合感知。本研究基于麦克拉斯（Michalos，1985）提出的多重差异理论，通过本人当前家庭生活质量与他人、过去、期望等维度相比较的方式对"家庭幸福感"进行操作化（见表7.4）。受访企业主基于李克特–5点法对4个测量题项进行自评（1="完全不同意"，5="完全同意"）。

表 7.4　创业家庭幸福感的测量题项

编号	测量问项
HAP1	我家庭现在的生活比本地其他人要好
HAP2	我家庭现在的生活比以前都要好
HAP3	我对自己家庭现在的生活很满意
HAP4	现在的生活已经达到我的期望目标了

测量题项来源：基于 Michalos（1985，1986）的概念性研究开发。

（3）创业资源获取

知识性资源主要指的是有助于新创企业经营和发展的专业知识与信息，主要包括产品和服务开发、市场营销、生产运作、管理制度和政策等方面。本研究基于前有的研究（Wiklund & Shepherd，2003；庄晋财等，2014），结合乡村旅游微型企业的实际情境，从新产品和服务开发、市场开发、管理制度建设等三个方面对知识性资源进行测量（见表7.5）。受访企业主基于李克特 –5 点法对 3 个题项进行自评（1="完全不同意"，5="完全同意"）。

表 7.5　知识性资源的测量题项

编号	测量问项
KNR1	我获得了不少关于新产品和服务方面的信息和建议
KNR2	我获得了不少关于招揽顾客方面的信息和建议
KNR3	我获得了不少关于管理制度方面的信息和建议

测量题项来源：Wiklund & Shepherd（2003）；庄晋财等（2014）。

资产性资源主要指的是企业经营和发展所需的资金、人力、场地、经营技术设备等实物性资源（朱秀梅、费宇鹏，2010；庄晋财等，2014）。以往研究大多从"资源可获性"的角度对创业资产性资源这一概念进行考察，与以往多数研究不同，本研究借鉴朱秀梅和费宇鹏（2010）的观点，从"资源获取成本"的角度对新创企业资产性资源的调动和运用情况进行评价。具体而言，本研究使用 4 个题项对新创企业的资产性资源进行主观评价（见表 7.6）。受访企业主基于李克特 –5 点法对 4 个题项进行自评（1="完全不同意"，5="完全同意"）。

表 7.6 资产性资源的测量题项

编号	测量问项
ASR1	我以较低的成本获得了创业和经营的资金
ASR2	我以较低的成本获得了员工
ASR3	我以较低的成本获得了经营场地
ASR4	我以较低的成本获得了有利于经营的新技术

测量题项来源：朱秀梅、费宇鹏（2010）。

如前文所述，心理性资源指的是创业者对新创企业的生存、发展所抱有的信心、乐观度、抗击性等（Envick，2005；Hmieleski & Carr，2007）。基于此前学者的研究（Envick，2005；Hmieleski & Carr，2007），结合乡村旅游微型企业经营管理的情境，本研究采用 4 个题项对新创企业主的心理性资源进行测量（见表 7.7）。受访企业主基于李克特 –5 点法对 4 个题项进行自评（1="完全不同意"，5="完全同意"）。

表 7.7 心理性资源的测量题项

编号	测量问项
PSR1	我对自己生意的成功很有信心
PSR2	我对自己生意的未来很乐观
PSR3	我觉得我生意的发展壮大很有希望
PSR4	生意上遇到挫折和失败我也能很快地挺过去

测量题项来源：Envick（2005）；Hmieleski & Carr（2007）。

（4）双重网络嵌入

基于已有相关文献提供的思路（Collions & Clark，2003；庄晋财等，2014；刘畅等，2016），本研究从网络规模、关系强度、网络异质性三个角度对新创旅游微型企业的亲缘、商业"双重网络嵌入"进行操作化和度量。

着眼于乡村旅游微型企业创建后经营的情境，本研究借鉴庄晋财等人（2014）、刘畅等人（2016）研究中对农民创业者社会网络的操作化方案，使用3个题项（规模、强度、异质性）对乡村旅游微型企业主的亲缘网络进行测量（见表7.8）。受访企业主基于李克特–5点法对3个题项进行自评（1="完全不同意"，5="完全同意"）。

表7.8 亲缘网络的测量题项

编号	测量问项
FMN1	在生意上，给予我帮助的家人亲戚很多（网络规模）
FMN2	我经常和家人亲戚讨论生意发展的问题（网络强度）
FMN3	家人亲戚为生意的发展提供了多样化的信息（网络异质性）

测量题项来源：庄晋财等（2014）；刘畅等（2016）。

如前文所述，乡村旅游微型企业创立后即进入经营管理阶段，在这个过程中必然涉及与上下游企业、金融机构、政府机构、行业协会等主体的互动与合作，形成与个人社会网络不同的商业网络（或产业网络）（庄晋财等，2014）。基于庄晋财等人（2014）和刘畅等人（2016）的研究，结合本研究的特定情境，我们从上下游企业（供货商、旅行社）、政府部门、金融机构三个方面来度量新创旅游微型企业的商业网络。具体上，本研究使用9个题项对商业网络进行测量（见表7.9）。受访企业主基于李克特–5点法对9个题项进行自评（1="完全不同意"，5="完全同意"）。

表7.9 商业网络的测量题项

编号	测量问项
INN1	和我有来往的供货商、旅行社很多（网络规模1）
INN2	和我有来往的政府部门很多（网络规模2）
INN3	我可以联系的金融机构很多（网络规模3）

续表

编号	测量问项
INN4	我和供货商、旅行社的联系很密切（网络强度1）
INN5	我和政府部门的联系很密切（网络强度2）
INN6	我和金融机构的联系很密切（网络强度3）
INN7	供货商、旅行社给我提供了很多关于生意发展的信息（网络异质性1）
INN8	政府部门给我提供了很多关于生意发展的信息（网络异质性2）
INN9	金融机构给我提供了很多关于生意发展的信息（网络异质性3）

测量题项来源：庄晋财等（2014）；刘畅等（2016）。

三、统计方法与分析程序

针对提出的研究问题与假设模型，本研究主要采用结构方程技术（structural equation modeling，SEM）对研究提出的理论假设和关系模型进行实证检验。数据分析具体分三个步骤进行：第一步，对问卷收集数据的正态分布性进行检查，以确认是否适合使用最大似然法（maximum likelihood method）对结构方程模型中的参数进行估计（吴明隆，2009）；第二步，采用验证性因子分析对研究概念的潜变量测量模型质量进行检验，考察变量测量的信度与效度；第三步，利用全模型分析，对本研究提出的假设模型的拟合情况进行检定，并考察潜变量之间的路径关系是否与研究假设相符合。本研究主要使用AMOS 17.0软件完成上述各个步骤的分析。

由于本研究的数据是在同一时间由同一受访者提供的主观评价数据，因此可能存在CMB的风险（Podsakoff et al.，2003；周浩、龙立荣，2004）。与研究一采取的方法相同，除了在问卷设计阶段通过推敲措辞、避免歧义来降低CMB的风险之外，在"事后检验"方面，本研究主要采用哈曼单因素法对可能存在的CMB风险进行检定，即将所有李克特型测量问项进行未旋转的探索性因子分析，观察是否存在单个因子解释绝大部分方差的情况（Podsakoff et al.，2003；周浩、龙立荣，

2004）。此部分的数据分析主要使用 SPSS 17.0 软件完成。

第四节 数据分析与结果

一、数据正态分布性检验

样本数据是否符合正态分布是结构方程建模中采用最大似然法进行参数估计的前提条件（Nunkoo & Ramkissoon，2012；吴明隆，2009）。因此，在对数据进行统计分析之前，本研究首先对数据的正态分布性进行检定，结果如表 7.10 所示。本研究模型中涉及变量的所有测量题项的偏度绝对值位于 0.002~1.111，峰度绝对值位于 0.030~1.026。已有研究指出，当所有测量题项的偏度绝对值小于 3，且峰度绝对值小于 8 时，可以认为数据基本符合正态分布（Kline，2005；吴明隆，2009）。本研究的测量指标均满足上述关于偏度和峰度临界值要求，因此适合使用最大似然法对数据实施进一步的统计分析。

表 7.10 数据正态分布性检验

测量题项	均值 统计量	标准差 统计量	偏度 统计量	偏度 标准误	峰度 统计量	峰度 标准误
PER1	3.54	1.059	−.438	.147	−.161	.292
PER2	3.75	.942	−.445	.147	−.190	.292
PER3	3.50	.880	−.301	.147	.350	.292
PER4	3.31	.937	−.231	.147	.201	.292
PER5	3.19	.932	−.174	.147	.325	.292
PER6	4.05	.849	−.715	.147	.355	.292
PER7	3.78	.864	−.339	.147	.143	.292
HAP1	3.43	.781	.335	.147	.197	.292
HAP2	3.86	.842	−.509	.147	.169	.292
HAP3	3.83	.866	−.279	.147	−.324	.292
HAP4	3.26	1.007	−.233	.147	−.212	.292

续表

测量题项	均值 统计量	标准差 统计量	偏度 统计量	偏度 标准误	峰度 统计量	峰度 标准误
KNR1	3.05	.885	−.226	.147	.638	.292
KNR2	3.13	.937	−.210	.147	.123	.292
KNR3	3.17	.936	−.319	.147	.236	.292
ASR1	2.77	1.043	.244	.147	−.248	.292
ASR2	2.68	1.052	.222	.147	−.364	.292
ASR3	2.81	1.138	.107	.147	−.724	.292
ASR4	2.75	1.001	.212	.147	−.081	.292
PSR1	3.84	.962	−.647	.147	.383	.292
PSR2	3.84	.973	−.733	.147	.427	.292
PSR3	3.73	1.055	−.625	.147	.030	.292
PSR4	3.90	.887	−.563	.147	.117	.292
FMN1	4.07	1.003	−1.111	.147	1.026	.292
FMN2	3.91	.997	−.917	.147	.752	.292
FMN3	3.74	1.032	−.748	.147	.466	.292
INN1	2.76	1.133	−.071	.147	−.729	.292
INN2	2.42	1.040	.214	.147	−.586	.292
INN3	2.50	1.039	.088	.147	−.625	.292
INN4	2.59	1.100	−.002	.147	−.794	.292
INN5	2.45	1.092	.224	.147	−.698	.292
INN6	2.45	1.020	.107	.147	−.522	.292
INN7	2.63	1.116	.025	.147	−.729	.292
INN8	2.64	1.169	.165	.147	−.753	.292
INN9	2.53	1.083	.158	.147	−.647	.292

二、量表基本质量的检定

虽然本研究使用的潜变量测量方案均借鉴了已有相关研究,但实际上已有研究针对的情境与本研究具有很大的不同,在测量题项的措辞上本研究也实施了不少的调整。因此,有必要在运用结构方程建模进行数据分析之前对测量量表的基本质量进行检定。与研究一使用的方法类同，本研究使用 SPSS 17.0 软件，通过 CITC 及内部一致性系数对测量量表进行基础性检查，考察是否需要对测量问项进行净化和筛选。具体而言，当题项 CITC 小于 0.4 且删除该问项后量表的克朗巴赫 α 系数得以提高的问项应当予以删除（Cronbach，1951；Churchill，1979）。

对本研究 276 份有效问卷数据进行 CITC 检验、克朗巴赫 α 系数分析的结果如表 7.11 所示。分析结果显示，本研究涉及潜变量测量量表的克朗巴赫 α 系数均高于 0.7 的一般临界值，说明测量量表整体质量良好（Nunnally，1978）。此外，根据题项 CITC 小于 0.4，且删除后量表的克朗巴赫 α 系数能够提高的标准，分析结果显示，本研究需要删除测量乡村旅游微型企业创业经济绩效的 PER6（"大部分顾客对我的产品和服务很满意"）。PER6 题项来源于刘畅等人（2016）对农村微型企业创业绩效的研究（本研究对原始题项的措辞进行了微调），该题项表现不佳的原因可能在于不同的业主对"游客满意"这一概念存在不同的理解。

表 7.11 测量量表基本质量的检定

潜变量	测量题项 题项个数	测量题项 题项代码	题项删除后的均值	题项删除后的方差	CITC	题项删除后的克朗巴赫 α 系数	克朗巴赫 α 系数
经济绩效	7	PER1	21.59	15.640	.642	.826	0.851
		PER2	21.38	15.931	.707	.815	
		PER3	21.62	16.417	.694	.818	
		PER4	21.82	16.588	.613	.830	
		PER5	21.93	16.425	.642	.825	
		PER6	**21.07**	**18.766**	**.361**	**.863**	
		PER7	21.35	16.933	.627	.828	

续表

潜变量	测量题项 题项个数	测量题项 题项代码	题项删除后的均值	题项删除后的方差	CITC	题项删除后的克朗巴赫 α 系数	克朗巴赫 α 系数
家庭幸福感	4	HAP1	10.95	4.823	.548	.731	0.772
		HAP2	10.52	4.440	.610	.698	
		HAP3	10.55	4.198	.666	.667	
		HAP4	11.12	4.247	.495	.770	
知识性资源	3	KNR1	6.30	2.931	.741	.803	0.862
		KNR2	6.22	2.726	.762	.782	
		KNR3	6.18	2.840	.711	.831	
资产性资源	4	ASR1	8.24	7.259	.644	.796	0.833
		ASR2	8.33	7.371	.610	.811	
		ASR3	8.20	6.398	.742	.750	
		ASR4	8.26	7.392	.655	.792	
心理性资源	4	PSR1	11.48	6.592	.826	.852	0.900
		PSR2	11.48	6.447	.850	.843	
		PSR3	11.59	6.221	.809	.859	
		PSR4	11.42	7.699	.631	.919	
亲缘网络	3	FMN1	7.65	3.640	.669	.868	0.862
		FMN2	7.81	3.392	.768	.779	
		FMN3	7.97	3.243	.781	.766	
商业网络	9	INN1	20.21	45.919	.663	.909	0.916
		INN2	20.54	45.354	.781	.901	
		INN3	20.47	48.061	.572	.915	
		INN4	20.37	45.275	.736	.904	
		INN5	20.52	44.796	.779	.901	
		INN6	20.52	47.276	.646	.910	

续表

潜变量	测量题项 题项个数	测量题项 题项代码	题项删除后的均值	题项删除后的方差	CITC	题项删除后的克朗巴赫 α 系数	克朗巴赫 α 系数
商业网络	9	INN7	20.34	45.024	.742	.904	0.916
		INN8	20.33	44.824	.715	.906	
		INN9	20.44	45.782	.711	.906	

注：加粗处为根据 CITC 标准需要剔除的测量指标。

三、共同方法偏差的检定

如前文所述，本研究采用哈曼单因素法对可能存在的 CMB 进行检定。分析结果显示，未旋转的探索性因子分析析出了 8 个因子，累积解释了数据总方差的 71.60%。析出的第一个因子解释了数据总方差的 26.88%，占据总体解释方差的 37.55%。哈曼单因素分析的过程没有发现存在一个解释了数据总方差超过 50% 的因子，因此本研究基本可以忽略 CMB 带来的影响。

四、测量信度与效度检验

根据结构方程建模的基本步骤，本研究首先使用验证性因子分析对假设模型涉及潜变量的信度和效度进行检验。验证性因子分析的结果如表 7.12 所示。测量模型的整体拟合指标 χ^2/df = 2.668、RMSEA = 0.078、NFI = 0.793、IFI = 0.860、CFI = 0.859、TLI = 0.842。从上述指标来看，χ^2/df 值小于 3，说明测量模型的简约度良好；RMSEA 值小于 0.08，说明测量模型的拟合情况良好。其余几个拟合指标也基本达到了 0.8 的基本要求。由于结构方程模型的拟合指标表现受样本量的影响较大，相对于本研究模型的测量指标数量（34 个），样本量（276 个）相对较小，这可能是整体拟合指标表现不佳的原因所在。在具体测量模型的信度和聚合效度方面，我们主要考察测量题项的因子负荷以及组合信度（composite reliability，CR）、AVE 值等指标的情况。

如表 7.12 的分析结果所示，本研究模型涉及潜变量测量指标的标准化因子负荷均大于 0.50，且在 $p < 0.01$ 的水平上显著，说明本研究的测量模型具有良好的聚合效度。潜变量测量模型的 CR 间于 0.784~0.912，均大于 0.7 的基本要求；除了创业幸福感 AVE 值小于 0.50 以外（但也十分接近 0.50），其余潜变量的 AVE 值均大于 0.50 的阈值要求。上述分析结果显示本研究采用的测量方案具有良好的信度（Kline，2005；吴明隆，2009）。

对于区分效度，本研究采用潜变量 AVE 值的平方根与变量之间相关系数的比较来进行检定（Fornell & Larcker，1981）。区分效度的分析结果如表 7.13 所示，所有变量 AVE 值的平方根均大于与其他变量相关系数的绝对值，说明变量之间具有良好的区分效度。

表 7.12 验证性因子分析的结果

变量	问项代码	标准化因子负荷	T 值	CR	AVE
经济绩效	PER1	0.705**	——	0.862	0.512
	PER2	0.778**	11.806		
	PER3	0.771**	11.701		
	PER4	0.654**	10.031		
	PER5	0.690**	10.560		
	PER7	0.686**	10.498		
家庭幸福感	HAP1	0.650**	——	0.784	0.480
	HAP2	0.777**	9.980		
	HAP3	0.751**	9.784		
	HAP4	0.571**	7.940		
知识性资源	KNR1	0.821**	——	0.863	0.677
	KNR2	0.851**	15.132		
	KNR3	0.796**	14.173		

续表

变量	问项代码	标准化因子负荷	T值	CR	AVE
资产性资源	ASR1	0.710**	——	0.834	0.560
	ASR2	0.655**	9.804		
	ASR3	0.855**	12.015		
	ASR4	0.759**	11.196		
心理性资源	PSR1	0.877**	——	0.903	0.703
	PSR2	0.918**	21.779		
	PSR3	0.879**	20.150		
	PSR4	0.655**	12.434		
亲缘网络	FMN1	0.727**	——	0.867	0.686
	FMN2	0.867**	13.431		
	FMN3	0.881**	13.522		
商业网络	INN1	0.678**	——	0.912	0.540
	INN2	0.847**	12.502		
	INN3	0.549**	8.456		
	INN4	0.747**	15.165		
	INN5	0.855**	12.591		
	INN6	0.628**	9.571		
	INN7	0.737**	11.075		
	INN8	0.804**	11.961		
	INN9	0.714**	10.768		
拟合指标状况：χ^2/df = 2.668；RMSEA = 0.078；IFI = 0.860；CFI = 0.859；TLI = 0.842					

注：n = 276；** 表示 p < 0.01；* 表示 p < 0.05。

表 7.13 潜变量区分效度检验

变量	1	2	3	4	5	6	7
1. 经济绩效	**0.72**						
2. 家庭幸福感	0.55**	**0.69**					
3. 知识性资源	0.26**	0.18**	**0.82**				

续表

变量	1	2	3	4	5	6	7
4. 资产性资源	0.06	0.13*	0.22**	**0.75**			
5. 心理性资源	0.57**	0.51**	0.26**	0.09	**0.84**		
6. 亲缘网络	0.30**	0.30**	0.29**	−0.14*	0.43**	**0.83**	
7. 商业网络	0.22**	0.19**	0.57**	0.18**	0.24**	0.18**	**0.73**

注：$n=276$；* 表示 $p<0.05$；** 表示 $p<0.01$；对角线加粗数字为变量 AVE 值的平方根。

五、结构模型与假说检验

在上述测量模型信度和效度检验的基础上，本研究使用 AMOS 17.0 软件对提出的假说模型的拟合情况以及潜变量之间的假说关系进行统计检验。一般认为，结构方程模型的应用需要样本量达到测量指标数量的 10—15 倍，分析结果才具有较高的稳定性与可信度（吴明隆，2009）。本研究的测量指标（在删除 PER6 后）有 33 个，因此理想的样本量应在 330—495。由于本研究以乡村旅游微型企业为单位进行数据的调研，以及时间精力和调研难度等原因，本研究仅获得 276 个有效研究样本。鉴于这一研究现实，本研究用"打包法"（item parceling）（Mathieu & Farr，1991）压缩测量指标，减少待估参数的数量。具体措施包括两点：首先，对于拥有 9 个测量题项的"商业网络"，依据网络规模（INN1、INN2、INN3）、关系强度（INN4、INN5、INN6）、网络异质性（INN7、INN8、INN9）三个维度分别计算均值，并将三个维度的均值作为"商业网络"的测量指标纳入结构模型分析；其次，对于拥有 6 个测量题项的"经济绩效"，首先将 6 个测量指标强迫进行一个因子的因子分析，并根据因子负荷值对拥有最大因子负荷与最小因子负荷的测量指标求均值、次大因子负荷与次小因子负荷的测量指标求均值（以此类推），直至测量指标被压缩至 3 个（Mathieu & Farr，1991；Homburg & Stolberg，2006）。通过上述程序，本研究将原有的测量指标从 33 个降至 24 个，并进行结构模型分析。

第七章 研究二：亲缘社会网络对乡村旅游微型企业创业绩效的影响　163

结构模型的参数估计结果如图 7.3 所示。模型整体拟合指标 χ^2= 446.346（$p < 0.001$）。由于 χ^2 值对样本数量极为敏感，因此本研究综合选用 RMSEA、RMR、χ^2/df、GFI、AGFI、CFI、TLI、IFI、PCFI、PGFI 等指标全面考察研究模型的整体拟合表现。结构模型分析的结果如下：RMSEA=0.057，RMR=0.059，均小于各自的临界值 0.08；GFI=0.884，AGFI = 0.853，TLI=0.938，CFI=0.947，IFI=0.947，即除 GFI、AGFI 略小于 0.9 之外（但也接近 0.9），其他的整体拟合指标均大于 0.9 的一般适配值；χ^2/df=1.891，位于 1~3 之间；PCFI=0.810，PGFI=0.696，大于一般要求的 0.50 的阈值。这说明模型具有良好的简约度。上述拟合指标的输出结果说明本研究提出的理论模型与收集的样本数据之间具有良好的匹配度，即假说模型隐含的逻辑关系与现实数据呈现的关系吻合度较高。

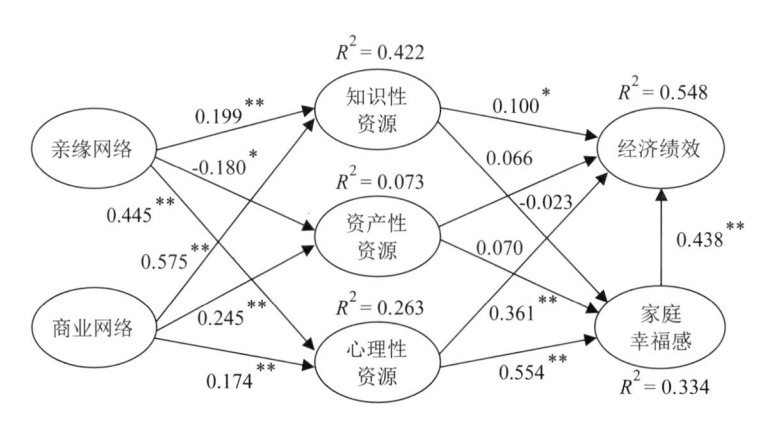

注：$n = 276$；** 表示 $p < 0.01$；* 表示 $p < 0.05$。

图 7.3　结构模型参数估计结果

表 7.14 汇总了本研究提出的假说的检验情况。如表 7.14 和图 7.3 所示，本研究提出的 13 个研究假说中有 8 个获得了数据的支持。针对假说 1 提出的亲缘网络对乡村旅游微型企业的创业资源获取具有正向影响，数据分析结果显示，亲缘网络对知识性资源（$\beta_{1a} = 0.199$，$p< 0.01$）、心理性资源（$\beta_{1c} = 0.445$，$p< 0.01$）的影响为正向且在统计意义上显著，因此假说 1a、假说 1c 获得了数据的支持。与假说推导相

反,数据分析结果显示,亲缘网络对资产性资源的影响为负向(β_{1b} = −0.180,$p < 0.01$),因此假说 1b 未能得到数据的支持。假说 2 提出的商业网络对乡村旅游微型企业的创业资源获取具有正向影响,数据分析结果显示,商业网络对知识性资源($\beta_{2a} = 0.575$,$p < 0.01$)、资产性资源($\beta_{2b} = 0.245$,$p < 0.01$)、心理性资源($\beta_{2c} = 0.174$,$p < 0.01$)的影响均为正向且具有统计学意义,因此假说 2a、假说 2b、假说 2c 均获得了数据的支持。针对假说 3 提出的创业资源获取对乡村旅游微型企业的创业经济绩效具有正向影响,数据分析结果显示,知识性资源($\beta_{3a} = 0.100$,$p < 0.05$)、心理性资源($\beta_{3c} = 0.361$,$p < 0.01$)对经济绩效的影响为正向且在统计意义上显著,因此假说 3a、假说 3c 得到了数据的支持;而资产性资源对经济绩效的影响不具有统计学意义($\beta_{3b} = -0.023$,$p = 0.67$),因此假说 3b 未能得到数据的支持。针对假说 4 提出的创业资源获取对创业家庭幸福感具有正向影响,数据分析结果显示,只有心理性资源对家庭幸福感的影响为正向且具有统计学意义($\beta_{4c} = 0.554$,$p < 0.01$),知识性资源($\beta_{4a} = 0.066$,$p = 0.31$)、资产性资源($\beta_{4b} = 0.070$,$p = 0.27$)对家庭幸福感的影响不具有统计学意义,因此假说 4c 获得了数据的支持,假说 4a、假说 4b 未能得到数据的支持。针对假说 5 提出的创业家庭幸福感对创业经济绩效具有正向影响,数据分析结果显示,这一影响关系正向且在统计意义上显著($\beta_5 = 0.438$,$p < 0.01$),因此假说 5 获得了数据的支持。

表 7.14 研究假说检验结果汇总

研究假说	标准化系数	标准误	t 值	假说检验
H1a:亲缘网络 → 知识性资源	$\beta_{1a} = 0.199^{**}$	0.047	3.404	支持
H1b:亲缘网络 → 资产性资源	$\beta_{1b} = -0.180^{**}$	0.055	−2.550	不支持
H1c:亲缘网络 → 心理性资源	$\beta_{1c} = 0.445^{**}$	0.044	6.376	支持
H2a:商业网络 → 知识性资源	$\beta_{2a} = 0.575^{**}$	0.057	9.015	支持
H2b:商业网络 → 资产性资源	$\beta_{2b} = 0.245^{**}$	0.061	3.500	支持
H2c:商业网络 → 心理性资源	$\beta_{2c} = 0.174^{**}$	0.043	2.880	支持

续表

研究假说	标准化系数	标准误	t 值	假说检验
H3a：知识性资源 → 经济绩效	$\beta_{3a} = 0.100^*$	0.047	1.980	支持
H3b：资产性资源 → 经济绩效	$\beta_{3b} = -0.023$	0.047	-.429	不支持
H3c：心理性资源 → 经济绩效	$\beta_{3c} = 0.361^{**}$	0.079	4.871	支持
H4a：知识性资源 → 家庭幸福感	$\beta_{4a} = 0.066$	0.045	1.006	不支持
H4b：资产性资源 → 家庭幸福感	$\beta_{4b} = 0.070$	0.046	1.094	不支持
H4c：心理性资源 → 家庭幸福感	$\beta_{4c} = 0.554^{**}$	0.073	6.688	支持
H5：家庭幸福感 → 经济绩效	$\beta_5 = 0.438^{**}$	0.098	5.448	支持

注：$n = 276$；** 表示 $p < 0.01$；* 表示 $p < 0.05$。

第五节 结论与讨论

基于"网络嵌入—资源获取—创业绩效"的逻辑框架，本研究系统探讨了乡村旅游微型企业创建后，亲缘、商业"双重网络嵌入"对创业企业经济绩效和创业者家庭幸福感的影响，以及这一影响关系的内在机理。针对三个发展处于不同阶段的乡村旅游地276家微型企业抽样数据的实证研究基本证实了本研究提出的理论模型和研究假说。实证研究的结果显示，在进入经营阶段后，以家人和亲戚为核心的亲缘网络依然扮演着极其重要的作用。虽然商业网络在知识性资源、资产性资源的获取方面发挥着更重要的功能，但在维持创业者创业信心、提高主观经济绩效方面，亲缘网络的积极影响更为突出。综合来看，本研究的主要结论包括以下四个方面：

第一，亲缘网络和商业网络均有助于创业者获取新创企业经营所需的重要资源，但两者在资源获取方面的功效具有一定的差异。

具体而言，在新创企业的经营和发展阶段，亲缘网络的价值主要在于提供有关产品、服务、市场方面的建议（即知识性资源），以及为创业者提供情感和信心方面的支持（即心理性资源）。在具体的实物性资源方面，亲缘网络的作用十分有限。与亲缘网络不同，新创企业与供应商、分销商、金融机构以及政府之间形成的商业网络对知识性资源、资产性资源的获取具有较大的作用，且对有利于创业者持续创业的心理性资源也有一定的积极功效。通过对两种不同网络提供资源的对比可以发现，整体而言，相对于亲缘网络，乡村旅游微型企业的创业者通过商业网络可以获得更多、更强的创业资源支持，但在心理性资源方面，亲缘网络的作用明显大于商业网络（$\beta_{1c}=0.445$ $vs.$ $\beta_{2c}=0.174$）。

第二，相对于知识性资源和资产性资源，心理性资源对乡村旅游微型企业的创业经济绩效影响最大。

以往关于传统行业新创企业绩效的研究一般认为知识性资源和运营性资源（类似于资产性资源）是影响创业能力和创业绩效的关键性资源（庄晋财等，2014；刘畅等，2016；朱秀梅、费宇鹏，2010）。本研究的结论与以往研究的结论差异较大。实证分析的结果显示，创业者对新创企业持续发展的乐观态度和自信心（心理性资源）是影响新创旅游微型企业绩效的关键因素；知识性资源对乡村旅游微型企业的创业绩效也具有显著的积极影响，但相比心理性资源，其对创业绩效的影响力度要小得多；资金、人力、技术设备等资产性资源对乡村旅游微型企业的创业绩效几乎没有影响。产生这一结论的原因可能在于以下两点：其一，鉴于乡村旅游行业和微型企业的特殊性，本研究采用主观评价的绩效测量方案，这可能导致本研究的结论与以往研究难以相互比较；其二，乡村旅游与传统制造业、高新技术行业具有很大的不同，目的地的旅游资源质量和人工服务质量是影响乡村旅游微型企业绩效和长远发展的关键因素，同时乡村旅游产业环境的变化也远不如其他行业快速和剧烈，因此相较于资金、技术、设备等资源，对旅游者需求的把握以及热情的服务对乡村旅游微型企业的生存和发展更加重要。

第三，在三种关键的创业资源中，只有心理性资源对乡村旅游微型企业创业者的家庭幸福感具有显著影响。

如前几个章节所述，乡村旅游微型企业的一个重要特点是家庭所有、家庭经营，家庭生活与企业经营之间存在高度的重叠性（李星群，

2011；叶顺，2016）。因此，乡村旅游微型企业创业者的创业幸福感是与家庭幸福感紧密联系在一起的。相较于知识性资源和资产性资源，对创业企业持续发展的信心、乐观度、抗击性等心理性资源与家庭生活满意度的关系更加密切，因而对创业幸福感的影响也更加显著和积极。本研究的这一结论也印证了以往学者提出的观点，即乡村旅游创业者的创业动机大多是"非增长驱动"的，他（她）们更关心的是维持良好的家庭生活或者维持一种自己满意的生活方式，对利润增长、企业发展的关心度相对不高（Peters et al.，2009；Marchant & Mottiar，2011；Zhao et al.，2011）。

第四，家庭幸福感对新创乡村旅游微型企业的经济绩效具有强烈的正向影响。

乡村旅游微型企业的以家庭为核心的经营特点和非增长动机的普遍性决定了家庭幸福感与主观创业绩效之间必然具有相当的重叠度。很显然，如果乡村旅游微型企业的创业者将提高家庭收入、维持满意的生活方式作为自己的创业目标，那么对家庭幸福感的评价便会直接影响他（她）们对企业经营绩效的主观感知。研究发现，不少旅游行业的创业者为了不打破现有的、满意的生活体验，主动地限制创业企业的增长，人为控制企业的经济绩效（Atlejevic & Doorne，2000）。可见，对于乡村旅游微型企业，家庭幸福感和创业绩效可以视作"一枚硬币的两面"。

本章小结

研究二聚焦于"亲缘社会网络如何影响乡村旅游微型企业创业绩效"的问题，基于"网络嵌入—资源获取—创业绩效"的逻辑框架，系统探讨亲缘网络（强连带）、商业网络（弱连带）对乡村旅游微型企业创业绩效的影响，并解构了这一影响关系的内在机制，比较了双重网络（亲缘网络、商业网络）在创业资源获取和影响创业经济绩效、家庭幸福感方面的差异性。针对浙江省三个乡村旅游聚集地276家微型企业调查样本的实证研究，基本证实了本研究提出的理论模型与假说。通过本研究可以发现，在乡村旅游微型企业创立后，亲缘、商业双重网络嵌入对创业资源的获取和良好绩效的达成均有重要的作用。虽然商业网络在知识性资源、资产性资源的获取方面意义更大，但亲缘网络能够提供更强的心理性资源，且心理性资源在提高创业经济绩效、家庭幸福感方面呈现出至关重要的积极影响。

第八章 研究三：亲缘社会网络与乡村旅游微型企业成长——量的成长

从研究三开始，本书将研究焦点转移至乡村旅游微型企业动态性成长层面，系统考察亲缘社会网络嵌入对企业在"量"和"质"两个方面成长的影响。研究三致力于回答这样一个问题：亲缘社会网络嵌入度与乡村旅游企业营业收入增长率之间存在什么样的联系？具体而言，通过将乡村旅游微型企业经营者的社会关系网络依据资源属性区分为建议性网络、资产性网络和情感支持网络三个维度，本研究基于"社会网络嵌入理论"的逻辑，系统分析亲缘关系在上述三种社会关系网络中的比例对企业经营收入增长的复杂影响，推导出亲缘社会网络嵌入度与企业增长之间呈先促进后阻碍的倒"U"型关系，并利用浙江省三个乡村旅游地 205 份企业数据样本对此进行了实证检验。

第一节 问题的提出

与新企业的生成阶段相比，企业的运营管理和持续增长要求经营者具备多方面的能力，因而需要更加充足和多样的资源支撑。这些资源包括市场信息与商业建议、资金和实物资产、情感鼓励与支持等方面（Renzulli & Aldrich，2005；庄晋财等，2014）。很显然，仅凭创业者自有资源很难满足企业在市场竞争中不断发展与成长的需要。在这种"资源困境下"，社会关系网络便成为企业经营者获取资金、技术等关键资源的重要来源（Granovetter，1985；Greve & Salaff，2003；杨震宁等，2013）。通过对已有文献的梳理可以发现，学者们通过大量的研究证实了新创企业经营者社会关系网络的规模、异质性在经营资源供给和企业成长方面起到的重要作用（Starr & MacMillan，1990；Stam et al.，2014）。可以说，社会关系网络在企业成长亟需资源的调动和利用中所具有的价值得到了学术界的普遍认同。

如前两个研究所指出的，家人亲戚构成的亲缘网络是创业者个人社会关系网络的首要组成部分，也是新企业创建和经营所需资源的首要来源（Aldrich & Cliff，2003）。国内外研究者均注意到家人亲戚所组成的亲缘网络是新创企业获取各种经营资源的重要导管，在企业构建竞争优势、实现持续增长方面具有重要的价值（Aldrich & Cliff，2003；Anderson et al.，2005；Hesterly，2001；叶顺，2016）。尤其在市场机制相对落后、社会环境相对封闭的中国乡村地区，亲缘网络的资源导管作用体现得更加突出（蒋剑勇，2013；俞宁，2013）。由于中国农村创业者通过市场渠道获取各种经营资源受到很大的限制，家人和亲友等社会关系就成为获取企业经营关键资源的主要来源。整体来看，虽然国内外研究者大多认同亲缘关系网络在多样化的经营资源的供给方面起到了积极的作用，有利于企业的发展与成长，但以往文献在这一问题上还存在着不少的争论，具体表现为实证研究结果的不一致。

一方面，大部分学者指出家人亲戚关系网能够为企业经营者提供多样化、高价值的资源，且从亲缘社会网络获取资源的成本要大大低于从市场渠道获取资源的成本，因此，亲缘社会网络在企业成长过程中能够提供高效的资源支持，对企业竞争优势的构建和持续增长具有稳定的积极效应（Bruderl & Presisendorfer，1998；Aldrich & Cliff，2003；Greve & Salaff，2003）。另一方面，一些学者提供了相反的看法和经验研究证据。例如，有学者指出亲缘社会网络是一种内向型的（inward-focused）、由"强关系"所组成的社会网络，因而借由亲缘社会网络获取的资源往往具有同质、冗余的特点，不利于企业应对多变的市场环境和竞争态势，会阻碍企业的发展与成长。他们在实证研究中并没有发现亲缘网络嵌入与企业增长之间存在显著的关系（Hite & Hesterly，

2001）。甚至有研究发现亲缘网络嵌入和企业成长之间呈现出负向的关系（Bates，1994；Jack et al.，2008）。因此，正如奥瑞格等学者（Arregle et al.，2015）在研究中所指出的，关于亲缘网络嵌入与企业成长之间的关系的研究尚未形成统一的观点，后续研究需要对亲缘网络嵌入的概念及其对企业发展和成长的影响进行更为细致的考察。

以往研究之所以存在诸多不一致的结论，究其原因可能在于以下两个方面：其一，以往实证研究大多从整体角度对企业经营者的亲缘社会网络进行测量，而实际上，在不同资源和能力的供给方面，亲缘社会网络的功效可能具有相当大的差异；其二，以往研究大多探究的是亲缘网络嵌入与企业增长之间的简单线性关系，而实际上，两者之间的关系可能并不是简单的直线线性关系可以概括的（Arregle et al.，2015）。因此，要厘清亲缘网络嵌入与企业增长之间的联系，需要更加系统化地考察亲缘网络在不同资源供给方面的差异性，以及亲缘网络提供的资源与企业增长之间可能存在的"非线性"关系。在这方面，经典的"社会网络嵌入理论"提供了一个很好的分析框架（Granovetter，1985，1995）。

格兰诺维特（Granovetter，1985）在其著名的《经济行为与社会结构：嵌入性问题》一文中指出，个体并不是独立于社会关系之外理性决策的"原子"，一切经济活动实际上是嵌入在一定的社会关系中，经济决策受到社会网络的深刻影响。这一"社会网络嵌入"的思想影响十分深远，广为后续研究者所引用。需要注意的是，格兰诺维特提出的社会网络嵌入思想一方面否定了将企业经营者作为独立决策的"原子"的传统经济学观点，另一方面也强调个体并不是完全受社会关系网络左右的"原木"（李秋成，2014），即过度嵌入社会网络会给经济决策和经济活动带来适得其反的效应。因此，仅仅从一般意义来衡量亲缘网络嵌入不足以剖析亲缘网络对企业成长影响效应的全貌，而从亲缘网络嵌入"程度"入手则有利于我们更细致地探究这一影响效应的内在规律。此外，一些学者指出，在对影响企业成长的社会关系网络进行研究时，应当从资源供给类别的角度对社会网络进行区分，而不能仅从网络规模、亲密度、异质性等角度对之进行整体性度量（Renzulli & Aldrich，2005；

Arregle et al., 2015）。因此，结合研究二对创业资源获取的梳理，本研究从建议性网络、资产性网络、情感支持网络三个维度对乡村旅游微型企业经营者的社会关系网络进行解构。

针对已有研究结论的矛盾，结合"社会网络嵌入理论"的基本逻辑和对经营者社会关系网络的三个维度划分，本研究具体就以下三个方面的问题展开探究：

第一，家人亲戚在建议性网络中的比例与乡村旅游微型企业增长之间具有什么样的关系？过度依赖亲缘网络获取建议性资源会阻碍企业增长吗？

第二，家人亲戚在资产性网络中的比例与乡村旅游微型企业增长之间具有什么样的关系？过度依赖亲缘网络获取资产性资源会阻碍企业增长吗？

第三，家人亲戚在情感支持网络中的比例与乡村旅游微型企业增长之间具有什么样的关系？过度依赖亲缘网络获取心理性资源会阻碍企业增长吗？

围绕上述三组研究问题，本章的后续部分安排如下：首先，在理论分析和经验研究的基础上提出本研究的理论假设；其次，通过问卷调查收集数据，运用统计分析方法对研究提出的假设进行检验；最后，基于统计分析的结果，回应本节提出的三组研究问题并进行总结与讨论。

第二节 理论基础与研究假说

一、社会网络嵌入效应的两面性

社会网络嵌入理论认为一切经济活动都是嵌入在一定的社会关系结构中的（Granovetter，1985；Lin，2001）。所谓"嵌入"（embeddedness）指的是个体（或组织）与其社会关系联结的属性、深度、范围（Dacin et al.，1999；Jack & Anderson，2002）。虽然研究者们认同个人或组织嵌入的社会关系网络能够提供多样化的资源利用机会，有利于个人或企业的发展，但不少研究者也意识到在"过度嵌入"（over-embedded）社会网络的情况下，个人或组织的行为将受到诸多阻碍（Uzzi，1996）。具体而言，社会网络嵌入的反向作用主要体现在"强关系"网络中。强关系网络中的个体相互之间高度信任、互动频繁，拥有高度类同的价值观和规范体系。因此，如果一个人或组织的社会关系以强关系为主，那么其通过网络获得的建议和资源往往具有同质性和冗余性的特点（Hite，2005）。此外，维持强关系网络所需要的时间和精力投入也会限制个人或组织借由其他"弱关系"获取多样化资源的能力，因而不利于企业组织的持续竞争优势的构建。

一些学者还指出强关系下的高度信任和互惠预期意味着依赖强关系网络获取资源的个人必须承担相应的义务、承载网络成员的期望，无形中限制了个体行为决策的灵活性（Uzzi，1997）。因此，整体来看，虽然社会网络嵌入在资源提供方面的积极作用广为学界认可，但过度嵌入下的负面影响也得到了学者们的普遍关注。鉴于社会网络嵌入效应的两面性，不少学者认为能够在"强关系"和"弱关系"间实现平衡的"中等嵌入"（moderate embeddedness）对于企业组织来说是最好的选择（Uzzi，1997；Arregle et al.，2015；杨震宁等，2013）。

家人和亲戚组成的亲缘社会网络整体上具有典型的强关系网络特点。血缘和姻亲关系维系下的亲缘网络成员之间常年密切互动，在这种密集的"社会化"（socialization）过程中，成员之间形成了高度共享的规范、价值观和思维体系，构建了紧密的情感依恋（emotional attachment）关系（Collins et al.，2000；Webb et al.，2010）。因此亲缘关系网络是一种特殊的"强关系"网络，这种密切联结和相互依恋的网络能够为企业的发展提供诸多高价值的社会资本，如无私的资金支持、积极的合作、不求回报的情报分享等，而这些往往是弱关系网络中"萍水相逢"下的关系连带所难以提供的（Bubolz，2001）。此外，亲缘强关系网络的特殊性还体现在其固有的"多元化"方面（Arregle et al.，2015）。与具有"人以群分"特点的朋友网络不同，亲缘网络基于血缘、姻亲关系构建而成，因此在成员背景、职业、个性等方面相比前者具有更强的多样性，能够为企业的发展和成长提供更多异质性的资源（Greve & Salaff，2003；Nicholson，2008）。

鉴于亲缘网络的特殊性以及在创业资源提供方面的重要价值，不少学者将研究注意力聚焦于这种特殊的社会网络，立志于厘清"亲缘网络嵌入"对创业和其他经济活动影响的内在规律（Aldrich & Cliff，2003）。然而，亲缘关系毕竟本质上还是一种强连带构成的社会网络，强连带所具有的同质化、冗余性缺点在亲缘网络中有所反映。因此，已有文献对亲缘网络嵌入与新创企业绩效和成长之间关系的观点仍然是多样化的。在经验研究方面，有些学者证实了亲缘网络嵌入与创业行为和新创企业增长之间的正向关系（Preisendorfer，1998）；有些学者则发现两者之间并不相关，甚至呈现出负向的关系（Bates，1994；Renzulli et al.，2000）。

由此可见，与社会网络嵌入"两面效应"的理论逻辑类同，强关系下的亲缘网络嵌入对企业经济绩效的影响也呈现出复杂的两面性。因此，有必要对亲缘网络在资源获取和企业发展方面的功效进行更加细致的分析，而对嵌入网络中的资源类别的分析能够为我们提供一个深入了解亲缘网络复杂作用机制的"窗口"（Arregle et al.，2015）。

二、社会网络的三个维度：基于获取资源的属性

社会关系网络本身的价值即在于嵌入在网络中的多样化的资源（庄晋财等，2014）。研究二的结论显示，乡村旅游微型企业在生成并进入经营阶段后，企业主借由亲缘网络、商业网络获取三种重要的创业资源，即知识性资源、资产性资源、心理性资源。结合研究二的结论和已有相关研究对企业增长所需关键资源的分析（Renzulli & Aldrich，2005），本研究从资源供给的角度将乡村旅游微型企业经营者的社会关系网络划分为"建议性网络"（advice network）、"资产性网络"（resource network）、"情感支持网络"（emotional support network）三个维度（见图8.1），从而为后续亲缘网络嵌入"程度"的测量提供基准。

（一）建议性网络

与企业生成的创业阶段相似，企业的经营与发展面临着诸多的风险和不确定性。创业者通过自己的建议性网络不仅能够获得有关市场需求、技术发展、行业政策和法律法规等多方面的重要信息，还能获取有关企业运营管理方面的专业知识和建议（Batjargal，2007；Arregle et al.，2015）。因此，这种建议性网络在应对企业经营的风险和不确定性方面能够提供重要的积极功效。可以推测，那些拥有规模更大、成员背景更多样化的建议网络的创业者能够更好地驾驭企业经营的外部环境，把握市场机会，因而其企业也就可能实现更快的成长。

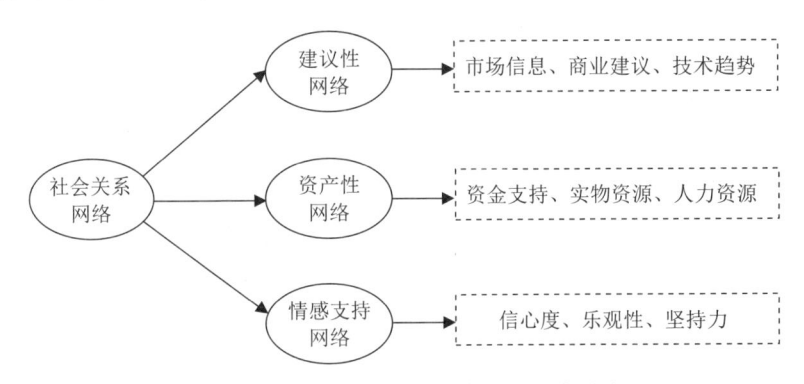

图 8.1 基于资源获取的社会网络维度划分

（二）资产性网络

如研究二所述，新创企业的生存与发展意味着对市场机会的不断识别与开发。很显然，市场机会的开发需要大量的资金、技术设备、人力等多方位资源的支撑，而创业者自有的上述资源往往无法满足企业持续发展的需要。因此，通过自己的社会关系网络，创业者可以调动、获取所需的各种资源，以求应对企业成长的需求（Shane & Cable，2002；Stuart & Sorenson，2007）。这种资产性网络的价值便在于通过资金、设备、人力和其他实物资源的供给来增强企业满足不断增长和变化的市场需求的能力，因而对于企业的持续发展具有十分重要的作用（Arregle et al.，2015）。大量的经验研究也证实，那些拥有更多资产性资源渠道的企业往往表现出更好的经济绩效和增长趋势（Brush et al.，2001）。

(三) 情感支持网络

企业发展的过程面临着难以预料的风险和艰辛。事实上，创业者在市场开发和企业运营中遭遇的困难大大超出创业初期的预期。因此，除了建议性资源和实物资产资源，稳定的心态、坚毅的意志在实现企业持续增长中也扮演着重要的作用。以往学者将企业经营者的信心度、乐观性、坚持力以及抗压能力等心理要素归纳为"心理性资源"（psychic resources）或"心理性资本"（psychological capital），认为这种资源在促进创业成功方面与财务资本、人力资本同等重要（Reynold & White, 1997; Anderson et al., 2005）。情感支持网络的功效即在于通过对创业者的鼓励和情感支持使创业者的心态稳定、信心饱满。在社会关系网络提供的情感支持下，创业者能够以健康的心态看待企业发展过程中的风险和不确定性，集中精力谋求生意的成功和企业的发展，因而有助于企业的持续增长。

三、亲缘建议网络嵌入度与企业增长

作为一种强关系网络，亲缘网络在建议性资源的提供方面具有一些特殊的优点。首先，与其他关系连带相比，家人亲戚关系要亲密得多。在这种以"无私的爱"为核心的密切关系下，家人亲戚（在能力所及之内）往往会不遗余力、不求回报地向创业者提供有关市场、政策、经营管理等方面的信息和建议，而且基于"自家人"的责任感，家人亲戚提供的信息和建议往往具有较高的质量和真实性。因此，相较于"萍水相逢"的弱连带关系，家人亲戚提供的信息和建议更加及时、高质、真实，在促进乡村旅游微型企业的发展方面具有更高的效率（Davis et al., 1997）。其次，如前文所述，基于血缘、姻亲关系形成的亲缘网络在成员构成上往往是多元化的，即在性别、职业、教育程度、社会经历等方面可能具有相当高的多样性，因此，依赖于亲缘网络获取的商业信息和经营建议不仅质量高、成本低，还可能具有多样性的特点。可见，在建议性网络中提高家人亲戚的比例很可能有助于乡村旅游微型企业的成长（Greve & Salaff, 2003; Anderson et al., 2005）。

然而，在建议性资源上过度依赖于亲缘网络可能会带来适得其反的效果。如前文所述，"强连带"具有内向性的特点，提供的资源具有同质性和冗余性的缺陷。亲缘网络作为一种强连带主导的网络必然也存在上述缺陷。事实上，乡村旅游微型企业的业主均为农民，家人和亲戚中农民也居多，因此对于多数乡村旅游微型企业经营者来说，亲缘网络在信息与建议提供上的多样化并不普遍。此外，在信息和建议上过度依赖亲缘网络可能会导致一种被称为"非伦理家庭主义"（amoral familism）的思维惯性（Putnam，2000；Alesina & Giuliano，2011），即将家人、外人严格区分开来，盲目信任前者而对后者抱有普遍的不信任。这一现象实际上在中国农村普遍存在，其内涵与费孝通总结的"差序格局"十分类似。显然，这种过度依赖亲缘网络而形成的思维偏差会阻碍乡村旅游微型企业的经营者通过其他途径获取商业信息和建议的能力，不利于企业的创新，因而很可能会对企业的持续增长造成阻碍。

基于上述分析，本研究推测家人亲戚在乡村旅游微型企业经营者建议性网络中的比例（即亲缘建议网络嵌入度）对企业增长具有双面影响，即先对企业增长具有促进作用，当嵌入度超过一定的范围时则会阻碍企业增长。因此，本研究提出以下研究假说：

研究假说1：亲缘建议网络嵌入度与乡村旅游微型企业增长之间存在一种倒"U"型的关系。

四、亲缘资产网络嵌入度与企业增长

资源是市场竞争优势的基础来源，因此也是新创企业发展和成长的关键支撑。如研究二所述，乡村旅游微型企业在进入经营阶段后亟需各种资源的支持，获取充裕的资金、设施设备以及其他实物性资源对企业的持续增长具有重要意义。已有研究指出，亲缘网络在经营所需的资金、设备、人力资源提供方面具有独特的优势（Aldrich & Cliff，2003；Sirmon et al.，2007）。例如，家人亲戚往往愿意以更低的利率（甚至不求回报）提供资金协助，而这种低成本的资金支持很难通过市场渠道获得。对于那些新创的乡村旅游微型企业，家人亲戚几乎是经营资金的主

要来源。又如，当企业经营需要人力支持时，家人亲戚主动帮忙的情况极为多见。整体而言，在由"爱"和"责任感"浸润的亲缘关系下，企业经营者能够以远低于市场的成本从亲缘网络获取资金、设备、技术、人力等多方面资源的支持，这对于企业不断开发市场机会、获得持续的增长具有重要的促进作用（Gomez-Mejia et al., 2001; Pearson et al., 2008）。因此，可以预测，在资产性网络中提高家人亲戚的比例很可能有助于乡村旅游微型企业的成长。

然而需要注意的是，亲缘网络能够提供的资产资源的规模和种类毕竟是有限的。随着企业的不断发展、业务规模的不断扩大，企业对资金、技术、人力等资源的需求将不断增加。因此，过度依赖于亲缘网络可能会导致企业在成长中陷入"资源困境"（Jack, 2005; Arregle et al., 2015），不利于企业的进一步发展。同时，一些学者指出过度依赖于亲缘网络提供的资产资源会给企业经营者带来更多的压力，无形中限制了经营者的进取心和试错精神（Olson et al., 2003）。具体而言，将大量来自家人亲戚的资产用于创业和企业经营活动意味着家人亲戚也将承受创业带来的风险和不确定性。如前文所述，亲缘关系是以高度信任和互惠为特征的强连带关系，大量利用家人亲戚提供的资产可能会使经营者在企业经营方面更趋于保守，以避免亲缘资产遭受损失，这对企业的持续发展显然具有不利的影响。此外，已有研究还发现过度使用亲缘网络提供的资产有可能会增加家族成员对企业经营干预的几率（Au & Kwan, 2009; Arregle et al., 2015），从而不利于经营者的高效决策和企业的正规化发展。

基于上述分析，本研究推测家人亲戚在乡村旅游微型企业经营者资产性网络中的比例（即亲缘资产网络嵌入度）对企业增长具有双面影响，即先对企业增长具有促进作用，当嵌入度超过一定的范围时则会阻碍企业增长。因此，本研究提出以下研究假说：

研究假说 2：亲缘资产网络嵌入度与乡村旅游微型企业增长之间存在一种倒"U"型的关系。

五、亲缘情感网络嵌入度与企业增长

除了信息、建议、资金、人力以及其他实物资源，社会关系网络还能够为企业经营者提供情感上的鼓励与支持（Reynolds & White，1997；Arregle et al.，2015）。情感支持对企业成长的积极影响受到了学者们的广泛关注。正如前文所讨论的，企业的创建和经营充满了风险和不确定性，需要创业者投入大量的时间和精力，因此是一个需要大量"情绪投入"（emotion-laden）的过程。而来自创业者社会网络成员的情感层面的支持、肯定与鼓励将有助于创业者以更加积极、乐观的心态去面对创业过程中的风险和不确定性（Cohen & Wills，1985；Cordes & Dougherty，1993），这无疑对创业过程具有正面的影响。以往不少研究均发现，那些受到亲友鼓励和支持的创业者表现出更强的创业动力、创业承诺度和信心感，在企业经营方面也更愿意承担风险，快速做出决策（Krueger & Dickson，1994；Arregle et al.，2015）。而这些都将有利于新创企业把握稍纵即逝的市场机会，进而获得持续的增长。

哈雷尔（Harrell，1997）指出，家庭（族）成员是创业者情感支持最可靠的来源。毋庸置疑，家人亲戚提供的情感支持往往是最无私、最真挚的（Aldrich & Cliff，2003；Leiter，1990）。考虑到乡村旅游微型企业与家庭本身具有很高的重叠度，因此，没有什么比家人亲戚的支持更能让创业者信心饱满地投入到创业活动中。乡村旅游微型企业的经营者如果能够得到家人亲戚的广泛支持与鼓励，在谋求生意成功、企业发展方面便会有更强的信心、更强的意志、更强的抗压能力。可以预测，在创业者情感支持网络中家人亲戚的比例越高，企业很可能获得更快、更持续的发展。

然而，这种由家人亲戚提供的无私、真挚的情感支持也可能具有负面的效应，尤其是当创业者过度依赖于家人支持的时候。究其原因，主要在于以下两个方面：

第一，如前文所述，亲缘网络是由"强关系"所构成的社会网络，因此网络成员在资源供给方面往往具有同质、冗余的缺陷。这一点在情感支持上可能也有所反应，即家人亲戚对创业者的支持和鼓励可能并非建立在对企业经营现状和前景客观分析的基础之上，而是出于对家人关爱的义务感。因此，来自亲缘网络的支持和鼓励一方面是无私真挚的，另一方面也可能是盲目的（Arregle et al.，2015）。如果创业者对发展企业的信心建立在这些"无知的"情感支持之下，则很可能在原本错误的道路上一味坚持，最终将不利于企业的增长。

第二，强关系网络往往以成员之间高度的互信、互惠为特征。基于这一逻辑，过度看重家人亲戚情感支持的创业者可能背负一种"不能让家人失望"的压力，这将进一步增加创业者在创业活动中面临的不确定性和紧张感，因而有可能对企业的持续增长造成负面效应。此外，在"反馈家人支持"心态下，创业者在经营决策中的风险承受力、灵活性可能受到抑制，因而也会对企业的持续增长带来不利的影响。

基于上述分析，本研究推测家人亲戚在乡村旅游微型企业经营者情感支持网络中的比例（即亲缘情感网络嵌入度）对企业增长具有双面影响，即先对企业增长具有促进作用，当嵌入度超过一定的范围时则会阻碍企业增长。因此，本研究提出以下研究假说：

研究假说3：亲缘情感网络嵌入度与乡村旅游微型企业增长之间存在一种倒"U"型的关系。

第三节 研究方法

一、调研概况与数据收集

与研究二相同，研究三依然选取浙江省金华市浦江县的虞宅乡和前吴乡、杭州市临安区的白沙村、湖州市长兴县的水口乡作为案例地，进行乡村旅游微型企业亲缘网络嵌入度和企业增长数据的收集。问卷调研工作于2017年暑期的7—8月完成。

本研究的调研工作与研究二同步进行。

由于本研究的因变量为乡村旅游微型企业近4年营业额的平均增长

率，因此在研究二收集样本的基础上，使用经营年限 4 年及以上的样本对本研究提出的假说进行检验。通过进一步剔除回答不完整的问卷（部分业主不愿意提供营业额信息），本研究最终获得企业样本 205 份。在 205 份样本中（见表 8.1），企业平均经营年限为 7.15 年；平均拥有员工 3.91 人；企业主中男性居多，占比为 63.9%，年龄为 45—54 岁的企业主最多，占比为 34.6%；企业主的受教育程度普遍不高，初中及以下学历居多，反映出乡村旅游微型企业创业者整体文化层次偏低。

表 8.1 旅游微型企业样本信息

	频数	百分比（%）
企业年龄		
5 年以下	56	27.3
6—10 年	106	51.7
11—15 年	35	17.1
16—20 年	8	3.9
员工人数		
5 人以下	176	85.9
6—10 人	28	13.6
11—15 人	1	0.5
经营者性别		
男	131	63.9
女	74	36.1
经营者年龄		
18—24 岁	6	2.9
25—34 岁	35	17.1
35—44 岁	56	27.3
45—54 岁	71	34.6
55—64 岁	32	15.6

续表

	频数	百分比（%）
65岁以上	5	2.4
经营者受教育程度		
小学以下	43	21.0
初中	95	46.3
高中	41	20.0
本科或大专	25	12.2
研究生	1	0.5

二、问卷设计与变量测量

与研究二相似，本研究调研问卷由研究简介、研究变量测量题项、受访企业基本信息、企业主个人信息等四部分构成。为了提高研究过程和结论的信度与效度，本研究涉及变量的测量方案主要参考已有研究中采用过的方案（根据本研究的情境进行了适当调整）。本研究被解释变量、解释变量以及控制变量的设计方案如下：

（1）被解释变量

本研究的主要目标是探索亲缘网络嵌入度对乡村旅游微型企业"量"的增长的影响。基于已有相关研究，本研究将企业近4年营业收入的平均增长率作为度量企业增长的指标（Arregle et al., 2015）。具体而言，调研要求受访企业主提供2013、2014、2015、2016四个自然年的营业收入数据，通过计算4年营业收入的增长率均值获得本研究的因变量纳入统计分析。

（2）解释变量

本研究的解释变量为亲缘网络嵌入度。如前文所述，根据资源获取的不同，本研究将亲缘网络进一步划分为亲缘建议网、亲缘资产网、亲缘情感网三个维度。在具体的操作化上，本研究使用"提名生成法"（name generator method）来获取三个维度亲缘网络嵌入度的数值

(Anderson et al., 2005; Batjargal, 2007; Jack et al., 2008; Stam et al., 2013; 蒋剑勇, 2013)。

具体而言，借鉴奥瑞格等学者（Arregle et al., 2015）采用的方案，本研究首先要求受访企业主回忆在过去的一、两年里主要从哪些人那里获得了生产经营方面的建议（建议网络）、生产经营需要的资源（资产网络）、情感上的鼓励和支持（情感网络），然后要求受访者在建议网络、资产网络、情感网络方面分别写出提供帮助最多的人的姓氏（每项最多五个），最后要求受访企业主指出其在每项网络中提供的姓氏中有几个是自己的家人亲戚。问项设计示例如下："最近一、两年里，哪些人给您生意经营方面的建议？请写出给过建议的5个人的姓氏；上述5人中有几个是您的家人或亲戚？"

在数据收集后，本研究将受访者在建议网络、资产网络、情感网络中家人亲戚的数量分别除以其提供的总人数，计算出"亲缘建议网络嵌入度""亲缘资产网络嵌入度""亲缘情感网络嵌入度"，作为本研究的解释变量纳入统计分析。此外，为了进一步检验亲缘网络嵌入度与企业营业额增长率之间的非线性关系，本研究计算出上述三个亲缘网络嵌入度的平方值，纳入后续的多元回归分析和假设检验。

（3）控制变量

基于以往相关研究，本研究将样本企业的主要信息和经营者个人的部分信息作为控制变量，力求更加精准地分析亲缘网络嵌入度与乡村旅游微型企业营业收入增长率之间的关系。具体而言，在企业信息方面，鉴于以往研究指出企业创立后在其生命周期的不同阶段面临的经营和管理问题有所差异（Bruderl & Schussler, 1990; Sorenson & Stuart, 2000; Arregle et al., 2015），本书将企业至今的经营年限作为控制变量；此外，企业规模也是以往相关研究普遍采用的控制变量（Arregle et al., 2015），本研究以"员工数量"度量企业规模，将之设为控制变量。

在企业经营者个人信息方面，基于以往相关研究，本研究将经营者性别、年龄两个人口统计信息作为控制变量。此外，由于经营者的正规教育和管理工作经历被证实对企业绩效具有显著的影响,本研究将乡村旅游微型企业业主的三项人力资本变量(受教育程度、管理工作经历、行业工作经历)作为控制变量,纳入后续的统计分析。

三、统计方法与分析程序

针对提出的研究问题,本研究主要使用层次多元回归的方法对研究假说进行统计检验。具体而言,本研究首先将乡村旅游微型企业营业收入4年平均增长率作为因变量,然后依此将控制变量、三个亲缘网络嵌入度、三个亲缘网络嵌入度二次方纳入回归方程。

本研究通过考察亲缘网络嵌入度一次项和二次项的回归系数符号和显著性来检验本研究提出的三个假说。即,如果亲缘网络嵌入度一次项对营业收入平均增长率的回归系数为正向且显著,同时二次项对增长率的回归系数为负向且显著,则可以认为亲缘网络嵌入度与营业收入平均增长率之间存在倒"U"型的影响关系。此外,本研究通过方差膨胀因子(VIF)指标值来考察回归分析可能存在的多重共线性问题。本研究的统计分析使用SPSS 17.0软件完成。

第四节 数据分析与结果

一、样本描述性统计

表8.2显示了本研究涉及的变量的均值、标准差以及相关系数矩阵。如表8.2所示,亲缘建议网络嵌入度、亲缘资产网络嵌入度、亲缘情感网络嵌入度的均值分别高达34%、37%、41%。以往针对其他产业的类似研究中,亲缘建议网络和亲缘资产网络的嵌入比例均在10%以下(Anderson et al.,2005;Arregle et al.,2015)。

表 8.2 描述性统计与相关矩阵

变量	Mean	SD	1	2	3	4	5	6	7	8	9	10	11
1.营业收入增长率	0.15	0.16	1										
2.性别 [a]	0.64	0.48	−0.15*	1									
3.年龄 [b]	3.50	1.11	−0.19**	0.05	1								
4.教育程度	9.80	3.20	0.15*	−0.04	−0.41**	1							
5.管理经历 [c]	0.25	0.43	−0.14*	0.22**	−0.11	0.18*	1						
6.行业经历 [d]	0.09	0.28	0.06	0.09	−0.25**	0.10	0.18**	1					
7.企业经营年限	7.15	3.79	−0.07	0.10	0.11	0.02	−0.01	0.06	1				
8.员工数量	3.91	1.74	−0.02	−0.01	−0.06	0.16*	−0.00	−0.10	0.09	1			
9.建议网络嵌入度	0.34	0.34	**0.23****	−0.11	0.09	−0.05	−0.05	−0.04	0.06	0.09	1		
10.资产网络嵌入度	0.37	0.35	**0.22****	−0.20**	0.02	0.05	−0.03	−0.02	−0.00	0.17*	0.56**	1	

续表

变量	Mean	SD	1	2	3	4	5	6	7	8	9	10	11
11.情感网络嵌入度	0.41	0.35	0.27**	−0.14*	−0.05	0.06	−0.07	−0.05	0.01	0.17*	0.43**	0.54**	1

注：$n=205$；** 表示 $p<0.01$；* 表示 $p<0.05$。
a. 性别：（1）男；（2）女。
b. 年龄：（1）18—24 岁；（2）25—34 岁；（3）35—44 岁；（4）45—54 岁；（5）55—64 岁以上；（6）65 岁以上。
c. 管理经历：（1）有；（2）没有。
d. 行业经历：（1）有；（2）没有。

本研究中较高的亲缘网络嵌入度显示了家人亲戚构成的亲缘网络在乡村旅游微型企业成长阶段所扮演的重要角色。皮尔逊（Pearson）相关系数矩阵显示，三个亲缘网络嵌入度与因变量"营业收入增长率"之间均具有正向且显著的相关性（$r=0.22$~0.27，$p<0.01$），这一结果为本研究后续通过回归分析检验假说关系提供了基础的证据。

二、线性关系分析结果

本研究首先使用层次回归方法考察三个层面的亲缘网络嵌入度对乡村旅游微型企业营业收入平均增长率的影响。数据分析显示，5 个回归模型的平均 VIF 指标值均小于 3，说明基本不存在多重共线性的问题（马庆国，2002）。

回归分析的结果如表 8.3 所示。模型 2 显示，当仅在回归方程中纳入控制变量的情况下，亲缘建议网络嵌入度对乡村旅游微型企业营业收入增长率具有显著的正向影响（$\beta=0.12$，$p<0.01$），说明经营者建议网络中家人亲戚的人数越多，企业营业收入增长率越高。模型 3 显示，仅在回归方程中纳入控制变量的情况下，亲缘资产网络嵌入度对乡村旅游微型企业营业收入增长率具有显著的正向影响（$\beta=0.09$，$p<0.01$），说明经营者资产网中家人亲戚的人数越多，企业营业收入增长率越高。模型 4 显示，仅在回归方程中纳入控制变量的情况下，亲缘情感

网络嵌入度对乡村旅游微型企业营业收入增长率也具有显著的正向影响（$\beta = 0.11$，$p < 0.01$），说明给经营者提供情感支持的人中家人亲戚的人数越多，企业营业收入增长率越高。模型 5 显示，当将三个层面的亲缘网络嵌入度一起纳入回归方程时，亲缘资产网络嵌入度对企业营业收入增长率的影响不显著，亲缘建议网络嵌入度（$\beta = 0.08$，$p < 0.05$）、亲缘情感网络嵌入度（$\beta = 0.08$，$p < 0.05$）依然对企业营业收入增长率具有显著的正向影响。分析结果显示，模型 5 解释了因变量 18% 的方差，说明具有良好的解释效应。

这一分析结果显示，仅从一般线性关系来看，亲缘网络嵌入度与乡村旅游微型企业在"量"上的增长具有正向的相关性。因此，虽然以往研究对于亲缘网络与企业增长之间关系的观点矛盾诸多，不少研究发现家庭（亲缘）网络的嵌入度与新创企业增长之间甚至具有负向的相关性（Bates，1994；Renzulli et al.，2000），但就乡村旅游微型企业来说，家人亲戚在企业营业收入增长方面整体起到了积极的促进作用。

表 8.3　三个亲缘网络嵌入度的线性回归结果

	模型 1	模型 2	模型 3	模型 4	模型 5
常量	0.23**	0.20**	0.21**	0.19**	0.18**
1. 性别	−0.03	−0.02	−0.02	−0.02	−0.02
2. 年龄	−0.02	−0.02*	−0.02*	−0.02	−0.02*
3. 教育程度	0.01	0.01	0.01	0.01	0.07
4. 管理经历	−0.06*	−0.06*	−0.06*	−0.06*	−0.06*
5. 行业经历	0.03	0.03	0.03	0.03	0.03
6. 企业经营年限	−0.00	−0.00	−0.00	−0.00	−0.00
7. 员工数量	−0.00	−0.01	−0.01	−0.01	−0.09
8. 建议网络嵌入度		0.12**			0.08*
9. 资产网络嵌入度			0.09**		0.02
10 情感网络嵌入度				0.11**	0.08*
R^2	0.09	0.15	0.13	0.15	0.18

续表

	模型1	模型2	模型3	模型4	模型5
F 值	2.84**	4.35**	3.76**	4.33**	4.13**
ΔR^2	0.09	0.06	0.04	0.06	0.09
ΔF	2.84**	13.62**	9.36**	13.52**	6.57**

注：因变量：营业收入增长率；$n=205$；** 表示 $p<0.01$；* 表示 $p<0.05$。

三、非线性假说关系检验

在上述分析的基础上，本研究使用层次回归法进一步对本研究提出的非线性假说关系进行检验，即通过同时考察三个亲缘网络嵌入度一次项和二次项对因变量的回归情况来判定亲缘网络嵌入度与营业收入增长率之间是否存在倒"U"型的关系。本阶段回归分析得出了4个模型（模型6至模型9）。共线性分析显示，4个回归模型的平均VIF值均小于一般阈值3，说明回归模型整体上可以忽略多重共线性带来的影响。需要注意的是，三个亲缘网络嵌入度二次项的VIF值很高（位于5~10之间）。究其原因，乃在于二次项本身为三个亲缘网络嵌入度的平方值，必然存在与一次项相关性很高的问题。回归分析的结果如表8.4所示。

表8.4 非线性关系的回归检验结果

	模型1	模型6	模型7	模型8	模型9
常量	0.23**	0.16*	0.14*	0.14*	0.10
1. 性别	−0.03	−0.02	−0.01	−0.02	−0.01
2. 年龄	−0.02	−0.02	−0.01	−0.01	−0.01
3. 教育程度	0.01	0.01	0.01	0.00	0.01
4. 管理经历	−0.06*	−0.07*	−0.07*	−0.06*	−0.07*
5. 行业经历	0.03	0.03	0.02	0.03	0.03
6. 企业经营年限	−0.00	−0.00	−0.00	−0.00	−0.00

续表

	模型1	模型6	模型7	模型8	模型9
7. 员工数量	−0.00	−0.00	−0.01	−0.01	−0.01
8. 建议网络嵌入度		0.35**			**0.18***
9. 建议网络嵌入度²		−0.22**			−0.10
10. 资产网络嵌入度			0.50**		**0.21+**
11. 资产网络嵌入度²			−0.43**		**−0.21+**
12. 情感网络嵌入度				0.56**	**0.34****
13. 情感网络嵌入度²				−0.47**	**−0.28***
R^2	0.09	0.21	0.21	0.24	0.29
F 值	2.84**	5.77**	5.69**	6.90**	5.89**
ΔR^2	0.09	0.12	0.09	0.15	0.20
ΔF	2.84**	14.64**	14.32**	19.26**	8.67**

注：因变量：营业收入增长率 $n=205$；** 表示 $p<0.01$；* 表示 $p<0.05$；+ 表示 $p<0.1$。

本研究的假说1推测亲缘建议网络嵌入度与乡村旅游微型企业营业收入增长率之间存在倒"U"型的关系。模型6和模型9对这一假说进行了检验。模型6显示，当仅将亲缘建议网络嵌入度及其二次项纳入回归方程的情况下，亲缘建议网络嵌入度对企业营业收入增长率具有显著的正向影响（$\beta=0.35$，$p<0.01$），亲缘建议网络嵌入度二次项对企业营业收入增长率具有显著的负向影响（$\beta=-0.22$，$p<0.01$）。因此，模型6的分析结果证实了亲缘建议网络嵌入度与乡村旅游微型企业营业收入增长率之间存在倒"U"型的关系，即先促进增长，后阻碍增长。为了进一步检验这一结论的稳定性，我们考察模型9的输出结果。分析结果显示，在将三个层面亲缘网络嵌入度及其二次项均纳入回归方程的情况下，亲缘建议网络嵌入度对企业营业收入增长率依然具有正向且显著的影响（$\beta=0.18$，$p<0.05$），但亲缘建议网络嵌入度二次项与企业增

长率之间的关系不具有统计意义（$\beta = -0.10$，$p = 0.11$）。因此，本书提出的假说1没有得到数据的完全支持。

本研究的假说2推测亲缘资产网络嵌入度与乡村旅游微型企业增长之间存在倒"U"型的关系。模型7和模型9对这一假说进行了检验。模型7显示，当仅将亲缘资产网络嵌入度及其二次项纳入回归方程的情况下，亲缘资产网络嵌入度对企业营业收入增长率具有显著的正向影响（$\beta = 0.50$，$p < 0.01$），亲缘资产网络嵌入度二次项对企业营业收入增长率具有显著的负向影响（$\beta = -0.43$，$p < 0.01$）。因此，模型7的分析结果证实了亲缘资产网络嵌入度与乡村旅游微型企业营业收入增长率之间存在倒"U"型的关系，即先促进增长，后阻碍增长。为了进一步检验这一结论的稳定性，我们考察模型9的输出结果。分析结果显示，在将三个层面亲缘网络嵌入度及其二次项均纳入回归方程的情况下，亲缘资产网络嵌入度对企业营业收入增长率具有正向影响，且在 $p < 0.1$ 水平上显著（$\beta = 0.21$，$p = 0.08$），亲缘资产网络嵌入度二次项与企业营业收入增长率之间的关系为负向，且在 $p < 0.1$ 水平上显著（$\beta = -0.21$，$p = 0.07$）。因此，本书提出的假说2基本获得了数据的支持。

本研究的假说3推测亲缘情感网络嵌入度与乡村旅游微型企业增长之间存在倒"U"型的关系。模型8和模型9对这一假说进行了检验。模型8显示，当仅将亲缘情感网络嵌入度及其二次项纳入回归方程的情况下，亲缘情感网络嵌入度对企业营业收入增长率具有显著的正向影响（$\beta = 0.56$，$p < 0.01$），亲缘情感网络嵌入度的二次项对企业营业收入增长率具有显著的负向影响（$\beta = -0.47$，$p < 0.01$）。因此，模型8的分析结果证实了亲缘情感网络嵌入度与乡村旅游微型企业增长之间存在倒"U"型的关系，即先促进增长，后阻碍增长。为了进一步检验这一结论的稳定性，我们考察模型9的输出结果。分析结果显示，在将三个层面亲缘网络嵌入度及其二次项均纳入回归方程的情况下，亲缘情感网络嵌入度对企业营业收入增长率具有显著的正向影响（$\beta = 0.34$，$p < 0.01$），亲缘情感网络嵌入度二次项与企业营业收入增长率之间呈现出显著的负向关系（$\beta = -0.28$，$p < 0.05$）。因此，假说3获得了数据分析

结果的支持。

纳入所有自变量的回归模型（模型9）的判别系数 $R^2 = 0.29$，说明模型纳入的变量解释了样本企业营业收入增长率近30%的变异，显示了良好的解释效力。需要注意的是，由于本研究回归模型中包含了三个自变量的二次项，因此不可避免地存在多重共线性的问题（即回归模型9中部分变量的 VIF 值大于10）。考虑到研究模型的特殊性，以及自变量所呈现出的较大的回归系数，我们认为研究结论整体上是可靠的。

第五节 结论与讨论

本研究从乡村旅游微型企业经营、发展所需资源类别的角度将企业经营者的社会网络分为建议性网络、资产性网络、情感支持网络三个维度。结合"强关系"特征的亲缘网络在资源供给方面所扮演的积极和消极角色，本研究系统分析了乡村旅游微型企业经营者在上述三个网络中的家人亲戚依赖度（即亲缘网络嵌入度）对企业在"量"上的增长可能具有的复杂影响效应。针对浙江省内205家乡村旅游微型企业抽样数据的实证研究基本上证实了本研究提出的假说，即亲缘网络嵌入对乡村旅游企业的成长可能是一把"双刃剑"。亲缘网络对企业发展具有重要的促进作用，但如果过度依赖于亲缘网络，企业的成长可能会受到阻碍。本研究的主要结论包括以下四个方面：

第一，亲缘网络是乡村旅游微型企业经营资源的重要来源。

与以往针对高新技术企业和其他行业企业的相关研究相比，本书的研究对象在商业建议、资产资源、情感支持各个方面均十分依赖于家人和亲戚。从样本数据的描述性统计结果可以发现，205家乡村旅游微型企业在三种资源上对亲缘网络的依赖度均值分别为34%、37%和41%，大大高于以往研究调查样本对亲缘网络的依赖（大多低于10%）（Anderson et al., 2005; Arregle et al., 2015）。同时，在本研究的调查样本中，不少乡村旅游微型企业经营者在三种资源获取方面几乎完全依赖亲缘网络（即嵌入度为100%）。这一结果说明在市场制度和社会环境较为封闭的中国乡村地区，农民不仅在创业阶段极度依赖亲缘网络的支持，在企业的发展和成长阶段，亲缘网络依然起着不可或缺的作用。事实上，虽然乡村旅游企业在创立并进入经营阶段后，商业网络也能够提供企业发展所需的各种资源（如研究二所示），但在"差序格局"的乡村人际关系下，农民企业主更加信任家人和亲戚，因而也更倾向于首先从亲缘网络中获取企业在经营发展中所需要的各种资源。可见，上述高亲缘网络嵌入度与中国乡村特殊的环境有很大的关系。

第二，亲缘网络嵌入对乡村旅游微型企业"量"上的成长整体具有积极作用。

如前文所述，以往研究对亲缘网络嵌入程度与企业增长之间的关系具有不同的看法。一些学者通过实证研究发现亲缘网络由于能够为企业经营者提供更加优质的建议信息、低成本的资源支持以及更多的情感支持，因而对企业的发展和成长具有积极的作用（Sanders & Nee, 1996; Bruderl & Preisendorfer, 1998; Aldrich & Cliff, 2003; Jack, 2005）。另有一些学者则认为"强连带"下亲缘关系所提供的资源往往具有内聚性、冗余性的特点，因而会对企业的成长起到负面的效应（Renzulli et al., 2000; Hite & Hesterly, 2001）。本研究通过线性回归分析发现，亲缘网络嵌入度与乡村旅游微型企业营业收入增长率之间整体呈现出显著的正向关系。因此，至少对于乡村旅游微型企业来说，对家人亲戚的依赖度整体上是有助于促进企业增长的。

不同行业外部环境的差异可能是导致以往研究结论不一致的一个重要原因。高新技术企业和制造业企业往往面临着快速变化的市场环境和技术环境，需要更多、更及时的前沿信息以及更多的资产资源支持才能在市场竞争中获得持久的优势，实现企业的持续增长。在这种动态环境（dynamic environment）下，亲缘网络能够提供的助力十分有限。而乡村旅游行业的市场环境和技术环境整体相对稳定，农家乐、乡村民宿等微型企业在资源持续投入方面的要求整体上也不太高。因此，亲缘网络提供的信息、资金等资源能够在较高的程度上满足企业成长的需要，对企业的持续发展在整体上具有促进作用。

第三，过度依赖亲缘网络获取资产性资源可能阻碍乡村旅游企业的持续增长。

本研究发现，虽然亲缘网络提供的资产性资源整体上有助于企业的增长，但过度依赖亲缘网络获取这类资源则会阻碍企业的持续增长，如回归分析所显示的，两者之间呈现出先促进后阻碍的倒"U"型关系（$p<0.1$）。究其原因，乃在于家人亲戚能够提供的资产性资源的数量和规模都是有限的。虽然乡村旅游微型企业的发展对资金和技术设备的要求不太高，但要想获得市场竞争优势进而实现企业的持续增长，多样化和大规模的资源支持仍然是必要的。因此，过度依赖于亲缘网络所提供的资源实际上将企业的发展潜力限制在狭小的范围之内，当到达一定的临界点，仅仅依靠家人亲戚的有限资源无法应对不断扩大的营业规模和技术要求，企业营业收入增长率因而受到阻碍。需要注意的是，亲缘资产网络嵌入度与企业增长之间的倒"U"型关系仅在 $p<0.1$ 的水平上显著，因此虽然这种先促进后阻碍的机制可能存在，但正如上文所分析的，对于资源要求不高的乡村旅游微型企业，亲缘网络提供的资产资源整体上有利于企业的增长。

第四，过度依赖亲缘网络获取情感支持可能阻碍乡村旅游企业的持续增长。

情感上的支持和鼓励能够给企业经营者带来信心，使其更加乐观地面对企业经营和发展中所面临的困难。家人亲戚提供的情感支持无疑是最无私、最真挚的。因此，正如研究二的结论所显示的，亲缘网络是乡村旅游微型企业经营者心理性资源的主要来源。本研究发现，亲缘情感网络嵌入度与企业营业收入增长率之间呈现出先促进后阻碍的倒"U"型关系，即过度依赖于家人亲戚提供的情感支持会对乡村旅游微型企业的持续发展产生消极的影响。

总结来看，产生这一双重影响的原因可能在于两点。其一，家人亲戚对经营者的支持和鼓励虽然真挚无私，但这一支持很可能是建立在"无知"基础上的盲目支持，毕竟亲缘网络中从事同行业、真正了解企业经营和市场前景的人并不多。因此，过度信任家人亲戚在情感和信心上的支持可能使经营者在原本错误的决策上盲目坚持，进而成为阻碍企业持续增长的因素。其二，经营者过度依赖于家人亲戚的情感支持会使他们形成一种思维惯性，即更加信任家人亲戚，对外人提供的信息建议反而缺乏信任（Putnam，2000；Alesina & Giuliano，2011），削弱了他们从多方渠道获取建议与信息的意愿，这对企业的持续发展和增长无疑具有消极的影响。

本章小结

研究三聚焦于"亲缘社会网络如何影响乡村旅游微型企业在'量'层面的成长"的问题，系统分析了亲缘社会网络嵌入在企业持续增长中所扮演的"双刃剑"作用。实证研究基本证实了本研究提出的理论假说，即虽然亲缘网络提供的知识建议、资产资源和情感支持能够在很大程度上促进企业的持续增长，但过度依赖于亲缘网络获取上述资源将对企业的发展形成反作用，进而阻碍企业的持续增长。尤其是在实物资产资源和情感支持的获取上，亲缘网络嵌入度与乡村旅游微型企业营业收入增长率之间呈现出明显的倒"U"型的关系。理解亲缘网络与企业营业收入增长之间异质性的关系对促进乡村旅游企业的健康持续发展具有重要的价值。

第九章 研究四：亲缘社会网络与乡村旅游微型企业成长——质的成长

研究三系统分析了亲缘社会网络在乡村旅游微型企业"量"的成长中所具有的双面效应。研究四聚焦于乡村旅游微型企业从"家庭生产模式"向"现代企业模式"转变的"质"的成长过程，系统探究亲缘社会网络对这一质性成长过程的影响机制。具体而言，通过从家庭—企业"空间分离度""人员分离度""目标分离度"三个层面界定乡村旅游微型企业从"家庭生产模式"向"现代企业模式"的转变程度，本研究分析和比较亲缘网络、亲缘网络嵌入度、商业网络对上述三个层面分离度的影响机制与实际效应。通过本研究的开展，我们致力于解答下述疑问：来自亲缘网络的支持是否会阻碍乡村旅游微型企业走向正规化？

第一节 问题的提出

作为一种"非正式行业"（Mohammed & Hairul，2015），乡村旅游微型企业在创立初期往往表现为典型的家庭企业。即家庭在这种类型企业的生成和经营中扮演着核心作用，家庭生活的改善和维持往往也是这种类型企业的创业者创业的首要因素。因此，不少学者指出乡村旅游微型企业在其发展初期以及后续经营的很长时间里表现出一种"家庭生产模式"，家庭和企业两者在空间功能、人员结构、目标导向上几乎是重叠的（Lynch，2005；Mason et al.，2011）。基于这种"家庭—企业"功能的重叠性，乡村旅游微型企业的经营者往往缺乏进取心（unenterprising）和战略规划，在市场机会消退的情况下经常会选择停止企业的扩张（McGibbon & Leiper，2001；Russell & Faulkner，2004）。此外，同样基于这种"家庭—企业"功能的重叠，很多乡村旅游创业者的创业动机表现为"家庭生活必须"和"享受特定生活方式"，因此旅游学界一直认为"生活方式型创业"（lifestyle entrepreneurship）是乡村旅游创业的显著特征（Atlejevic & Doorne，2000）。正如本书第二个研究的结论所显示的那样，相较于市场份额、经营利润、规模扩张等界定增长导向创业活动的经济成功因素，家庭幸福感在衡量乡村旅游微型企业的创业和经营绩效方面占据重要的位置（Peters et al.，2009；Marchant & Mottiar，2011）。

由此可见，对乡村旅游微型企业的成长应当从"量"和"质"两个层面来分析。所谓量的成长，即企业投入和企业产出两个方面经济指标的增长，本书第三个研究已针对营业收入增长率对乡村旅游微型企业在"量"层面成长的问题进行了探讨。而所谓质的成长，则可以从乡村旅游微型企业的家庭功能与企业功能之间的剥离程度来度量，具体表现为"家庭空间和企业空间的分离""家庭成员和企业员工之间的分离""家庭生活目标和企业增长目标之间的分离"（Lynch，2005；叶顺，2016）。事实上，对于乡村旅游微型企业而言，"量"的成长与"质"的成长是交织在一起相互影响的。例如，有研究发现随着小型接待企业规模（客房数量）的增长，企业中的家庭因素逐渐消退，商业化的因素则逐渐增强（Lynch，2005）；也有研究发现乡村旅游微型企业在"量"上的增长能促发"质"的成长（叶顺，2016）。相应地，一些学者也指出"质"层面的成长程度对"量"层面的增长也会产生显著的影响，如国外有学者研究发现家庭生活在旅游小企业创业和经营目标中的位置越重，企业经营者追求企业规模增长的意愿越低（Atlejevic & Doorne，2000）。

关于旅游企业成长的已有研究大多将注意力聚焦于投资额、销售额、利润率等规模性指标上，即"量"层面的成长，很少有研究关注"家庭—企业"功能分离视角下的"质"的成长问题。因此，基于上述研究背景和本书前几个研究的结论与发现，本研究提出这样一个疑问：既然亲缘网络及嵌入其中的资源对乡村旅游微型企业的生成、经营和"量"层面的成长均有一定的积极作用甚至是关键性作用，那么在乡村旅游微型企业由"家庭生产模式"向"现代企业模式"转变的"质"的成长过程中，亲缘社会网络整体上扮演着什么样的作用？针对这一疑问，本研究就以下三个研究问题展开具体的探讨：

第一，亲缘社会网络会促进还是阻碍乡村旅游微型企业"家庭—企业"功能的分离？

第二，商业网络会促进还是阻碍乡村旅游微型企业"家庭—企业"功能的分离？

第三，在乡村旅游微型企业从"家庭生产模式"向"现代企业模式"的转变过程中，亲缘网络与商业网络的作用有何差异？

围绕上述研究问题，本章的后续部分安排如下：首先，在理论分析和经验研究的基础上提出本研究的理论假设与概念模型；其次，通过问卷调查收集数据，运用统计分析方法对研究提出的假设进行检验；最后，基于统计分析的结果，回应本节提出的三个研究问题并进行总结与讨论。

第二节 理论基础与研究假说

一、"质"的成长：家庭与企业功能的分离

已有研究指出，随着业务的发展和经营规模的扩大，旅游微型企业会经历一个将家庭功能逐渐从企业功能中剥离的过程（Lynch，2005；叶顺，2016）。通过这一过程，初始的"基于家庭的企业"逐渐发展成独立于家庭的企业实体。如本书几个章节所述，乡村旅游微型企业的生成往往表现为农民将自己住宅的部分或全部改造为旅游接待服务设施。因而在初始阶段，多数乡村旅游微型企业均具有"家庭生产模式"的特征（Leinbach，2003；Mason et al.，2011）。值得注意的是，虽然以家

庭为核心的经营模式在乡村旅游微型企业中十分普遍，甚至被认为是这种企业的主要特点之一，但从企业整个生命周期来看，这种"家庭生产模式"总是趋向于向"现代企业模式"发展和演进的。林奇（Lynch，2005）、叶顺（2016）等学者在研究中就发现，虽然大多数旅游小企业的创业者总是倾向于将重要资源首先用于家庭的消费需求，其次才考虑用于企业经营的扩张，但随着企业的发展，呈现出一种"将资源配置逐渐偏向企业发展需求"的整体发展趋势。

与"家庭生产模式"不同，"现代企业模式"的主要特征是雇佣劳动力与生产专门化。作为与家庭分离的独立的市场主体，盈利导向的增长是现代企业生存和发展的核心目标。科恩（Cohen，1988）将旅游小企业的"质性"发展表述为接待家庭的"商品化"（commodification）过程。以旅游目的地为例，如果利益增长导向的经济关系在一个旅游目的地的发展中占据了主导地位，当地的民俗、传统文化演艺等将演变为仅为游客表演和展现的"商品"，即所谓的"舞台化"；而这些文化现象对当地人的"天然"意义和价值将会逐渐消失，失去真实性，成为所谓的"表演的真实"（Cohen，1988；Lynch，2005）。基于同样的逻辑，对一个接待游客的家庭企业来说，如果利润增长导向的经济关系成为所有活动的主导（正如现代企业那样），那么"家庭"便会失去其作为生活单位的原本意义，成为"舞台化的家庭"，即家庭企业本质上已经和规范化的现代企业无异（叶顺，2016）。

基于已有相关理论研究和经验研究（Cohen，1988；Lynch，2005；叶顺，2016），本书认为乡村旅游微型企业从"家庭生产模式"向"现代企业模式"的转变主要表现为家庭功能与企业功能的逐渐分离，具体表现为家庭—企业"空间分离""人员分离""目标分离"三个方面（如图9.1所示）。

第九章　研究四：亲缘社会网络与乡村旅游微型企业成长——质的成长　199

```
L：劳动力
G：目标
P：场所
```

家庭生产模式 ⟶ 资本主义生产模式

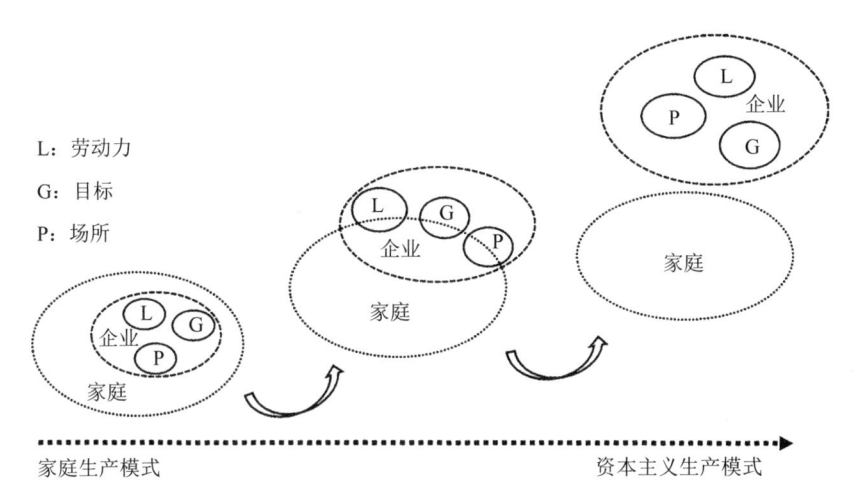

图 9.1　乡村旅游微型企业"质"的成长
资料来源：叶顺（2016）

（一）家庭—企业空间分离

在大多数情况下，乡村旅游微型企业的起点表现为"家庭生产模式"（叶顺，2016），家庭空间与企业空间的高度重叠是其基本特征之一。具体而言，农家乐、乡村民宿等微型企业往往肇始于乡村居民利用其房屋的多余房间、空间来接待旅游者以获取经济收益。这一阶段的乡村旅游微型企业与创业者家庭在空间和功能上是交织在一起的，企业的经营空间同时也是创业者家庭的日常生活空间，多余的房间用于游客接待，厨房用于为顾客提供餐饮，院落和花园则用于顾客的休闲和娱乐。这种家庭空间与企业空间的重叠致使乡村旅游微型企业整体上通过简单的、非正式的方式来进行管理（Page et al.，1999；叶顺，2016）。

然而，随着企业的发展，这种家庭空间与企业空间重叠的现象将会改变，两者逐渐走向分离。在对小型旅游企业的成长进行纵向观察，可以总结出以下家庭空间与企业空间分离所经历的三个阶段：在第一阶段，企业表现为完全的"家庭生产模式"，经营场所与业主家庭生活空间完全重叠；在第二阶段，家庭空间和企业经营空间开始相互分离，经营者的家庭与游客虽然共同生活在同一屋檐下，但经营者的家庭生活空间和游客的接待服务空间实现了一定的区分,具体表现为游客活动区域和业主家庭活动区域的分割;在第三阶段,家庭生活空间与企业经营空间完全分离,经营者及其家庭不居住在旅游接待场所,旅游微型企业转变为纯粹的经营空间(Lynch & MacWhannell,2000)。

家庭生活空间与企业经营空间的分离将最终导致乡村旅游微型企业空间由创业者家庭使用转变为完全供游客使用。当家庭与企业在空间上实现了完全分离时,"家庭生产模式"即不复存在(Lynch & MacWhannell,2000)。这种分离现象在西方国家"农场旅游"的成长中表现得极为突出。例如,有研究将家庭、企业空间的分离总结为从"农场中的旅游"(tourism in farm)到"农场旅游"(farm tourism)的转变(Liturgy et al.,2000)。他们的研究证实了家庭生活空间与企业经营空间的分离是一个从完全重叠到完全分离循序渐进的过程,每个农场旅游小企业均处于这两个端点之间的某个区位。

基于上述分析,本研究使用"空间分离度"来度量乡村旅游微型企业中家庭生活空间和企业经营空间的分离程度,具体表现为创业者家庭成员使用乡村旅游微型企业各项设施的频繁程度。可以推断,家庭成员使用各项旅游接待设施的频率越低,家庭生活空间与企业经营空间之间的分离程度越高。

(二)家庭—企业人员分离

乡村旅游微型企业家庭功能与企业功能分离的第二个表现是劳动力由"家庭成员"角色向"企业员工"角色的转变。人员分离过程开始于非家庭成员作为"雇用人员"的加入所导致的企业劳动力结构的变化。很显然,对于那些将旅游经营作为"副业"的家庭,由于经营规模小且经营收入主要是为了补贴家用,因而没有必要从外部市场雇用劳动力,甚至家庭成员也不需要将全部时间投入到旅游经营活动中。然而,随着经营业务的增加,家庭成员可能需要将全部时间投入到企业的经营工作中,有时甚至在家庭成员将全部时间投入的情况下依然无法满足业务增长的需要。在这种情况下,从外部市场雇用劳动力就成了乡村旅游微型企业应对发展问题的必然选择。

已有研究发现，人员结构的上述变化会进一步促进企业和家庭之间在功能上的分割（Lynch & MacWhannell，2000；Lynch，2005），具体表现为以下两个方面：

第一，人员数量的增加和人员结构的复杂化将推动家庭成员与企业员工"角色"的分离。具体而言，随着更多雇员的加入，家庭生产模式中基于家庭关系的人员管理方法逐渐无法满足企业运营的要求，这将逼迫企业采用更加规范的现代的人力资源管理方法。与之相对应，科层制（bureaucratization）的组织结构开始出现。在这一过程中，家庭成员要么从企业员工队伍中退出，要么在角色上由"家人"完全转变为"员工"。这种家庭成员—企业员工角色的转变是乡村旅游微型企业走向规范化和现代化的重要标志（Lynch & MacWhannell，2000）。

第二，劳动力结构的变化会推动家庭在企业中的角色从"家庭卷入"（family involvement）向"家庭经营"（family run）转变（Lynch，2005；叶顺，2016）。当非家庭成员的"雇员"在劳动力中占据较大比例时，"经营事务"与"家庭事务"之间的区分将会更加鲜明，家庭在企业发展中所扮演的角色也相应地有所改变。在极端的情况下，旅游微型企业会从一个与家庭整合在一起的生活单位转变为非家庭、人格化的经济单位，甚至可以放到市场上进行出售（Lynch，2005）。

可见，人员分离不仅仅表现为劳动力结构的变化，其更深远的影响在于促使企业改变"家庭生产模式"下简单原始的人员管理方法，在组织结构和管理制度上向规范的现代企业迈进。而这一点对乡村旅游微型企业从"家庭生产模式"走向"现代企业模式"的"质"的成长尤为关键。基于此，本研究使用"人员分离度"来表征乡村旅游微型企业劳动力角色的转变程度，具体表现为非家庭成员在员工总数中的比例。可以预见，非家庭成员在员工队伍中的比例越高，乡村旅游微型企业向"现代企业模式"迈进的程度越高。

（三）家庭—企业目标分离

家庭作为一个消费实体，其存在的目的与企业具有根本性的差异。对于家庭而言，拥有更好的生活质量是其存在和发展的根本目标；对于企业来说，对利润的追求则是其生存和发展的主要目标。在乡村旅游微型企业作为"家庭生产模式"的初始阶段，家庭和企业在功能上是重叠在一起的，因而在其创业和经营目标方面，家庭生活目标和企业逐利目标掺杂在一起，很难分开（Lynch & MacWhannell，2000）。

鉴于这种家庭功能和企业功能的重叠，不少研究者都发现存在大量的具有混合目标的"生活方式型创业"（lifestyle entrepreneurship）乡村旅游微型企业。这种企业具有家庭和企业两个层面的目标，并往往将家庭目标置于优先位置。具体而言，一方面，创业者力求实现或维持某种理想中的生活状态和生活方式，企业的发展和成长在其创业目标中处于次要的位置；另一方面，创业者也要保证企业能够持续生存和经营，从而支持生活目标的实现与维持。虽然在"家庭生产模式"下，企业的目标包含了上述两个层次，但家庭生活目标普遍于更高的位置。这一点突出地表现为一些创业者为了维持某种理想中的生活质量甚至会主动限制企业的成长（Ateljevic & Doorne，2000；Shaw & Williams，2004）。

然而，随着企业的成长并逐渐从家庭中分离出来，创业者对追求幸福生活的家庭目标和追求持久利润的企业目标"孰轻孰重"的认知也会发生相应的演变。当企业发展到一定程度时，企业的目标与家庭的目标将会实现分离。这个阶段的旅游微型企业会以利润为主要追求目标，而追求和维持特定家庭生活质量的目标则逐渐消退。在理想的状态下，家庭生活目标将从企业发展目标中完全消退，这正如正规大企业经营者所普遍具有的意识"生意就是生意"（Business is business）（Zhao et al.，2011）。林奇（Lynch，2005）的研究中也注意到了家庭旅游企业的这种目标分离现象（见表9.1）。

表9.1 旅游小企业成长过程的分析

	小规模	中规模	大规模
客房数量	1—2	3—15	15以上
业主对企业的看法	私人家庭	家庭—企业混合体	商业企业
经营目标	家庭生活 （无进取心）	生活—增长兼顾 （中等进取心）	企业增长 （强进取心）

续表

	小规模	中规模	大规模
家庭收入依赖度	低	中等	高
商业化程度	低	中等	高

资料来源：Lynch（2005）；叶顺（2016）。

基于上述分析，本研究使用"目标分离度"来表征乡村旅游微型企业家庭生活目标与企业增长目标之间的分离程度。可以推测，目标分离度越高（即越倾向于企业增长目标），乡村旅游微型企业由"家庭生产模式"向"现代企业模式"迈进的程度越高。

二、亲缘网络对"质"的成长影响

由家人和亲戚构成的亲缘网络在乡村旅游微型企业的生成和发展中扮演着极其重要的作用。正如本书研究一和研究二的结论所显示的，嵌入在亲缘社会网络中的信息、资产和情感支持资源对激发农民创业意愿、实现优良绩效均有促进作用。此外，相较于主要由"弱连带"构成的商业网络，源自亲缘关系高互信度、高互惠预期的"强连带"特点的亲缘网络能够提供质量更高的信息、建议，以远低于市场渠道的成本提供资金、场地、设备等实物资源的支持，也能够给创业者更真挚的情感支持与鼓励。因此，可以说，在乡村旅游微型企业的创建和初期绩效形成阶段，亲缘网络因其特殊的优势而具有极大的促进效应。

需要注意的是，作为一种特殊的强关系网络，亲缘网络及嵌入其中资源的优点也可能为企业的持续发展带来反向效应。这主要体现在以下两个方面：

第一，以家庭（族）为核心的集体利益往往是亲缘网络支持成员创业的基本出发点。在强关系网络成员之间的"高互惠预期"下，接受家人亲戚的支持意味着创业者要将家人亲戚的利益和预期融入企业经营中。由此可以推断，如果乡村旅游微型企业在发展过程中主要依赖于家族成员的资源支持，那么作为一种"回报"，家庭（族）的利益就会成为经营者在企业运营目标中首要考虑的因素,而这一逻辑在中国乡村社会表现得极为明显。在某些情况下,为创业者提供各种资源支持的家族成员甚至可能干预企业的经营决策,以确保家庭(族)利益在企业的经营和发展中得以兼顾(Arregle et al., 2015)。这些都将阻碍家庭功能与企业功能的分离,从而限制乡村旅游微型企业走出"家庭生产模式"的窠臼。因此,有研究就发现不少创业者在创业和企业经营过程中谢绝家人亲戚的资源支持,以避免家人亲戚干预企业的创建和经营(Au & Kwan, 2009)。

第二,亲缘网络的"内向性"(inward-focused)特点导致其提供的资源大多是冗余的家庭(族)内部资源。这一点在中国乡村地区表现得尤其突出。虽然以往研究指出亲缘社会网络的一大功效在于能够为创业者提供"桥梁社会资本",即家人亲戚将自己多样化的社会关系资源引荐给创业者(Chirico & Bau, 2014; Edelman et al., 2016),但农民的家人亲戚大多也是农民,嵌入在农民亲缘网络中的资源即使是多样化的也难以在"质"上有根本的突破。因此,亲缘网络提供的资产、场地、设施往往来自于提供者的家庭,人力支持往往是提供者亲自出力帮忙,情感的支持更可能是没有经营知识基础上的"盲目支持"(Grzywacz & Marks, 2000; Demerouti et al., 2004; Arregle et al., 2015)。可以预见,在创业和企业经营所凭借的亲缘网络资源都具有深深的"家庭印迹"的情况下,乡村旅游微型企业很难实现"家庭生活单位"与"企业经营单位"角色之间的清晰分割。

因此,基于上述逻辑分析和本书前几个研究,本研究推测亲缘社会网络在乡村旅游微型企业从"家庭生产模式"迈向"现代企业模式"的过程中具有阻碍效应,并提出下列研究假说:

研究假说1:亲缘社会网络对乡村旅游微型企业空间分离度具有负向影响。

研究假说2:亲缘社会网络对乡村旅游微型企业人员分离度具有负向影响。

研究假说3:亲缘社会网络对乡村旅游微型企业目标分离度具有负

向影响。

研究假说4：亲缘社会网络嵌入度对乡村旅游微型企业空间分离度具有负向影响。

研究假说5：亲缘社会网络嵌入度对乡村旅游微型企业人员分离度具有负向影响。

研究假说6：亲缘社会网络嵌入度对乡村旅游微型企业目标分离度具有负向影响。

三、商业网络对"质"的成长的影响

如本书研究二中所讨论的，在乡村旅游微型企业生成的创业阶段，农民很难从市场渠道获取与创业相关的诸多资源，但企业生成并进入经营阶段后，与企业经营相关的外部个人和组织将构成乡村旅游微型企业的"商业网络"（庄晋财等，2014；刘畅等，2015）。具体而言，乡村民宿、农家乐等微型旅游企业的经营必然涉及与供货商、旅游分销商（旅行社）、金融机构等产业微观环境主体的合作与互动。政府旅游主管部门、旅游行业协会等组织也将在企业的经营过程中扮演管理、咨询、服务等多方面的角色。由商业关系主导的这种组织关系网络（即商业网络）实际上为新创企业创业资源的获取提供了第二条通道，这种商业网络内企业、组织之间的资源共享与知识溢出效应理论上能够为新创企业提供更多的创业资源（Kilduff & Tsai，2003；庄晋财等，2014）。

与内向性的亲缘网络不同，商业网络主要由"弱连带"构成。因此，相较于亲缘网络，嵌入在商业网络中的资源多样性更强、异质性更高。更重要的是，源自商业网络的信息、资产和情感支持资源往往与创业者家庭（族）无关，具有市场化的显著特点。虽然研究二的结论显示现实中农民创业者能从商业网络获取的资源有限，但这些有限的来源于市场渠道的资源能够为乡村旅游微型企业走向规范化提供推动作用。具体而言，通过商业网络，乡村旅游微型企业的创业者能够获取更多关于优秀同行的信息和市场需求的发展趋势，这有助于激发创业者的进取心，促进企业经营规模的增长。旅游行业协会、地方旅游管理部门提供

的行业信息和经营培训无疑有助于创业者以更宽广、更专业的视角看待自己的企业，进而使企业走向规范化的发展道路。此外，来自商业网络成员的建议和情感支持往往基于对企业经营现状和行业前景的专业见解，相较于家人亲戚的"盲目支持"对企业的生存与壮大更具价值。

总结来看，本书推断，商业网络的市场性特征和"弱连带优势"有利于乡村旅游微型企业向规范化的方向发展，在乡村旅游微型企业家庭、企业功能的分离过程中可能具有积极的作用。基于此，本研究提出以下研究假说：

研究假说7：商业网络对乡村旅游微型企业空间分离度具有正向影响。

研究假说8：商业网络对乡村旅游微型企业人员分离度具有正向影响。

研究假说9：商业网络对乡村旅游微型企业目标分离度具有正向影响。

四、本研究的概念模型

基于上文的理论分析和假设推演，本研究推测亲缘网络和商业网络在乡村旅游微型企业从"家庭生产模式"向"现代企业模式"转变的"质"的成长过程中扮演着相反的作用，即前者阻碍，后者促进。本研究的概念模型如图9.2所示。

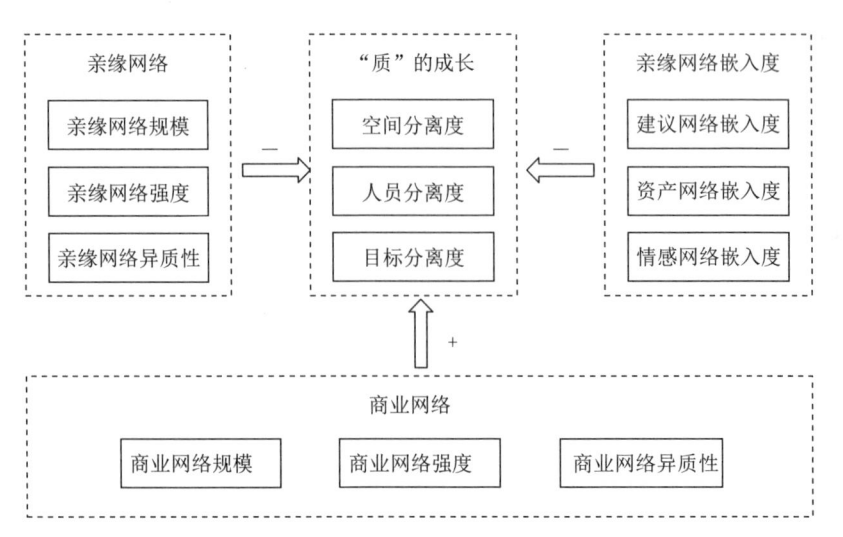

图 9.2 研究四的概念模型

第三节 研究方法

一、调研概况与数据收集

与研究二、研究三相同，本研究选取浙江省金华市浦江县的虞宅乡和前吴乡、杭州市临安区的白沙村、湖州市长兴县的水口乡作为案例地，进行调研问卷的发放与收集。案例地的相关介绍及具体调研操作实施方法请见前文。问卷调研工作于2017年暑期的7月至8月完成。

本次调研全程发放问卷300份（浦江、临安、长兴各100份），删除回答不完整和回答明显无逻辑的问卷24份，最终获得有效问卷276份，有效问卷回收率为92.0%。

在样本包含的276家乡村旅游微型企业中，平均经营年限为6.33年，平均拥有床位30个、餐位48个，初始投资总额均值为82.32万元，拥有员工人数均值为4人。在业主个人信息方面，男性业主显著多于女性，占比66.3%；年龄在45岁至54岁之间的业主人数最多，占比为37.0%；绝大多数的业主为已婚（95.3%），且为本地户籍（95.3%）。在受教育程度方面，67.4%的业主仅接受过初中及以下教育，具有大专及以上学历的业主仅占比12.0%，说明乡村旅游微型企业的经营者文化程度普遍较低。

表9.2 旅游微型企业样本信息

	频数	百分比（%）
企业年龄		
5年以下	127	46.0
6—10年	106	38.4
11—15年	35	12.7
16—20年	8	2.9
员工人数		
5人以下	240	87.0

续表

	频数	百分比（%）
6—10 人	32	11.6
11—15 人	4	1.4
经营者性别		
男	183	66.3
女	93	33.3
经营者年龄		
18—24 岁	6	2.2
25—34 岁	41	14.9
35—44 岁	78	28.3
45—54 岁	102	37.0
55—64 岁	39	14.1
65 岁以上	10	3.6
经营者受教育程度		
小学以下	53	19.2
初中毕业	133	48.2
高中毕业	57	20.7
本科或大专	32	11.6
研究生	1	0.4

二、问卷设计与变量测量

本研究的调查问卷与研究二、研究三的问卷整合在一起。如前文所述，本研究主要从空间分离度、人员分离度、目标分离度三个维度来度量乡村旅游微型企业"家庭—企业"功能的分离，即其在"质"层面的成长情况。本节具体报告本研究被解释变量、解释变量的具体操作测量方案，以及控制变量的设置情况。

（1）被解释变量

本研究的第一个被解释变量是"空间分离度"，具体指乡村旅游微型企业作为家庭生活空间和企业经营空间的分离程度。已有研究指出，随着家庭住宿、餐饮、娱乐设施的逐渐"商业化"，家庭功能将逐步从"前台"退至"后台"，最终完全脱离乡村旅游微型企业的经营空间。基于相关研究和研究中采用的操作方案（Lynch & MacWhannell，2000；Lynch，2005；叶顺，2016），本研究使用5个题项分别度量业主家庭使用客房、餐厅、厨房、院子/花园、娱乐设施等相关空间和设施的频率，以度量乡村旅游微型企业的空间分离度。受访企业主基于李克特-5点法对此5个题项进行自评（1="使用很频繁"，5="完全不使用"）。评分越高说明空间分离度越高。

本研究的第二个被解释变量是"人员分离度"，具体指企业员工中家庭成员与企业雇员身份的分离程度。已有研究指出，家庭企业从"家庭生产模式"向现代企业转变的一个重要标志是雇员的市场化和人力资源管理的正规化（Morrison et al.，2000；Lynch，2005）。因此，本研究借鉴叶顺（2016）研究中采取的方案，用乡村旅游微型企业当前员工中"非亲属"员工的比例来度量人员分离度。具体而言，本研究要求受访企业主提供本企业目前员工总数，以及其中家人或亲戚的人数。基于上述两个数据测算出乡村旅游微型企业的人员分离度，非亲属员工的比例越高说明人员分离度越高。

如前几个章节所述，乡村旅游微型企业往往与家庭具有很高的重叠度，家庭生活目标在其创业和经营目标中占据重要地位。随着企业从"家庭生产模式"向"现代企业模式"的转变，创业目标的特点也相应地从生活方式型转向追求增长型（Lynch，2005；叶顺，2016）。基于已有研究的理论分析，本研究采用2个题项来度量"企业增长—家庭生活"创业目标的分离度，即"您在多大程度上同意经营农家乐/民宿是为了赚取更多的利润？""您在多大程度上同意经营农家乐/民宿是为了享受一种生活方式？（反向题项）"。本研究以李克特-5点法要求受访企业主对这2个题项进行自评（1="完全不同意"，5="完全同意"），并使用2个题项评分的均值来度量乡村旅游微型企业在创业目标上的分离程度。

（2）解释变量

为了全面考察亲缘社会网络对乡村旅游微型企业在从"家庭生产模式"向现代企业转变的"质"的成长过程中的影响，本研究将亲缘网络、商业网络、亲缘网络嵌入度设为解释变量，系统分析和比较三者在乡村旅游微型企业"质性"成长过程中作用机制的差异。

与研究二相同，本研究借鉴庄晋财等人（2014）、刘畅等人（2016）研究中对农民创业者社会网络的操作化方案，使用3个题项（规模、强度、异质性）对乡村旅游微型企业主的亲缘网络进行测量（见表9.3）。受访企业主基于李克特–5点法对此3个题项进行自评（1="完全不同意"，5="完全同意"）。本研究使用上述3个题项评分的均值来度量整体"亲缘网络"，并使用3个题项的评分分别度量亲缘网络规模、亲缘网络强度、亲缘网络异质性。

表9.3 亲缘网络的测量题项

指标	测量问项
亲缘网络规模	在生意上，给予我帮助的家人亲戚很多
亲缘网络强度	我经常和家人亲戚讨论生意发展的问题
亲缘网络异质性	家人亲戚为生意的发展提供了多样化的信息

测量题项来源：庄晋财等（2014）；刘畅等（2016）。

与研究二相同，本研究基于庄晋财等人（2014）和刘畅等人（2016）的研究，结合乡村旅游产业的特定情境，从上下游企业（供货商和旅行社）、政府部门、金融机构三个方面来度量新创旅游微型企业的商业网络。具体上，本研究使用9个题项对商业网络进行测量（见表9.4）。受访者基于李克特–5点法对9个题项进行自评（1="完全不同意"，5="完全同意"）。本研究使用上述9个题项评分的均值来度量整体"商业网络"，并使用三个维度测量题项的均值分别度量商业网络规模（题项1—3）、商业网络强度（题项4—6）、商业网络异质性（题项7—9）。

与研究三采用的方案相同，本研究首先要求受访企业主回忆在过去的一、两年里主要从哪些人那里获得了生产经营方面的建议（建议网络）、生产经营需要的资源（资产网络）、情感上的鼓励和支持（情感网络），然后要求受访者在建议网络、资产网络、情感网络方面分别写出提供帮助最多的人的姓氏（每项最多五个），最后要求受访企业主指出其在每项网络中提供的姓氏中有几个是自己的家人亲戚。本研究通过计算在建议网络、资产网络、情感网络中家人亲戚的人数与其提供的总人数的比例，得出"亲缘建议网络嵌入度""亲缘资产网络嵌入度""亲缘情感网络嵌入度"。

表9.4 商业网络的测量题项

编号	测量问项
商业网络规模1	和我有来往的供货商、旅行社很多
商业网络规模2	和我有来往的政府部门很多
商业网络规模3	我可以联系的金融机构很多
商业网络强度1	我和供货商、旅行社的联系很密切
商业网络强度2	我和政府部门的联系很密切
商业网络强度3	我和金融机构的联系很密切
商业网络异质性1	供货商、旅行社给我提供了很多关于生意发展的信息
商业网络异质性2	政府部门给我提供了很多关于生意发展的信息
商业网络异质性3	金融机构给我提供了很多关于生意发展的信息

测量题项来源：庄晋财等（2014）；刘畅等（2016）。

（3）控制变量

本研究将样本企业经营年限、经营者人力资本要素等作为控制变量，力求更加精准地分析亲缘网络嵌入对乡村旅游微型企业"质性"成长的影响。具体而言，在企业信息方面，由于小微企业的成长本身具有一定的时间周期（Sorenson & Stuart，2000；Arregle et al.，2015），因此本研究将样本企业的经营年限作为控制变量，以消除经营年限对企业成长状况的影响。在经营者个人信息方面，基于以往相关研究，本研究将经营者性别、年龄两个人口统计信息作为控制变量。此外，鉴于人力资本因素被认为在推动企业质性成长方面有重要影响（Zhao et al., 2011；叶顺，2016），本研究参考已有相关研究的设计方案，将乡村旅游微型企业经营者的三项人力资本要素，即受教育程度、管理工作经历、旅游行业工作经历作为控制变量，纳入后续的统计分析。

三、统计方法与分析程序

本研究主要采用层次多元回归的方法对研究假设进行统计检验。具体而言，我们将空间分离度、人员分离度、目标分离度分别设置为因变量，针对每个因变量分三步进行回归分析，即首先在模型中纳入控制变量，然后将亲缘网络、商业网络、亲缘网络嵌入度三维度纳入回归方程，最后将亲缘网络三个维度、商业网络三个维度、亲缘网络嵌入度三个维度纳入回归方程，以此全面检定在乡村旅游微型企业从"家庭生产模式"向"现代企业模式"转变的成长过程中，亲缘网络和商业网络所起到的影响机制的差异。本研究的统计分析主要用 SPSS 17.0 软件完成。

第四节　数据分析结果

一、量表基本质量的检定

在本研究的设计中，空间分离度、亲缘网络、商业网络三个变量采用了多指标李克特型量表。因此，在回归分析之前，本研究首先对上述三个变量量表的基本质量进行检定。具体而言，本研究通过 CITC 和克朗巴赫 α 系数对上述三个变量测量量表的信度进行检验。一般认为，如果某测量题项的 CITC 值小于 0.4 且删除后量表的克朗巴赫 α 系数得以提高，则需要删除该题项（Cronbach, 1951；杨志荣，2005）。在大多数实证研究中,克朗巴赫 α 系数大于 0.7 表示量表具有良好的信度(Hair et al., 1988)。本研究基于上述两个标准进行潜变量测量工具质量的分析。

数据分析的结果如表 9.5 所示。信度分析的结果显示,空间分离度、亲缘网络、商业网络三个维度量表的克朗巴赫 α 系数位于 0.719~0.862 之间,均大于 0.7 的基本要求,说明测量量表具有良好的内部一致性。本研究李克特型量表测量题项的 CITC 值均大于 0.4,不存在 CITC 值小于 0.4 且删除该项后量表克朗巴赫 α 系数提高的情况。基于上述分析,本研究保留所有李克特型量表测量题项,并以各题项得分的均值作为潜变量(或维度)的度量纳入后续的统计分析。

表 9.5 李克特型量表的信度检验

变量	测量问项 问项个数	测量问项 问项代码	问项删除后的均值	问项删除后的方差	CITC	问项删除后的克朗巴赫 α 系数	克朗巴赫 α 系数
空间分离度	5	SPD1	12.71	15.314	0.401	0.704	0.719
		SPD2	11.84	13.657	0.494	0.665	
		SPD3	11.05	13.852	0.510	0.659	
		SPD4	11.21	13.643	0.547	0.644	
		SPD5	11.95	14.412	0.446	0.684	
亲缘网络	3	FMN1	7.65	3.640	0.669	0.868	0.862
		FMN2	7.81	3.392	0.768	0.779	
		FMN3	7.97	3.243	0.781	0.766	
商业网络规模	3	INN1	4.92	3.303	0.533	0.691	0.738
		INN2	5.25	3.143	0.693	0.496	
		INN3	5.18	3.778	0.476	0.748	

续表

变量	测量问项 问项个数	测量问项 问项代码	问项删除后的均值	问项删除后的方差	CITC	问项删除后的克朗巴赫 α 系数	克朗巴赫 α 系数
商业网络强度	3	INN4	4.89	3.542	0.563	0.738	0.770
		INN5	5.04	3.184	0.693	0.586	
		INN6	5.04	3.798	0.563	0.735	
商业网络异质	3	INN7	5.17	4.251	0.631	0.805	0.824
		INN8	5.16	3.684	0.747	0.687	
		INN9	5.27	4.250	0.666	0.772	

二、样本描述性统计结果

表9.6显示了本研究涉及的主要变量的均值、标准差以及相关系数矩阵。从相关系数矩阵中可以发现，亲缘网络与表征乡村旅游企业"质性"成长的目标分离度之间存在显著的负向关系（$r = -0.23, p < 0.01$）、亲缘情感网络嵌入度与目标分离度之间也表现出显著的负向相关性（$r = -0.19, p < 0.01$），而商业网络则与空间分离度之间存在显著的正向相关性（$r = 0.25, p < 0.01$）。相关分析结果为本书提出的理论假说提供了一个基础的佐证，即亲缘网络可能对乡村旅游微型企业在从"家庭生产模式"走向现代企业的过程中具有一定的阻碍作用，而商业网络的影响可能相反，其有利于促进乡村旅游微型企业向正规化的企业方向转变。在此基础上，本研究在后续分析中将亲缘网络的三个维度（网络规模、网络强度、网络异质性）、商业网络的三个维度（网络规模、网络强度、网络异质性）纳入回归分析，以求更加全面地检定两种社会网络嵌入对乡村旅游微型企业"质"的成长影响效应的差异。

表 9.6 描述性统计与相关矩阵

变量	Mean	S.D.	1	2	3	4	5	6	7	8	9	10	11	12	13	14
1. 空间分离度	3.06	0.91	1													
2. 人员分离度	0.33	0.32	−0.00	1												
3. 目标分离度	2.62	0.82	0.01	0.01	1											
4. 性别[a]	0.66	0.47	0.04	−0.07	0.01	1										
5. 年龄[b]	3.57	1.09	−0.05	−0.13*	−0.09	0.08	1									
6. 教育程度	9.81	3.13	−0.01	0.23**	0.17**	−0.02	−0.44**	1								
7. 管理经历[c]	0.32	0.47	0.04	−0.01	0.17**	0.23**	−0.08	0.24**	1							
8. 行业经历[d]	0.11	0.31	0.10	0.04	0.06	0.04	−0.22**	0.13*	0.19**	1						
9. 企业年龄	6.33	4.50	−0.09	0.19**	−0.15*	0.01	−0.00	0.01	−0.19**	−0.04	1					
10. 亲缘网络	3.90	0.89	0.04	0.00	−0.23**	−0.09	−0.07	0.07	0.01	−0.07	0.04	1				
11. 商业网络	2.55	0.84	**0.25***	0.02	0.09	0.05	−0.17**	0.22**	0.17**	0.08	−0.12*	0.18**	1			
12. 建议网络嵌入度	0.37	0.35	0.10	−0.07	−0.07	−0.09	0.07	−0.03	0.00	−0.04	−0.08	0.21**	0.11	1		
13. 资产网络嵌入度	0.40	0.35	0.02	−0.06	−0.08	−0.10	0.05	0.02	0.04	−0.03	−0.09	0.08	0.08	0.55**	1	
14. 情感网络嵌入度	0.43	0.35	−0.05	0.06	**−0.19****	−0.09	−0.02	0.04	−0.03	−0.06	−0.04	0.01	0.13*	0.43**	0.61**	1

注：n＝276；** 表示 p＜0.01；* 表示 p＜0.05。

a. 性别：（1）男，（2）女；b. 年龄：（1）18~24 岁，（2）25~34 岁，（3）35~44 岁，（4）45~54 岁，（5）55~64 岁以上，（6）65 岁以上；c. 管理经历：（1）有，（2）没有；d. 行业经历：（1）有，（2）没有。

三、回归分析与假说检验

(一) 对空间分离度的回归分析

对空间分离度的回归分析结果如表 9.7 所示。本书的假说 1 提出亲缘网络对乡村旅游微型企业空间分离度具有负向影响。我们通过模型 2、模型 3 对这一假说进行检验。模型 2 的回归分析结果显示，亲缘网络与乡村旅游微型企业空间分离度的影响虽为负向，但回归系数并不具有统计学意义（$\beta = -0.023$，$p > 0.05$）。为了进一步分析亲缘网络各个维度对空间分离度的影响，模型 3 将亲缘网络规模、亲缘网络强度、亲缘网络异质性指标纳入回归方程，分析结果显示，亲缘网络规模对空间分离度具有显著的正向影响（$\beta = 0.168$，$p < 0.05$），而亲缘网络异质性则表现出对空间分离度显著的负向影响（$\beta = -0.204$，$p < 0.05$）。由此可见，亲缘网络对乡村旅游微型企业的空间分离度影响较为复杂，本书提出的假说 1 未能获得数据的支持。

假说 4 提出亲缘网络嵌入度对乡村旅游微型企业空间分离度具有负向的影响。本研究通过模型 2 来检验这一假说。数据分析结果显示，亲缘建议网络嵌入度对空间分离度的影响不具有统计学意义（$\beta = 0.343$，$p > 0.05$），亲缘资产网络嵌入度对空间分离度的影响也不具有统计学意义（$\beta = 0.087$，$p > 0.05$），亲缘情感网络嵌入度对空间分离度具有显著的负向影响（$\beta = -0.407$，$p < 0.05$）。因此，假说 4 获得数据的部分支持。

表 9.7 对空间分离度的回归结果

	模型 1	模型 2	模型 3
常量	3.369**	2.808**	2.707**
性别	0.085	0.072	0.067
年龄	−0.044	−0.034	−0.041
教育程度	−0.012	−0.021	−0.023
管理经历	−0.001	−0.064	−0.040
行业经历	0.251	0.220	0.188

续表

	模型1	模型2	模型3
企业年龄	−0.017	−0.011	−0.015
亲缘网络		−0.023	
亲缘网络规模			**0.168***
亲缘网络强度			0.023
亲缘网络异质性			−0.204*
商业网络		0.275**	
商业网络规模			0.152
商业网络强度			0.144
商业网络异质性			0.013
建议网络嵌入度		0.343	0.353
资产网络嵌入度		0.087	0.047
情感网络嵌入度		−0.407*	−0.411*
R^2	0.021	0.099	0.131
F值	0.950	2.639**	2.607**
ΔR^2	0.021	0.078	0.110
ΔF	0.950	4.590**	3.656**

注：因变量：空间分离度 $n=276$；** 表示 $p<0.01$；* 表示 $p<0.05$。

假说7提出商业网络对乡村旅游微型企业空间分离度具有正向影响。本研究通过模型2来检验这一假说。模型2的回归分析结果显示，商业网络对空间分离度的回归系数为正且在0.01水平上显著（$\beta=0.275$，$p<0.01$），说明与上下游企业、金融机构、政府等互动的商业网络能够促进乡村旅游微型企业从"家庭生产模式"向"现代企业模式"的质性转变。因此，假说7得到了数据的支持。

（二）对人员分离度的回归分析

对人员分离度的回归分析结果如表9.8所示。本书的假说2提出亲缘网络对乡村旅游微型企业人员分离度具有负向影响。本研究通过模型5、模型6来检验这一假说。模型5和模型6的分析结果显示，无论是整体的亲缘网络还是亲缘网络三个维度对乡村旅游微型企业人员分离度均未呈现出统计学意义的关系。因此,假说2未能得到数据的支持。

假说5提出亲缘网络嵌入度对乡村旅游微型企业人员分离度具有负向影响。本研究通过模型5来检验这一假说。模型5的分析结果显示,虽然亲缘建议网络嵌入度和亲缘资产网络嵌入度对乡村旅游微型企业人员分离度均呈现出负向影响,但上述影响关系不具有统计学意义。因此,本研究提出的假说5没有得到样本数据的支持。

假说8提出商业网络对乡村旅游微型企业人员分离度具有正向影响。本研究通过模型5、模型6来检验这一假说。模型5的分析结果显示,整体商业网络对人员分离度的影响并不显著($\beta = -0.005, p > 0.05$)。将商业网络的三个维度,即商业网络规模、商业网络强度、商业网络异质性作为自变量的模型6的结果显示,商业网络强度对乡村旅游微型企业人员分离度具有显著的正向影响($\beta = 0.101,p < 0.05$)。因此,假说8得到了数据的部分支持。

表9.8 对人员分离度的回归结果

	模型4	模型5	模型6
常量	0.087	0.105	0.122
性别	−0.038	−0.043	−0.051
年龄	−0.008	−0.005	−0.002
教育程度	0.022**	0.022**	0.023**
管理经历	−0.012	−0.004	−0.006
行业经历	0.019	0.023	0.016
企业年龄	0.013**	0.013**	0.012**
亲缘网络		−0.003	
亲缘网络规模			−0.026
亲缘网络强度			0.032
亲缘网络异质性			−0.013
商业网络		−0.005	
商业网络规模			−0.041

续表

	模型 4	模型 5	模型 6
商业网络强度			**0.101**[*]
商业网络异质性			−0.065
建议网络嵌入度		−0.046	
资产网络嵌入度		−0.103	
情感网络嵌入度		0.131	
R^2	0.093	0.109	0.134
F 值	4.579**	2.933**	2.693**
ΔR^2	0.093	0.016	0.042
ΔF	4.579**	0.962	1.396

注：因变量：人员分离度 $n = 276$；** 表示 $p < 0.01$；* 表示 $p < 0.05$。

（三）对目标分离度的回归分析

对目标分离度的回归分析结果如表 9.9 所示。本书的假说 3 提出亲缘网络对乡村旅游微型企业目标分离度具有负向影响。我们通过模型 8、模型 9 对这一假说进行实证检验。模型 8 的分析结果显示，整体亲缘网络对目标分离度的回归系数为负且具有统计学意义（$\beta = -0.256$，$p < 0.01$）。模型 9 的分析结果进一步考察了亲缘网络各个维度对目标分离度的影响。分析结果显示，亲缘网络规模（$\beta = -0.207$，$p < 0.01$）、亲缘网络强度（$\beta = -0.156$，$p < 0.05$）对乡村旅游微型企业目标分离度均具有显著的负向影响，这为假说 3 提供了更具体的佐证。因此，假说 3 得到了数据的基本支持。

表 9.9 对目标分离度的回归结果

	模型 7	模型 8	模型 9
常量	**2.445****	**3.417****	**3.518****
性别	−0.022	−0.090	−0.084
年龄	−0.018	−0.029	−0.028
教育程度	0.035	**0.037**[*]	**0.033**[*]
管理经历	0.189	0.177	0.188

续表

	模型 7	模型 8	模型 9
行业经历	0.047	−0.061	−0.070
企业年龄	**0.024[*]**	−0.020	−0.017
亲缘网络		**−0.256^{**}**	
亲缘网络规模			**−0.207^{**}**
亲缘网络强度			**−0.156[*]**
亲缘网络异质性			0.096
商业网络		**0.101[*]**	
商业网络规模			**0.202[*]**
商业网络强度			−0.138
商业网络异质性			0.026
建议网络嵌入度		0.135	0.152
资产网络嵌入度		0.099	0.078
情感网络嵌入度		**−0.621^{**}**	**−0.590^{**}**
R^2	0.063	0.175	0.208
F 值	3.023^{**}	5.099^{**}	4.545^{**}
ΔR^2	0.063	0.112	0.145
ΔF	3.023^{**}	7.173^{**}	5.272^{**}

注：因变量：目标分离度 $n = 276$；** 表示 $p < 0.01$；* 表示 $p < 0.05$。

假说6提出亲缘网络嵌入度对乡村旅游微型企业目标分离度具有负向影响。本研究通过模型8对这一假说进行检验。模型8的分析结果显示，在亲缘网络嵌入度三个维度中，情感网络嵌入度对目标分离度显示出显著的负向影响（$\beta = -0.590$，$p < 0.01$），说明经营者对家人亲戚的情感依赖度越高，创业和经营目标中家庭生活的占比越高。因此，假说6得到了数据的部分支持。

假说9提出商业网络对乡村旅游微型企业目标分离度具有正向影响。我们通过模型8、模型9对这一假说进行综合检验。模型8的分析结果显示，整体商业网络对目标分离度的回归系数为正且具有统计学意义（$\beta = 0.101$，$p < 0.05$）；模型9的分析结果显示，商业网络规模这一

维度对目标分离度具有显著的正向影响（$\beta= 0.202$，$p < 0.05$）。综合模型8和模型9的回归分析结果，本研究提出的假说9得到了数据的基本支持。表9.10汇总了本研究提出的假说的定量检验情况。

表9.10 研究假说检验结果汇总

研究假说	影响方向	假说检验
H1：亲缘网络 → 空间分离度	负向	不支持
H2：亲缘网络 → 人员分离度	负向	不支持
H3：亲缘网络 → 目标分离度	负向	支持
H4：亲缘网络嵌入度 → 空间分离度	负向	部分支持
H5：亲缘网络嵌入度 → 人员分离度	负向	不支持
H6：亲缘网络嵌入度 → 目标分离度	负向	部分支持
H7：商业网络 → 空间分离度	正向	支持
H8：商业网络 → 人员分离度	正向	部分支持
H9：商业网络 → 目标分离度	正向	支持

注：$n = 276$；** 表示 $p < 0.01$；* 表示 $p < 0.05$。

第五节 结论与讨论

本研究从空间分离度、人员分离度、目标分离度三个层面对乡村旅游微型企业从"家庭生产模式"向"现代企业模式"转变的"质"的成长过程进行了解构，并系统分析了亲缘网络、亲缘网络嵌入、商业网络对上述三个分离度的影响机制。基于浙江省三个乡村旅游地276家企业样本数据的定量研究证实了本书提出的部分研究假说。本研究的结论进一步厘清了亲缘网络对乡村旅游微型企业成长过程的复杂影响。即，虽然亲缘网络在乡村旅游微型企业的生成、经营过程中通过提供各种稀缺资源扮演着重要的促进角色，但对于企业在"量"和"质"两个层面的成长，亲缘网络及嵌入其中的资源可能扮演着"双刃剑"的角色。研究四的主要结论可以总结为以下两点：

第一，亲缘网络对乡村旅游微型企业"家庭—企业"功能分离整体上具有阻碍的作用。

实证研究的结果基本证实了这样一个论点，即由家人亲戚构成的亲缘网络虽然能够给乡村旅游微型企业的创立和经营提供信息建议、资金实物、情感鼓励等方面资源的支持，但源自这一特殊网络的资源支持往往隐含着"以家为重"的基本期许。正如前文所分析的，亲缘网络作为一种"强关系"网络，具有高互信度、高互惠度、高内聚性的特点。因此，如果乡村旅游微型企业在发展过程中主要依赖于家族成员的资源支持，那么作为一种"回报"，家庭（族）的利益就会成为经营者在企业运营目标中首要考虑的因素，而这一逻辑在中国乡村社会中表现得尤其明显。

正如数据分析结果所显示的，亲缘网络嵌入对乡村旅游微型企业"质"的成长的阻碍主要体现在对目标分离度的负面影响上。很显然，既然资源支持来自于家人，家庭生活质量的目标便会凌驾于企业增长的目标之上。事实上，不少研究发现小型旅游家庭企业的经营者为了维持满意的家庭生活状况甚至会主动限制企业规模的扩大（Ateljevic & Doorne，2000；Shaw & Williams，2004；叶顺，2016）。此外，本研究发现对亲缘网络的依赖度与乡村旅游微型企业"质"的成长的负向关系更加明显，即亲缘网络嵌入度越高，企业空间分离度和目标分离度越低。这一结论进一步证实了亲缘网络在乡村旅游微型企业走向正规化过程中所扮演的"尴尬"角色。

第二，商业网络对乡村旅游微型企业"家庭—企业"功能分离具有促进作用。

本研究的结论证实了由上下游企业、金融机构、政府部门关系所构成的商业网络对乡村旅游微型企业"家庭—企业"功能的分离度具有积极的促进作用。商业网络提供的多样化资源有助于乡村旅游微型企业经营者获得有关正规旅游企业经营模式的认知，为企业业务的扩张和规模的扩展提供更具潜力的资源支持，让经营者结识更多的同行以拓展获取资源的空间和潜力。这些都有助于乡村旅游微型企业逐步脱离"家庭—

企业"重叠的传统"家庭生产模式",从经营意识和经营策略上引导其向正规化、现代化的方向发展。本书定量分析的结果证实了商业网络对乡村旅游微型企业的空间分离度、人员分离度、目标分离度均有一定程度的正向驱动作用。这说明那些拥有更广阔、更亲密商业网络关系的经营者可能更有意愿将家庭功能从乡村旅游微型企业中剥离,在空间、人员、目标三个层面将家庭从"前台"退至"后台",推进企业向完全"商业化"的阶段迈进(Lynch & MacWhannell,2000;Lynch,2005)。

本章小结

研究四聚焦于"亲缘网络如何影响乡村旅游微型企业在'质'层面的成长?"这一问题,系统分析了亲缘网络嵌入对乡村旅游微型企业在"家庭—企业"功能分离方面所具有的抑制作用,并比较了亲缘网络和商业网络在影响乡村旅游微型企业"质"的成长方面所起的作用机制的差异。针对276家乡村旅游微型企业样本数据的实证研究为本研究提出的理论假说提供了一定的支撑,基本证实了过度嵌入亲缘网络将不利于企业走向正规化发展道路的理论推断。本研究的结论进一步解析了亲缘网络在乡村旅游微型企业动态成长过程中所扮演的"双刃剑"作用,展现了这一特殊社会网络嵌入对企业成长的复杂影响机制,对于企业发展和区域旅游管理均具有一定的意义。

第十章　研究结论与启示

文旅赋能乡村振兴已经得到全球范围内的认可。作为一种新兴产业，旅游业在促进农村产业融合发展、推动农民脱贫致富、推动城乡融合、共同富裕方面显示出卓越的功效。尤其是根植于本地的、由本地农民创建和经营的农家乐、民宿等微型企业在振兴乡村经济、提高农民生活水平、实现旅游产业可持续发展方面具有重大意义。作为一种典型的"家庭生产模式"，农家乐、民宿等微型企业表现出家庭经营、家庭嵌入的突出特点，家人、亲戚构成的亲缘网络在这种企业的创建和发展过程中发挥着十分重要的影响。因此，本书主要从"亲缘社会网络嵌入"的视角，对影响乡村旅游微型企业生成、绩效、成长的关键因素进行了探究。通过四个层层递进的研究的开展，本书系统探讨和检验了亲缘社会网络在乡村旅游微型企业的生成、经营、成长的各个阶段所扮演的差异化效应。全文的研究一方面致力于打开亲缘网络对乡村旅游微型企业"生成—绩效—成长"各层面影响的"黑箱"，另一方面也期望能够为相关管理部门激发农民旅游创业、促进乡村旅游企业持续发展提供实践层面的见解，从而有利于地方政府通过对"内生型"旅游微型企业的孵化与培育，更好地发挥旅游产业在各地落实"乡村振兴战略"中的潜力与功效。

第一节　结论与理论贡献

全文研究的主要结论可以总结为以下五个方面：

第一，亲缘社会网络嵌入是研究乡村旅游微型企业不可回避的重要视角。

本书的首要结论在于证实了这样一个论断，即在乡村旅游微型企业的生成、经营、成长的各个阶段，家人亲戚构成的亲缘社会网络均扮演着极其重要的角色。家庭、家族关系网是乡村旅游微型企业创业和经营初始资源的主要来源。尤其在市场环境和制度环境相对封闭的中国乡村地区，家人亲戚构成的亲缘网络在很大程度上决定了农民旅游创业的决策和初创绩效的达成，且对创建企业的持续发展具有重要且复杂的影响。通过对本书各个子研究的梳理可以发现，人力资本、商业网络等其他因素实际上是通过对亲缘社会网络（及嵌入其中的资源）的"补充"和"剥离"来实现对乡村旅游微型企业的促进作用。因此，研究乡村旅游微型企业离不开"亲缘网络嵌入"这一基础性视角，这对于深入理解农家乐、乡村民宿等基于家庭的微型旅游企业的发展规律具有重要的意义。

第二，亲缘社会网络在乡村旅游微型企业的生成过程中具有关键的促进作用。

本研究发现亲缘社会网络在促进农民创业意愿方面扮演着关键性的作用，它通过"刺激"感知创业风险、创业警觉性两个与创业决策息息相关的认知变量实现对创业意愿的促进。研究一发现，亲缘网络的规模、亲缘网络的亲密度、亲缘网络对创业的认可度均呈现出与农民创建旅游微型企业意愿之间显著的正向关系。尤其是亲缘网络的亲密度（亲缘网络关系）对农民创业意愿具有最强的直接影响（$\beta=0.39, p<0.05$）。可见，家人亲戚之间相互信任、相互帮助的密切关系在促成农民创业、促成乡村旅游微型企业的生成中作用巨大。这一结论也得到了本书研究二的佐证，即具有密切连带关系的亲缘网络不仅为乡村旅游微型企业的生成提供了最强的助力，也是促进企业持续经营的关键资源，还对创业者积极的创业绩效感知具有重要的影响。

此外，本研究将亲缘网络因素与人力资本要素在促进农民创业意愿方面的效力进行了比较，发现相较于教育程度、先前创业经历、先前行业经历、先前管理经历等人力资本要素，亲缘社会网络对农民创业意愿的影响更为强烈。这一结论说明在促进农民创业、推动旅游微型企业生成方面，以家庭、家族为单位的支持与培训在效果上可能优于针对个体创业者的支持与培训。

第三，亲缘社会网络对乡村旅游微型企业主观创业绩效具有关键的积极影响。

本书的研究二系统分析了亲缘网络对乡村旅游微型企业创业绩效的影响以及这一影响的内在机制。研究结论显示，亲缘网络是"心理性资源"的主要来源，而乐观、自信、抗压等心理性资源对创业者感知创业经济绩效和家庭幸福感均具有最强劲的积极影响（$\beta_{3c} = 0.361$，$\beta_{4c} = 0.554$，$p < 0.01$）。虽然企业在生成并进入经营阶段后，与上下游企业、行业协会、政府部门等主体建构的商业网络在建议性资源、资产性资源的提供方面具有更大的潜力，但这些资源对创业者主观感知创业绩效的影响均不如亲缘网络提供的心理性资源影响强烈。虽然本研究对创业绩效的主观测量方法不能覆盖"创业绩效"的全貌，但鉴于乡村旅游创业中普遍存在的"非增长动机"，主观感知的优良绩效和幸福感更能预测农民持续创业和经营企业的可能性。

第四，亲缘社会网络整体有利于乡村旅游微型企业的成长，但过度依赖亲缘网络将会产生反向的效应。

虽然亲缘社会网络对乡村旅游微型企业的主观创业绩效具有积极的影响，然而，如果从客观的营业收入增长来界定企业的量性成长，亲缘网络则呈现出复杂的双面效应：一方面，实证研究发现，亲缘网络因其能够为创业者提供高质量的信息、低成本的资源支持以及真诚的情感鼓励，整体上对企业经营收入增长率具有正面的影响；另一方面，源于亲缘网络自身具有的高内聚、高冗余、高同质性的特点，过度依赖于亲缘网络将阻碍企业经营收入的持续增长。正如研究三的实证分析所发现的，亲缘网络嵌入度与乡村旅游微型企业的营业收入增长率之间存在着一种先促进、后阻碍的倒"U"型关系。这种倒"U"型关系在创业者对亲缘资产资源、亲缘情感支持资源的依赖度上反应得最为明显。可见，要促进企业在"量"上的持续增长，仅仅依靠亲缘社会网络获取资源是不够的，唯有在经营过程中不断拓展社会网络的范围，拓宽多元化、异质性资源的获取渠道，才能构建持久的市场竞争优势。

第五，亲缘社会网络对乡村旅游企业脱离"家庭生产模式"的质性成长具有阻碍效应。

本书从"家庭—企业"功能分离度的视角对乡村旅游微型企业"质"的成长进行了界定。虽然在空间、人员、目标上重叠的"家庭生产模式"是乡村旅游微型企业的主要特征，但随着经营规模的扩大、运营经验的积累，企业从家庭中逐渐剥离转向"现代企业模式"乃是一个客观存在的趋势。基于这一论点，本书的研究四从"空间分离度""人员分离度""目标分离度"三个层面对乡村旅游微型企业"家庭—企业"分离的质性成长状况进行了操作化分析，以检验亲缘网络在这一质性转变中所扮演的角色。实证研究的结果显示，虽然由家人亲戚构成的亲缘网络能够给乡村旅游微型企业的创立和经营提供信息建议、资金实物、情感鼓励等方面资源的支持，但源自这一特殊网络的资源支持往往隐含着"以家为重"的基本期许，因而亲缘网络整体上对将家庭因素从企业中剥离的成长过程具有阻碍作用。相反，商业网络则在这一质性成长构成中显示了积极的促进作用。这一结论进一步说明亲缘网络对于乡村旅游微型企业的持续成长具有"双刃剑"式的复杂影响效应，在促进乡村旅游企业做大、做强、实现乡村旅游产业转型升级方面应当更加谨慎地评估亲缘网络及其嵌入资源的价值。

本书在理论方面的创新与贡献可以总结为以下三个方面：

第一，农民创业研究特殊情境的拓展。

首先，纵观已有研究，以往有关农民创业、农村小企业发展的研究大多针对传统的制造业和一般的服务业，对于乡村旅游业这一特殊行业的创业以及企业经营、成长的研究很少。考虑到旅游行业以及旅游小微企业创业所具有"家庭卷入""弱增长导向"等特殊属性，本书对乡村旅游微型企业创建、经营和成长的研究拓宽了传统农民创业研究的范畴，对该领域的研究是个有益的补充。

其次，本书的研究也是对乡村旅游领域研究的拓展与深化。通过前期文献的梳理可以发现，乡村旅游领域的相关研究大多关注开发模式、社区参与、可持续发展等宏观课题，对微型企业创业和成长的探讨鲜有涉及。本书将乡村旅游业的微型企业这一微观市场主体的生成、经营、发展作为研究主线，弥补了农业经济研究和旅游管理研究在该领域积累的不足，为跨学科的理论交融与对话提供了良好情境。

第二，农民旅游创业与企业发展研究的理论深化与视角创新。

首先，国内关于乡村旅游微型企业的已有研究大多停留在案例描述和探索性研究的阶段，除了新近的部分成果（杨学儒、杨萍，2017；叶顺，2016），很少研究能够应用成熟、系统的理论框架，从微观层面分析这种特殊企业的创建、经营和成长问题。本书基于中国乡村社会关系的特点，引入"亲缘社会网络嵌入"的理论视角，并将之与传统的社会资本理论、人力资本理论、企业成长理论等理论框架结合起来，系统研究乡村旅游微型企业创立、经营和成长的全过程，对该领域研究的理论化、系统化做出了一定的贡献。

其次，本书"亲缘社会网络嵌入"的研究视角在国内乡村旅游研究和农民创业研究领域尚属首次。这一理论视角呼应了中国乡村社会以家人亲戚为核心的人际关系格局，弥补了以往持"网络视角"的学者对家庭关系网络这一乡村基本人际关系网络的忽略。因此，本书在研究的理论视角方面具有一定的贡献与突破。

第三，对社会网络与农民创业传统研究领域的理论发展。

其一，本书将亲缘社会网络与传统的社会网络嵌入理论整合起来，从"强连带"的角度对传统社会网络理论的操作化与应用进行了一定的深化和拓展；其二，本书在假说模型构建和统计检验中纳入创业警觉性、感知创业风险、创业资源获取等中介变量（以往研究中上述变量大多仅作为自变量考察），探讨亲缘社会网络影响农民创业意愿和创业绩效的过程机制，深化了对这一理论内在机制的理解，发展了以往研究的理论结论；其三，通过比较亲缘网络与商业网络在新创旅游微型企业绩效、综合成长不同阶段影响的差异，本书从"过程观"的角度对亲缘社会网络理论进行了全面审视，在理论视角的适用情境和适用范围方面实现了一定的深化与拓展。以上均是本书对已有理论的发展与深化，具有一定的创新性与贡献性。

第二节 管理启示与建议

基于上述主要研究结论，本书提出以下三点管理建议，以期为地方政府能够通过对"内生型"旅游微型企业的孵化与培育来更好地发挥旅游产业在乡村振兴战略中的功效提供些许助益。

第一，建立基于亲缘群体的辅导体系，推动农民参与本地乡村旅游创业。

数量众多、源于本地的旅游市场主体是乡村旅游可持续发展的基石，也是在农村地区贯彻落实中央"大众创业、万众创新"政策的具体体现。从本书前三个研究的结论中可以发现，亲缘社会网络对于乡村旅游微型企业的生成和初始绩效的达成均具有关键的促进作用。这种积极的促进作用甚至强于创业者个人人力资本因素的影响，在很大程度上能够弥补农民创业初期难以通过市场渠道获取创业资源的困境。因此，旅游管理部门和创业辅导机构应在加强对潜在创业者个人的激励和哺育的同时，探索面向亲缘群体的旅游创业教育和激励政策。通过向农民家庭家族群体宣传创业、指导创业，旅游产业的宏观管理者能够通过激活亲缘网络的各种创业资源，激发农民个体的创业意愿，进而更有效地推进乡村旅游微型企业的生成。

第二，构建现代化商业合作网络平台，促进乡村旅游微型企业健康发展。

本书几个研究的结论显示，亲缘网络虽然在乡村旅游微型企业的生成和发展中具有关键的积极推动作用，但源于亲缘"强关系"固有的缺陷，在多样化资源供给、专业化信息支持方面，亲缘网络弱点明显，以至于过度依赖亲缘网络可能会阻碍乡村旅游微型企业的持续成长和规范化发展。商业网络以及商业网络中的"弱关系"能够在资源供给的规模和多样性上很好地弥补亲缘网络的不足，对企业的持续健康发展具有更积极的效力。因此，地方政府和旅游产业管理部门应该探索为农民创业者搭建旅游创业交流平台，协助农民创业者在企业经营过程中构建更多、更广泛的商业性"弱连带"，提升农民创业者获取异质、专业的创业资源和市场信息的能力。例如，成立多方参与的乡村旅游创业协会，加强乡村旅游产业供应链的组织和管理；构建旅游创业专项融资平台，拓宽农民旅游创业资金的信贷渠道；邀请旅游创业成功人士和外地优秀旅游企业家传授知识、分享经验；定期组织相关组织和专家向农民创业者介绍旅游产业政策和市场发展趋势。通过上述举措，地方政府和旅游产业管理部门可以为乡村旅游微型企业的创业者构建现代化商业合作网络平台，拓宽他们的资源获取渠道，避免他们过度依赖亲缘网络资源所带来的企业发展制约，促进乡村旅游微型企业在创立后健康快速成长。

第三，把握亲缘网络对企业成长的双面效应，因地制宜地推动企业成长。

本书的研究发现，亲缘网络整体上不利于乡村旅游微型企业实现家庭功能与企业功能的剥离，即过度依赖于亲缘网络可能导致家庭、企业在空间、人员、目标上长期处于重叠的状态。了解和把握这一规律对乡村旅游地构建差异化的发展战略具有一定的启发。例如，对于本地的民俗文化是吸引游客核心卖点的乡村旅游地，本地居民的生产生活场景本身便是稀缺的旅游资源。在这种类型的乡村旅游地，推动家庭与企业功能的分离实际上并不利于目的地整体竞争优势的维护。相反地，维持甚至提高创业者家庭与微型企业的重叠度则有利于特色旅游体验的打造、目的地的可持续发展。与此不同，在那些以自然生态环境为主要吸引物的乡村旅游地，通过更多商业网络和渠道的支持，推动微型企业走向正规化和标准化则有利于提高旅游服务质量和产业发展效率。因此，透过亲缘网络的双面效应，地方政府和旅游管理部门应该探索创新机制，因地制宜地"管理"旅游微型企业的成长。

第三节 不足与未来研究方向

由于作者水平和客观条件的局限，本书在研究范围、研究深度、研究设计等方面还存在一定的不足,这些不足也为后续进一步的研究指出了方向。

第一,在研究范围上,本书主要聚焦于亲缘社会网络嵌入的视角,对影响乡村旅游微型企业生成、绩效、成长的关键亲缘因素进行了探究。虽然本书将亲缘网络因素与商业网络因素和人力资本因素的影响进行了比较,但实际上,影响乡村旅游微型企业生成和发展的因素还有很多。例如在实地调研中,作者通过访谈发现朋友关系网络在促进农民旅游创业、推动企业发展方面有着重要的作用。此外,企业在经营过程中与顾客形成的互动关系也对旅游微型企业的发展和成长具有明显影响。例如,不少受访创业者提到"很多的经营建议来自于顾客""老顾客们给予了我持续创业的信心"。总体来说,除了亲缘网络、商业网络,诸如朋友网络、顾客关系网络等其他社会网络对乡村旅游微型企业生成和发展也可能具有重要的效应。分析这些社会网络因素的影响并将之与亲缘网络的效应相比较有助于更加全面地理解乡村旅游微型企业生成、发展的内在规律。这是本研究的不足之处,也是后续研究可以拓展的方向。

第二,在研究深度上,本书仅从创业意愿、主观绩效、营业收入增长率、家庭—企业功能分离度等方面分别对乡村旅游微型企业的生成、经营、成长进行了操作化研究。实际上,企业的生成、经营和成长所涉及的内容要复杂得多。首先,创业意愿虽然重要,但并不等同于创业行为,后续研究可以从"创业活动所处阶段""实际创业行为"等角度对农民创业决策进行更加细致和精准的测量,以进一步考察和检验影响农民旅游创业的因素及其内在规律机制;其次,主观绩效不足以全面衡量初创企业的绩效,营业收入增长率也仅是度量企业在"量"上成长情况的诸多指标之一。本书为了能从整体观的视角考察亲缘网络嵌入对乡村旅游微型企业生成、经营、成长等不同阶段的影响,在具体被解释变量的界定上进行了简化,这是本书的不足之处。后续研究需要更为深入地考察亲缘网络对企业生命周期各阶段关键结果变量所具有的影响。

此外,本书基于已有文献的观点,仅从笼统意义上对亲缘网络、商业网络分别具有的"强—弱"连带网络特点进行了界定。虽然这一笼统区分大体符合中国乡村社会人际关系的整体格局，但需要注意的是，即使在传统的乡村地区，家人亲戚之间的关系未必就"强"，商业伙伴之间的关系未必就"弱"。后续研究可以通过对强、弱关系更加精确地界定与测量，进一步分析"强—弱"连带在乡村旅游企业生成、成长过程中扮演的差异性角色。

第三，在研究设计方面，本书也存在一定的不足。一方面，本书各个研究变量的测量基本使用回顾性的主观测量方案，这使得研究结论很可能受到"后视偏差"和"幸存者偏差"的影响，在一定程度上削弱了研究结论的可靠性和普适性。后续研究可以探索纵向的跟踪研究设计，更精准地分析亲缘网络嵌入对乡村旅游微型企业生命周期各个阶段的复杂影响。另一方面，本书仅从规模、亲密度、多样性等层面对"亲缘网络"这一概念进行了主观测量，这是本书在研究设计上的一大不足。后续研究可以采用社会网络分析法（social network analysis），更全面、更细致地对这一概念进行解构、测量，进一步厘清亲缘网络的不同维度对企业生成和发展的影响。

第四，在研究样本方面，由于作者渠道能力和客观研究条件的局限，本书仅对浙江省内的三个县市乡村旅游案例地进行了实地调研和数据收集，虽然考虑到了区域位置、发展阶段的不同，但仍然在一定程度上局限于浙江一省。后续研究应该考虑纳入我国其他地区的乡村，尤其是对东部和中西部乡村案例地的比较研究。与案例地的区域和规模局限相对应，本研究仅对三个案例地200多家微型企业的样本数据进行了分析，后续研究可以通过对数量更多、多样性更高的企业样本的统计研究检验本书得出的结论。

第五，同样在研究设计方面，由于作者研究能力和客观条件的局限，本书主要采用横截面数据对提出的理论模型和假说关系进行检验，因此难以保证研究变量之间是否具有严格的因果关系（causal effects）。后续研究可以通过纵向研究设计对本研究提出的观点进行更为精准的检验，通过计量模型的运用与分析进一步检验、核查影响乡村旅游微型企业生成与成长的关键因素。

参考文献

1. 外文文献

［1］Adler, P. Market, Hierarchy, and Trust: The knowledge economy and the future of capitalism. *Organization Science*, 2001, 12 (2), 215–235.

［2］Agarwal, R., Audretsch, D. & Sarkar, M. Entrepreneurship and economic growth. *Strategic Entrepreneurship Journal*, 2010, 1 (3-4), 233–237.

［3］Ajzen, I. The theory of planned behavior. *Research in Nursing & Health*, 1991, 14 (2), 137–144.

［4］Ajzen, I. & Madden, T. J. Prediction of goal-directed behavior: attitudes, intentions, and perceived behavioral control. *Journal of Experimental Social Psychology*, 1986, 22 (5), 453–474.

［5］Aldrich, H. E. *Organizations and Environments*. Englewood Cliffs: Prentice-Hall, 1979.

［6］Aldrich, H. E. & Baker, T. Blinded by the cites? Has there been progress in entrepreneurship research? *Sexton D.L. & Milor R.W. entrepreneurship*, 1997, 377–400.

［7］Aldrich, H. E. & Cliff, J. E. The pervasive effects of family on entrepreneurship: Toward a family embeddedness perspective. *Journal of Business Venturing*, 2003, 18 (5), 573–596.

［8］Aldrich, H. E. & Martinez, M. A. Many are called but few are chosen: An evolutionary perspective for the study of entrepreneurship. *Entrepreneurship Theory and Practice*, 2001, 25 (4), 41–56.

［9］Aldrich, H. E. & Fiol, C. M. Fools Rush in? The institutional context of industry creation. *Academy of Management Review*, 1994, 19 (4), 645–670.

［10］Alesina, A. & Giuliano, P. Family ties and political participation. *Journal of the European Economic Association*, 2011, 9 (5), 817–839.

［11］Allen, T., Herst, D. & Bruck, C. Consequences associated with work–to–family conflict: A review and agenda for future research. *Journal of Occupational Health Psychology*, 2000, 5 (2), 278–308.

［12］Alsos, G. A., Carter, S. & Ljunggren, E. Kinship and business: How entrepreneurial house–holds facilitate business growth. *Entrepreneurship & Regional Development*, 2014, 26 (1–2), 97–122.

［13］Altinay, L., Madanoglu, M., Daniele, R. & Lashley, C. The influence of family tradition and psychological traits on entrepreneurial intention. *International Journal of Hospitality Management*, 2012, 31 (2), 489–499.

［14］Alvarez, S. A. & Barney, J. B. Organizing rent generation and appropriation: toward a theory of the entrepreneurial firm. *Journal of Business Venturing*, 2004, 19 (5), 621–635.

［15］Alvarez, S. A. & Busenitz, L. W. The entrepreneurship of resource–based theory. *Journal of Management*, 2001, 27 (6), 755–775.

［16］Anastasia P. & Irene D. Innovation and small firms' growth prospects: relational proximity and knowledge dynamics in a low–tech industry. *European Planning Studies*, 2009, 17 (11), 1591–1604.

［17］Anderson, A. R., Jack, S. L. & Dodd, S. D. The role of family members in entrepreneurial networks: beyond the boundaries of the family firm. *Family Business Review*, 2005, 18 (2), 135–154.

［18］Anderson, E. & Jap, S. The dark side of close relationships. *MIT Sloan Management Review*, 2005, 46 (3), 75–82.

［19］Andreu, R., Claver, E. & Quer, D. Type of diversification and firm resources: new empirical evidence from the spanish tourism industry.

International Journal of Tourism Research, 2009, 11 (3), 229-239.

［20］Andriotis, K. Scale of hospitality firms and local economic development: Evidence from Crete. *Tourism Management*, 2002, 23 (4), 333-341.

［21］Antoncic, B. & Hisrich, R. D. Clarifying the intrapreneurship concept. *Journal of Small Business and Enterprise Development*, 2003, 10 (1), 7-24.

［22］Ardichvili, A. A model of the entrepreneurial opportunity recognition process. *Journal of Enterprising Culture*. 2000, 8 (02), 103-119.

［23］Arenius, P. & Clercq, D. D. A network-based approach on opportunity recognition. *Small Business Economics*, 2005, 24 (3), 249-265.

［24］Arent, G. & Salaff, J.W. Social networks and entrepreneurship. *Entrepreneurship Theory & Practice*, 2003, 28 (1), 1-22.

［25］Arregle, J. L., Batjargal, B., Hitt, M. A., Webb, J. W., Miller, T. & Tsui, A. S. Family ties in entrepreneurs' social networks and new venture growth. *Entrepreneurship Theory & Practice*, 2015, 39 (2), 313-344.

［26］Ateljevic, I. & Doorne, S. 'Staying within the fence': Lifestyle entrepreneurship in tourism. *Journal of Sustainable Tourism*, 2000, 8 (5), 378-392.

［27］Au, K. & Kwan, H.K. Start-up capital and Chinese entrepreneurs: The role of family. *Entrepreneurship Theory and Practice*, 2009, 33, 889-908.

［28］Baker, W. E. Market networks and corporate behavior. *American Journal of Sociology*, 1990, 96 (3), 589-625.

［29］Barbieri, C. & Mahoney, E. Why is diversification an attractive farm adjustment strategy? Insights from Texas farmers and ranchers. *Journal of Rural Studies*, 2009, 25 (1), 58-66.

［30］Barbosa, S. D. & Kickul, J. Differing pathways to intentionality: the role of cognitive style and risk propensity. *Regional Frontiers of*

Entrepreneurship Research, 2007, 27 (1), 77-94.

［31］Barbosa, S. D., Gerhardt, M. W. & Kickul, J. R. The role of cognitive style and risk preference on entrepreneurial self-efficacy and entrepreneurial intentions. *Journal of Leadership & Organizational Studies*, 2007, 13 (4), 86-104.

［32］Barney, J. Firm resources and sustained competitive advantage. *Journal of Management*, 1991, 17 (1), 99-120.

［33］Baron, R. M. & Kenny, D. A. The moderator-mediator variable distinction in social psychological research: conceptual, strategic, and statistical considerations. *Journal of Personality and Social Psychology*, 1986, 51 (6), 1173-1182.

［34］Baron, R. A. & Ensley, M. D. Opportunity recognition as the detection of meaningful patterns: evidence from comparisons of novice and experienced entrepreneurs. *Management Science*, 2006, 52 (9), 1331 – 1344.

［35］Baron, R. A. Potential benefits of the cognitive perspective: Expanding entrepreneurship's array of conceptual tools. *Journal of Business Venturing*, 2004, 19 (2), 169-172.

［36］Barron, D. N. The structuring of organizational populations. *American Sociological Review*, 1999, 64 (3), 421-445.

［37］Bates, T. Entrepreneur human capital inputs and small business longevity. *The review of Economics and Statistics*, 1990, 72 (4), 551-559.

［38］Bates, T. Social resources generated by group support networks may not be beneficial to asian immigrant-owned small businesses. *Social Forces*, 1994, 72 (3), 671-689.

［39］Batjargal, B. Internet entrepreneurship: social capital, human capital, and performance of internet ventures in china. *Research Policy*, 2007, 36 (5), 605-618.

［40］Baum, J. R., Locke, E. A. & Smith, K. G. A multidimensional model of venture growth. *Academy of Management Journal*, 2001, 44 (2), 292–303.

[41] Becker, W. A. *Manual of Procedures in Quantitative Genetics*. Pullman, Washington State: Program in Genetics, Washington State University, 1964.

[42] Begley, T. M. & Boyd, D. P. Psychological characteristics associated with performance in entrepreneurial firms and smaller businesses. *Journal of Business Venturing*, 1987, 2 (1), 79–93.

[43] Bergin-Seers, S. & Jago, L. Performance measurement in small motels in Australia. *Tourism & Hospitality Research*, 2007, 7 (2), 144–155.

[44] Beritelli, P. Cooperation among prominent actors in a tourist destination. *Annals of Tourism Research*, 2011, 38 (2), 607–629.

[45] Berman, S. Civil society and the collapse of the Weimar Republic. *World Politics*, 1997, 49 (03), 401–429.

[46] Best, M. The new competition. *Massachusetts: Harvard University Press*, 1990.

[47] Bian, Y. Bringing Strong Ties Back in: Indirect Ties, Network Bridges, and Job Searches in China. *American Sociological Association*, 1997, 62 (3), 366–385.

[48] Bignotti, A. & Roux, I. L. Unravelling the conundrum of entrepreneurial intentions, entrepreneurship education, and entrepreneurial characteristics. *Acta Commercii*, 2016, 16 (1), 1–10.

[49] Billett, S. Learning in the workplace: strategies for effective practice. *Auckland, Australia: Allen and Unwin*, 2001.

[50] Bird, B. & Brush, C. A gendered perspective on organizational creation. *Entrepreneurship Theory and Practice*, 2002, 26 (3), 41–65.

[51] Bjerke, B. & Hultman, C. Entrepreneurial marketing: The growth of small firms in the new economic era. *Northampton, UK: Edward Elgar Publishing*, 2004.

[52] Blau, P. M. Exchange and power in social life. *New York: Wiley*, 1964.

[53] Bock, B. B. Fitting in and multi-tasking: Dutch farm women's strategies in rural entrepreneurship.*Rural Sociology*, 2004, 44 (3), 245–260.

[54] Borch, C. Modern mass aberration: hermann broch and the problem of irrationality. *History of the Human Sciences*, 2008, 21 (2), 63–83.

[55] Bourdieu, P. The forms of capital. In J. Richardson (Eds.), Handbook of theory and research for the sociology of education. *New York, NY: Greenwood*, 1986, 241–258.

[56] Bradley, S. W., Mcmullen, J. S., Artz, K. & Simiyu, E. M. Capital is not enough: innovation in developing economies. *Journal of Management Studies*, 2012, 49 (4), 684–717.

[57] Bramwell B., Lane B. Rural Tourism and Sustainable Rural Development. *London: Channel View Publications*, 1994.

[58] Brandth, B. & Haugen, M. S. Farm diversification into tourism: Implications for social identity? *Journal of Rural Studies*, 2011, 27, 35–44.

[59] Bruderl, J. & Schussler, R. Organizational mortality: The liabilities of newness and adolescence. *Administrative Science Quarterly*, 1990, 35, 530–547.

[60] Brüderl, J. & Preisendörfer, P. Network support and the success of newly founded business. *Small Business Economics*, 1998, 10 (3), 213–225.

[61] Brunie, A. Meaningful distinctions within a concept: relational, collective, and generalized social capital. *Social Science Research*, 2009, 38 (2), 251–265.

[62] Brush, C. G., Greene, P. G. & Hart, M. M. From initial idea to unique advantage: The entrepreneurial challenge of constructing a resource base. *Academy of Management Executive*, 2001, 15 (1), 64–80.

[63] Bubolz, M. Family as source, user, and builder of social capital. *Journal of Socio-Economics*, 2001, 30, 129–131.

[64] Burt, R. S. Structural Holes: The Social Structure of Competition. *Cambridge: Harvard University Press*, 1992.

[65] Burt, R. The Contingent value of social capital. *Administrative Science Quarterly*, 1997, 42 (2), 339-365.

[66] Busenitz, L. W. & Barney, J. B. Differences between entrepreneurs and managers in large organizations: biases and heuristics in strategic decision-making. *Journal of Business Venturing*, 1997, 12 (1), 9-30.

[67] Byrd, E. T., Cardenas, D. A. & Dregalla, S. E. Differences in stakeholder attitudes of tourism development and the natural environment. *Review of Tourism Research*, 2009 (2), 39-51.

[68] Cai, L. A. Cooperative branding for rural destinations. *Annals of Tourism Research*, 2002, 29 (3), 720-742.

[69] Camerer, C. F. & Lovallo, D. Overconfidence and excess entry. *American Economic Review*, 1999, 89 (1), 306-318.

[70] Cánoves, G., Villarino, M., Priestley, G. K. & Blanco, A. Rural tourism in spain: an analysis of recent evolution. *Geoforum*, 2004, 35 (6), 755-769.

[71] Cantillon, R. The Circulation and Exchange of Good and Merchandise. *Hants, UK: Edward Elgar Publishing Ltd.*, 1990.

[72] Carmichael, B. A. & McClinchey, K. A. Exploring the importance of setting to the rural tourism experience for rural commercial home entrepreneurs and their guests. In P. Lynch, A. J. McIntosh & H. Tucker (Eds.), *Commercial Homes in Tourism: An International Perspective*. London, UK: Routledge. 2009, 73-86.

[73] Carolis, D. M. D., Litzky, B. E. & Eddleston, K. A. Why networks enhance the progress of new venture creation: the influence of social capital and cognition. *Entrepreneurship Theory & Practice*, 2009, 33 (2), 527-545.

[74] Carr, J. C. & Sequeira, J. M. Prior family business exposure as intergenerational influence and entrepreneurial intent: a theory of planned

behavior approach. *Journal of Business Research*, 2007, 60 (10), 1090–1098.

[75] Carson, D. & Gilmore, A. Marketing at the interface: not 'what' but 'how'. *Journal of Marketing Theory and Practice*, 2000, 8 (2), 1–7.

[76] Cassar, G. Entrepreneur opportunity cost and intended venture growth. *Journal of Business Venturing*, 2006, 21, 610–632.

[77] Cassel, S. H. & Pettersson, K. Performing gender and rurality in Swedish farm tourism. *Scandinavian Journal of Hospitality and Tourism*, 2005, 15 (1–2), 138–151.

[78] Chandler, G. N. & Hanks, S. H. Market Attractiveness, Resource-Based Capabilities, Venture Strategies, and Venture Performance. *Journal of business venturing*. 1994, 9 (4), 331–349.

[79] Chen, C. C., Greene, P. G. & Crick, A. Does entrepreneurial self-efficacy distinguish entrepreneurs from managers? *Journal of Business Venturing*, 1998, 13 (4), 295–316.

[80] Chee-Hua Chin et al. Rural tourism destination competitiveness: A study on annah rais longhouse homestay, sarawak. *Procedia-Social and Behavioral Sciences*, 2014, 144, 35–44.

[81] Chirico, F. & Bau', M. Is the family an "asset" or "liability" for firm performance? the moderating role of environmental dynamism. *Journal of Small Business Management*, 2014, 52 (2), 210–225.

[82] Chlosta, S., Patzelt, H., Klein, S. B. & Dormann, C. Parental role models and the decision to become self-employed: the moderating effect of personality. *Small Business Economics*, 2012, 38 (1), 121–138.

[83] Choi, H. S. C. & Sirakaya, E. Sustainability indicators for managing community tourism. *Tourism Management*, 2006, 27 (6), 1274–1289.

[84] Chowdhury, I. N., Gruber, T. & Zolkiewski, J. Every cloud has a silver lining – Exploring the dark side of value co-creation in B2B service networks. *Industrial Marketing Management*, 2016, 55, 97–109.

[85] Chrisman, J. J., Bauerschmidt, A. & Hofer, C. W. The determinants of new venture performance: An extended model. *Entrepreneurship Theory and Practice*, 1998 (23), 5-30.

[86] Christou, P., Farmaki, A. & Evangelou, G. Nurturing nostalgia? A response from rural tourism stakeholders. *Tourism Management*, 2018, 69 (12), 42-51.

[87] Churchill, G. A. A paradigm for developing better measures of marketing constructs. *Journal of Marketing Research*, 1979, 16 (1), 64-73.

[88] Cloke P. The countryside: Development, conservation and an increasingly marketable commodity. *Policy and Change in Thatcher's Britain.* Oxford: Pergamon Press, 1992.

[89] Cloke, P., Marsden, T. & Mooney, P. (Eds). *Handbook of Rural Studies*, 2006, Sage.

[90] Coad, A. *The growth of firms: A survey of theories and empirical evidence*. Cheltenham, UK: Edward Elgar Publishing, 2009.

[91] Coase. R. H. The nature of the firm. *Economica*, 1937, 4 (16), 386-405.

[92] Cohen, E. Authenticity and commoditization in tourism. *Annals of tourism research*, 1988, 15 (3), 371-386.

[93] Cohen, S. & Wills, T. A. Stress, social support, and the buffering hypothesis. *Psychological Bulletin*, 1985, 98, 310-357.

[94] Coleman, J. Social capital in the creation of human capital. *American Journal of Sociology*, 1988, 94 (Supplement), 95-120.

[95] Collins, C. J. & Clark, K. D. Strategic human resource practices, top management team social networks, and firm performance: the role of human resource practices in creating organizational competitive advantage. *Academy of Management Journal*, 2003, 46 (6), 740-751.

[96] Collins, W. A., Maccoby, E. E., Steinberg, L., Hetherington, E.M. & Bornstein, M.H. Contemporary research on parenting. *American

Psychologist, 2000, 55, 218–232.

［97］Combs, J. G., Crook, T. R. & Shook, C. L. The dimensionality of organizational performance and its implications for strategic management research. *Research Methodology in Strategy & Management*, 2005, 2 (2), 259–286.

［98］Cooper, A. C., Gimeno-Gascon, F. J. & Woo, C. Y. Initial human and financial capital as predictors of new venture performance. *Journal of Business Venturing*, 1994, 9 (5), 371–395.

［99］Cordes, C. L. & Dougherty, T. W. A review and an integration of research on job burnout. *Academy of Management Review*, 1993, 18, 621–656.

［100］Covin, J. G. & Slevin, D. P. Strategic management of small firms in hostile and benign environments. *Strategic Management Journal,* 1989, 10 (1), 75–87.

［101］Cronbach, L. J. Coefficient alpha and the internal structure of tests. *Psychometrika*, 1951, 16 (3), 297–334.

［102］Czernek, K. & Czakon, W. Trust-building processes in tourist coopetition: The case of a Polish region. *Tourism Management*, 2016, 52 (2), 380–394.

［103］Dacin, M. T., Ventresca, M.J. & Beal, B. D. The embeddedness of organizations: Dialogue and directions. *Journal of Management*, 1999, 25, 317–356.

［104］Dahlqvist, J., Davidsson, P. & Wiklund, J. Initial conditions as predictors of new venture performance: A replication and extension of the Cooper et al. study. *Enterprise and Innovation Management Studie*s, 2000, 1 (1), 1–17.

［105］Danes, S. M., Lee, J., Stafford, K. & Heck, R. The effects of ethnicity, families and culture on entrepreneurial experience: An extension of sustainable family business theory. *Journal of Developmental*

Entrepreneurship, 2008, 13 (3), 229–268.

[106] Davidsson, P. Continued entrepreneurship: Ability, need, and opportunity as determinants of small firm growth. *Journal of Business Venturing*, 1991, 6 (6), 405–429.

[107] Davidsson, P. & Honig, B. The role of social and human capital among nascent entrepreneurs. *Journal of Business Venturing*, 2003, 18 (3), 301–331.

[108] Davis, J. H., Schoorman, F. D.& Donaldson, L. Toward a stewardship theory of management. *Academy of Management Review*, 1997, 22, 20–47.

[109] De Carolis, D. M. & Saparito, P. Social capital, cognition, and entrepreneurial opportunities: A theoretical framework. *Entrepreneurship Theory and Practice*, 2006, 30 (1), 41–56.

[110] De Lauwere, C. C. The role of agricultural entrepreneurship in Dutch agriculture of today. *Agricultural Economics*, 2005, 33 (2), 229–238.

[111] Delacroix, J. & Carroll, G. R. Organizational foundings: An ecological study of the newspaper industries of argentina and ireland. *Administrative Science Quarterly*, 1983, 274–291.

[112] Deligonul, Z. S., Hult, G. T. M. & Cavusgil, S. T. Entrepreneuring as a puzzle: An attempt to its explanation with truncation of subjective probability distribution of prospects. *Strategic Entrepreneurship Journal*, 2010, 2 (2), 155–167.

[113] Delmar, F., Davidsson, P. & Gartner, W. B. Arriving at the high-growth firm. *Journal of Business Venturing*, 2003, 18 (2), 189–216.

[114] Delmar, F. & Scott, S. Legitimating first: Organizing activities and the survival of new ventures. *Journal of Business Venturing*, 2004, 19, 385–410.

[115] Demerouti, E., Geurts, S.A.E., Bakker, A.B. & Euwema, M. The impact of shift work on work–home interference, job attitudes and health.

Ergonomics, 2014, 47, 987-1002.

［116］Denanyoh, R., Adjei, K. & Nyemekye, G. E. Factors that impact on entrepreneurial intention of tertiary students in Ghana.*International Journal of Bussiness Social Research*, 2015, 5 (3), 19-29.

［117］Dernoi, L. A. Farm tourism in Europe. *Tourism Management*, 1983, 4 (3), 155-166.

［118］Dess, G. G. & Beard, D. W. Dimensions of organizational task environments. *Administrative Science Quarterly*, 1984, 29 (1), 52-73.

［119］Di Domenico, M. & Miller, G. Farming and tourism enterprise: Experiential authenticity in the diversification of independent small-scale family farming. *Tourism Management*, 2012, 33 (2), 285-294.

［120］Dijksterhuis, M.S., Van den Bosch, F.A.J., Volberda, H.W. Where do new organizational forms come from? Management logics as a source of coevolution. *Organ. Sci.* 1999, 10 (5), 569-582.

［121］Diochon, M. Canadian nascent entrepreneurs' start-up efforts: outcomes and individual influences on sustainability. *Journal of Small Business & Entrepreneurship*, 2005, 18 (1), 53-74.

［122］Dollinger M. J. *Entrepreneurship: Strategies and Resources*. New York: Prentice Hall, 2003.

［123］Domenico, M. L. D. & Miller, G. Farming and tourism enterprise: experiential authenticity in the diversification of independent small-scale family farming. *Tourism Management,* 2010, 33 (2), 285-294.

［124］Drucker, P. E. *Innovation and Entrepreneurship: Practice and Principles*. New York: Harper & Row, 1985.

［125］Duim, R. V. D., Ren, C. & Johannesson, G. T. *Actor-Network Theory and Tourism*. UK: Routledge, 2012.

［126］Dyer, W. G. The family: the missing variable in organizational research. *Entrepreneurship Theory and Practice*. 2003, 27 (4), 401-416.

［127］Edelman, L. F., Manolova, T., Shirokova, G. & Tsukanova, T.

The impact of family support on young entrepreneurs' start-up activities. *Journal of Business Venturing*, 2016, 31 (4), 428-448.

[128] Envick, B. R. Beyond human and social capital: the importance of positive psychological capital for entrepreneurial success. *Entrepreneurial Executive,* 2005 (10), 41-52.

[129] Ericsson, T. Women, family, and small business in late nineteenth century Sweden. *History of the Family* 2001, 6 (2), 225.

[130] Evans, D. S., Leighton, L. S. Some empirical aspects of entrepreneurship. *American Economic Review*, 1989, 79 (3), 519-535.

[131] Farmer, S. M., Yoa, X. & Kung-Mcintyre, K. The behavioral impact of entrepreneur identity aspiration and prior entrepreneurial experience. *Entrepreneurship Theory and Practice*, 2011, 35 (2), 245-273.

[132] Figueiredo, S. L. & Nóbrega, W. R. D. M. Public policies and tourism management in Amazonia. *Estudios Turísticos*, 2009 (5), 129-140.

[133] Firkin, P. *Entrepreneurial Capital: A Resource-Based Conceptualization of the Entrepreneurial Process*. Auckland: Labour Market Dynamics Research Programme, Masscy University, 2001.

[134] Fleischer, A. & Felsenstein, D. Support for rural tourism: Does it make a difference? *Annals of Tourism Research*, 2000, 27 (4), 1007-1024.

[135] Fornell, C. & Larcker, D. F. Evaluating structural equation models with unobservable variables and measurement error. *Journal of Marketing Research*, 1981, 66 (6), 39-50.

[136] Foss, N. J. & Knudsen, C. Towards a competence based theory of the firm. *Strategic Managemt Journal*, 1996, 17, 45-62.

[137] Freeman, L. C. Centrality in social networks conceptual clarification. *Social Networks*, 1979, 1 (3), 215-239.

[138] Fuller, D., Buultjens, J. & Cummings, E. Ecotourism and indigenous micro-enterprise formation in northern Australia opportunities and constraints. *Tourism Management*, 2005, 26 (6), 891-904.

[139] Gaglio, C. M. & Taub, R. P. Entrepreneurs and opportunity recognition. *Frontiers of Entrepreneurship Research*, 1992, 12, 136–147.

[140] Garay, L. & Font, X. Doing good to do well? Corporate social responsibility reasons, practices and impacts in small and medium accommodation enterprises. *International Journal of Hospitality Management*, 2012, 31 (2), 329–337.

[141] Gargiulo, M. & Benassi, M. Trapped in your own net? Network cohesion, structural holes, and the adaptation of social capital. *Organization Science*, 2000, 11 (2), 183–196.

[142] Gartner, W. B. A conceptual framework for describing the phenomenon of new venture creation. *Academy of Management Review*, 1985, 10 (4), 696–706.

[143] Gartner, W. B. Who is an entrepreneur? Is the wrong question. *American Journal of Small Business*. 1988, 12 (4), 11–32.

[144] Gartner, W. C. Rural tourism development in the USA. *International Journal of Tourism Research*, 2004, 6 (3), 151–164.

[145] Gasson, R., Crow, G., Errington, A., Hutson, J., Marsden, T. & Winter, M. The farm as a family business. *Journal of Agricultural Economics*, 1988, 39, 1–41.

[146] Getz, D. & Carlsen, J. Family business in tourism: State of the art. *Annals of Tourism Research*, 2005, 32 (1), 237–258.

[147] Getz, D. & Petersen, T. Growth and profit-oriented entrepreneurship among family business owners in the tourism and hospitality industry. *International Journal of Hospitality Management*, 2005, 24 (2), 219–242.

[148] Gibb, A. & Davies, L. In pursuit of frameworks for the development of growth models of the small business. *International Small Business Journal*, 1990, 9 (1), 15–31.

[149] Gilbert, B. A., McDougall, P. P. & Audretsch, D. B. New venture

growth: A review and extension. *Journal of Management*, 2006, 32 (6), 926–950.

［150］Gilbert, D. & Tung, L. Public organizations and rural marketing planning in England and Wales. *Tourism Management*, 1990, 11 (2), 164–172.

［151］Gimeno, J., Folta, T., Cooper, A. & Woo, C. Survival of the fittest? Entrepreneurial human capital and the persistence of underperforming firms. *Administrative Science Quarterly*, 1997, 42, 750–783.

［152］Gnyawali, D. R. & Dan, F. Environment for entrepreneurship development, key dimensions and research implications. *Entrepreneurship Theory & Practice*, 1994, 18, 43–62.

［153］Gomez-Mejia, L.R., Nunez-Nickel, M. & Gutierrez, I. The role of family ties in agency contracts. *Academy of Management Journal*, 2001, 44, 81–95.

［154］Graebner, M. E., Martin, J. A. & Roundy, P. T. Qualitative data: Cooking without a recipe. *Strategic Organization*, 2012, 10 (3), 276–284.

［155］Granovetter, M. The strength of weak ties. *American Journal of Sociology*, 1973, 78 (6), 1360–1380.

［156］Granovetter, M. Economic action and social structure: The problem of embeddedness. *Social Science Electronic Publishing*, 1985, 91 (3), 481–510.

［157］Granovetter, M. The economic sociology of firms and entrepreneurs. In A. Portes (Ed.), *The Economic Sociology of Immigration*. New York: Russell Sage Foundation, 1995, 128–165.

［158］Greve, A. & Salaff, J. W. Social networks and entrepreneurship. *Entrepreneurship Theory & Practice*, 2003, 28 (1), 1–22.

［159］Grootaert, C. & Van Bastelaer, T. Social capital: from definition to measurement. In: Grootaert, C. & Van Bastelaer, T. (Eds.), *Understanding and Measuring Social Capital*. Washington, D C: The World Bank, 2002,

1-16.

[160] Grzywacz, J.G. & Marks, N.F. Reconceptualizing the work-family interface: An ecological perspective on the correlates of positive and negative spillover between work and family. *Journal of Occupational Health Psychology*, 2000, 5, 111-126.

[161] Guerrier, Y. & Adib, A. S. 'No, we don't provide that service': the harassment of hotel employees by customers. *Work, Employment and Society*, 2000, 14 (04), 689-705.

[162] Gulati, R. & Higgins, M. C. Which ties matter when? the contingent effects of interorganizational partnerships on ipo success. *Strategic Management Journal*, 2003, 24 (2), 127-144.

[163] Haber, S. & Reichel, A. Identifying performance measures of small ventures: The case of the tourism industry. *Journal of Small Business Management*, 2005, 43 (3), 257-286.

[164] Haber, S. & Reichel, A. The cumulative nature of the entrepreneurial process: the contribution of human capital, planning and environment resources to small venture performance. *Journal of Business Venturing*, 2007, 22 (1), 119-145.

[165] Hair, J. F., Anderson, R. E., Tatham, R. L. & Black, W. C. *Multivariate Data Analysis*, 5th ed. NC: Prentice Hall, 1998.

[166] Hall, C. M. & Bensemann, J. Copreneurship in rural tourism: exploring women's experiences. *International Journal of Gender & Entrepreneurship*, 2010, 2 (3), 228-244.

[167] Hall, D. Rural tourism development in southeastern Europe: transition and the search for sustainability. *International Journal of Tourism Research*, 2004, 6 (3), 165-176.

[168] Hallak, D. R. Tourism and hospitality entrepreneurship. *Lap Lambert Academic Publishing*, 2011, 5 (1), 1-12.

[169] Hamel, G. & Prahalad, C.K. The core competence of the

corporation. *Harvard Business Review*. 1990, 68 (3), 79-91.

[170] Hansen, E. L. Entrepreneurial networks and new organization growth. *Entrepreneurship Theory & Practice*, 1995, 19 (4), 7-19.

[171] Hansson, H., Ferguson, R., Olofsson, C. & Rantamä ki-Lahtinen, L. Farmers' motives for diversifying their farm business—The influence of family. *Journal of Rural Studies*, 2013, 32, 240-250.

[172] Harpham, T., Grant, E. & Thomas, E. Measuring social capital within health surveys: key issues. *Health Policy and Planning*, 2002, 17 (1), 106-111.

[173] Harrell, S. *Human Families*. Boulder, CO: Westview, 1997.

[174] Haven-Tang, C. & Jones, E. Local leadership for rural tourism development: A case study of Adventa, Monmouthshire, UK. *Tourism Management Perspectives*, 2012, 4, 28-35.

[175] Hayward, M. L, A., Shepherd, D. A. & Griffin, D. A hubris theory of entrepreneurship. *Management Science*, 2006, 52 (2), 160-172.

[176] Heck, R. K. Z. & Trent, E. S. The prevalence of family business from a household sample. *Family Business Review*, 2010, 12 (3), 209-219.

[177] Hegarty, C. & Przezborska, L. Rural and agri-tourism as a tool for reorganising rural areas in old and new member states—a comparison study of ireland and poland. *International Journal of Tourism Research*, 2005, 7 (2), 63-77.

[178] Hillman, J. & Hitt, M. A. Corporate political strategy formulation: A model of approach, participation, and strategy decisions. *Academy of Management Review*, 1999, 24 (4), 825-842.

[179] Hills, G. E. & Singh, R. P. *Opportunity Recognition*. Thousand Oaks: Sage Publications, 2004, 259-272.

[180] Hisrich, R. D. & Ayse Öztürk, S. Women entrepreneurs in a developing economy. *Journal of Management Development*, 1999, 18 (2), 114-125.

[181] Hegarty, C. & Przezborska, L. Rural and agri-tourism as a tool for reorganising rural areas in old and new member states: A comparison study of Ireland and Poland. *International Journal of Tourism Research*, 2005, 7 (2), 63-77.

[182] Hite, J. M. & Hesterly, W. S. The evolution of firm networks: from emergence to early growth of the firm. *Strategic Management Journal*, 2001, 22 (3), 275-286.

[183] Hite, J.M. Evolutionary processes and paths of relationally embedded network ties in emerging entrepreneurial firms. *Entrepreneurship Theory and Practice*, 2005, 29, 113-144.

[184] Hjalager, A. M. Strategy for tourism. *Annals of Tourism Research*, 2010, 37 (4), 1192-1194.

[185] Hmieleski, K. M. & Baron, R. A. Entrepreneurs' optimism and new venture performance: A social cognitive perspective. *Academy of Management Journal*, 2009, 52 (3), 473-488.

[186] Hmieleski, K. M. & Carr, J. C. The relationship between entrepreneur psychological capital and well-being. *Social Science Electronic Publishing*, 2009, 27 (5), 96-103.

[187] Hoang, H. & Antoncic, B. Network-based research in entrepreneurship: A critical review. *Journal of Business Venturing*, 2003, 18 (2), 165-187.

[188] Homburg, A. & Stolberg, A. Explaining pro-environmental behavior with a cognitive theory of stress. *Journal of Environmental Psychology*, 2006, 26 (1), 1-14.

[189] Huang, L. Bed and breakfast industry adopting e-commerce strategies in e-service. *The Service Industries Journal*, 2008, 28 (5), 633-648.

[190] Hunter, J. E. & Schmidt, F. L. Dichotomization of continuous variables: The implications for meta-analysis. *Journal of Applied*

Psychology, 1990, 75 (3), 334-349.

［191］Hurlbert, J. S., Haines, V. A. & Beggs, J. J. Core networks and tie activation: What kinds of routine networks allocate resources in non-routine situations? *American Sociological Review*, 2000, 65 (4), 598-618.

［192］Ilbery, B., Healey, M., Higginbottom, J. & Noon, D. Agricultural adjustment and business diversification by farm households. *Geography*, 1996, 81 (4), 301-310.

［193］Inkpen, A. C. & Tsang, E. W. K. Social capital, networks, and knowledge transfer. *Academy of Management Review*, 2005, 30 (1), 146-165.

［194］Inskeep, E. Tourism planning: an integrated and sustainable development approach. *Management Science Letters*, 1991, 4 (12), 2495-2502.

［195］Iorio, M. & Corsale, A. Rural tourism and livelihood strategies in romania. *Journal of Rural Studies*, 2010, 26 (2), 152-162.

［196］Iversen, I. & Jacobsen, J. K. S. Migrant tourism entrepreneurs in rural Norway. Scandinavian. *Journal of Hospitality and Tourism*, 2016, 16 (4), 484-499.

［197］Jaafar, M., Ku Azam, T. L., Aleff Omar, S. N. & Abdullah, S. Entrepreneurship development of rural tourism: exploring a cooperative business model. *World Applied Sciences Journal*, 2014, 35 (6), 755-769.

［198］Jack, S. L. & Anderson, A. R. The effects of embeddedness on the entrepreneurial process. *Journal of Business Venturing,* 2002, 17, 467-487.

［199］Jack, S. L. The role, use and activation of strong and weak network ties: Aqualitative analysis. *Journal of Management Studies*, 2005, 42 (6), 1233-1259.

［200］Jack, S. L., Dodd, S. D. & Anderson, A.R. Change and the development of entrepreneurial networks over time: A processual perspective.

Entrepreneurship & Regional Development, 2008, 20, 125–159.

[201] Jo, H. & Lee, J. The relationship between an entrepreneur's background and performance in a new venture. *Technovation*, 1996, 16 (4), 161–211.

[202] Johannisson, B., Alexanderson, O., Nowicki, K. & Senneseth, K. Beyond anarchy and organization: entrepreneurs in contextual networks. *Entrepreneurship & Regional Development*, 2006, 6 (4), 329–356.

[203] Johns, N. & Mattsson, J. Destination development through entrepreneurship: A comparison of two cases. *Tourism Management*, 2005, 26 (4), 605–616.

[204] Jones, N. Environmental activation of citizens in the context of policy agenda formation and the influence of social capital. *The Social Science Journal*, 2010, 47 (1), 121–136.

[205] Kaish, S. & Gilad, B. Characteristics of opportunities search of entrepreneurs versus executives: Sources, interests, general alertness. *Journal of business venturing*, 1991, 6 (1), 45–61.

[206] Karlsson, S. E. The social and the cultural capital of a place and their influence on the production of tourism: A theoretical reflection based on an illustrative case study. *Scandinavian Journal of Hospitality and Tourism*, 2005, 5 (2), 102–115.

[207] Karra, N., Tracey, P. & Phillips, N. Altruism and agency in the family firm: Exploring the role of family, kinship and ethnicity. *Entrepreneurship Theory & Practice*, 2006, 30 (6), 861–877.

[208] Kastenholz, E. 'Management of Demand' as a tool in sustainable tourist destination development. *Journal of Sustainable Tourism*, 2004, 12 (5), 388–408.

[209] Kastenholz, E., Carneiro, M. J., Marques, C. P. & Lima, J. Understanding and managing the rural tourism experience: The case of a historical village in Portugal. *Tourism Management Perspectives*, 2013, 4,

207-214.

[210] Katz, J. & Gartner, W. B. Properties of emerging organizations. *The Academy of Management Review,* 1988, 13 (3), 429-442.

[211] Keith, N. & Frese, M. Self-regulation in error management training: Emotion control and metacognition as mediators of performance effects. *Journal of Applied Psychology*, 2005, 90 (4), 677-691.

[212] Kilduff, M. & Tsai, W. Social networks and organizations. *IEEE Transactions* on *Systems Man & Cybernetics Part C Applications & Reviews*, 2003, 28 (2), 173 - 193.

[213] Kline, R. B. *Principles and Practice of Structural Equation Modeling (2nd ed.)*. New York: Guilford Press. 2005, 50-71.

[214] Knack, S. & Keefer, P. Does social capital have an economic payoff: a cross-country investigation. *The Quarterly Journal of Economics*, 1997, 52 (4), 1251-1287.

[215] Knight, F. H. *Risk, Uncertainty and Profit.* New York: Houghton Mifflin, 1921.

[216] Komppula, R. The role of individual entrepreneurs in the development of competitiveness for a rural tourism destination: A case study. *Tourism Management*, 2014, 40, 361-371.

[217] Kotey, B. & Folker, C. Employee training in SMEs: Effect of size and firm type—Family and nonfamily. *Journal of Small Business Management*, 2007, 45 (2), 214-238.

[218] Krackhardt, D. The strength of strong ties: the importance of philos in organizations. *Networks & Organizations*, 1992, 216-239.

[219] Krueger Jr, N. F., Reilly, M. D. & Carsmd, A. L. Competing Models of Entrepreneurial Intentions. *Journal of business venturing*, 2000, 15 (5-6), 411-432.

[220] Krueger, N. & Dickson, P. R. How believing in ourselves increases risk taking: Perceived self-efficacy and opportunity recognition.

Decision Sciences, 1994, 25, 385–400.

［221］Laguía, A., Moriano, J. A. & Gorgievski, M. J. A psychosocial study of self-perceived creativity and entrepreneurial intentions in a sample of university students. *Think. Skills Creat*, 2019, 31, 44–57.

［222］Larson, A. Network dyads in entrepreneurial settings: A study of the governance of exchange relationships. *Administrative Science Quarterly*, 1992, 37 (1), 76–104.

［223］Lane, B., Bramwell, B. & Lane, B. What is rural tourism?. *Journal of Sustainable Tourism*, 1994, 2 (1), 7–21.

［224］Lechner, C. & Dowling, M. Firm networks: External relationships as sources for the growth and competitiveness entrepreneurial firms. *Entrepreneurship & Regional Development*, 2003, 15, 1–26.

［225］Leach, T. & Kenny, B. The role of professional development in simulating change in small growing businesses. *Continuing Professional Development*, 2000, 3 (1), 7–22.

［226］Leavitt, K., Reynolds, S. J., Barnes, C. M., Schlipzand, P. & Hannah, S. T. Different Hats, different obligations: Plural occupational identities and situated moral judgements. *Academy of Management Journal*, 2012, 55 (6), 1316–1333.

［227］Leeuwis, C. Re-conceptualizing participation for sustainable rural development: Towards a negotiation approach. *Development and Change*, 2000, 31 (5), 931–959.

［228］Leinbach, T. R. Small enterprises, fungibility and Indonesian rural family livelihood strategies. *Asia Pacific Viewpoint*, 2003, 44 (1), 7–34.

［229］Leiter, M. P. The impact of family resources, control coping, and skill utilization on the development of burnout: A longitudinal study. *Human Relations*, 1990, 43, 1067–1083.

［230］Lerner, M. & Haber, S. Performance factors of small tourism ventures: the interface of tourism, entrepreneurship and the environment.

Journal of Business Venturing, 2011, 16 (1), 77-100.

［231］Lerner, M., Afek-Koptach, N. & Haber, S. Family businesses vs. Nonfamily businesses-innovativeness and growth aspirations or fear of failure?. *Academy of Innovation and Entrepreneurship*, 2010, 32 (5), 963-976.

［232］Levesque, M. & Maillart, L. M. Business opportunity assessment with costly, imperfect information. *IEEE Transactions on Engineering Management*, 2008, 55 (2), 279-291.

［233］Liao, J. & Welsch, H. Roles of social capital in venture creation: key dimensions and research implications. *Journal of Small Business Management*, 2005, 43 (4), 345-362.

［234］Lichtenstein, B. M. B. & Brush, C. G. How do 'Resource Bundles' develop and change in new ventures? A dynamic model and longitudinal exploration. *Entrepreneurship Theory and Practice*, 2001, 25 (3), 37.

［235］Lin, N. *Social Capital: A Theory of Social Structure and Action*. New York: Cambridge University Press. 2001.

［236］Lipton, M. Migration from rural areas of poor countries: The impact on rural productivity and income distribution. *World development*, 1980, 8 (1), 1-24.

［237］Liu, A. Tourism in rural areas: Kedah, Malaysia. *Tourism Management*, 2006, 27 (5), 878-889.

［238］Lordkipanidze, M., Han, B. & Backman, M. The entrepreneurship factor in sustainable tourism development. *Journal of Cleaner Production*, 2005, 13 (8), 787-798.

［239］López-i-Gelats, F., Milán, M. J. & Bartolome, J. Is farming enough in mountain areas? Farm diversification in the Pyrenees. *Land Use Policy*, 2011, 28 (4), 783-791.

［240］Loureiro, S. M. Satisfying and delighting the rural guests.

Journal of Travel & Tourism Marketing, 2010, 27 (4), 396-408.

[241] Low, M. B. & MacMillan, I. C. Entrepreneurship: Past Research and Future Challenges. *Journal of Management*. 1988, 14 (2), 139-161.

[242] Luthans, F., Luthans, K. W. & Luthans, B. C. Positive psychological capital: beyond human and social capital. *Business Horizons*, 2004, 47 (1), 45-50.

[243] Lüthje, C. & Franke, N. The 'making' of an entrepreneur: testing a model of entrepreneurial intent among engineering students at mit. *R & D Management*, 2003, 33 (2), 135-147.

[244] Lynch, P. A. The commercial home enterprise and host: A United Kingdom perspective. *International Journal of Hospitality Management*, 2005, 24 (4), 533-553.

[245] Lynch, P. & MacWhannell, D. Home and commercialized hospitality. In *Search of Hospitality: Theoretical perspectives and debates*, 2000, 100-117.

[246] Maki, K. & Pukkinen, T. Barriers to growth and employment in Finnish small enterprises. *In ICSB World Conference*. 2000.

[247] Marchant, B., Mottiar, Z., Carmichael, B. A. & Morrison, A. Understanding lifestyle entrepreneurs and digging beneath the issue of profits: Profiling surf tourism lifestyle entrepreneurs in ireland. *Tourism Planning & Development*, 2011, 8 (2), 171-183.

[248] Mason, C. M., Carter, S. & Tagg, S. Invisible businesses: The characteristics of home-based businesses in the United Kingdom. *Regional Studies*, 2011, 45 (5), 625-639.

[249] Marchant, B., Mottiar, Z., Carmichael, B. A. & Morrison, A. Understanding lifestyle entrepreneurs and digging beneath the issue of profits: profiling surf tourism lifestyle entrepreneurs in Ireland. *Tourism Planning & Development*, 2011, 8 (2), 171-183.

[250] Mason, C. M., Carter, S. & Tagg, S. Invisible businesses: the

characteristics of home-based businesses in the United Kingdom. *Regional Studies*, 2011, 45 (5), 625-639.

［251］Mason, P. & Cheyne, J. Residents' attitudes to proposed tourism development. *Annals of Tourism Research*, 2000, 27 (2), 391-411.

［252］Mathieu, J. E. & Farr, J. L. Further evidence for the discriminant validity of measures of organizational commitment, job involvement, and job satisfaction. *Journal of Applied Psychology*, 1991, 76 (1), 127-133.

［253］Mccarthy, B. Music and tourism: On the road again. *Tourism Recreation Research*, 2008 (33), 230-231.

［254］McElwee, G. A taxonomy of entrepreneurial farmers. *International Journal of Entrepreneurship and Small Business*, 2008, 6 (3), 465-478.

［255］McElwee, G., Anderson, A., Vesala, K. M., 2006. The strategic farmer: a cheese producer with cold feet? *Journal of Bussiness Strategy*, 2006, 27 (6), 65-72.

［256］Mcgehee, N. G. & Kim, K. M. Motivation for agri-tourism entrepreneurship. *Journal of Travel Research*, 2004, 43 (2), 161-170.

［257］McGehee, N. G., Kim, K. & Jennings, G. R. R. Gender and motivation foragri-tourism entrepreneurship. *Tourism Management*. 2007, 28 (1), 280-289.

［258］McGehee, N. G., Lee, S., O'Bannon, T. L. & Perdue, R. R. Tourism-related social capital and its relationship with other forms of capital: An exploratory study. *Journal of Travel Research*, 2010, 48 (4), 486-500.

［259］McGibbon, J. & Leiper, N. Perceptions of Business Failure in Australian Tourism Industries. *In CAUTHE Conference, Canberra*. 2001.

［260］Woodland, M. & Acott, T.G. Sustainability and local tourism branding in England's south downs. *Journal of Sustainable Tourism*, 2007, 15 (6), 715-734.

［261］Melin, L. & Nordqvist, M. The reflexive dynamics of

institutionalization: The case of the family business. *Strategic Organization*, 2007, 5 (3), 321–333.

［262］Michalos, A. C. Multiple discrepancies theory (MDT) . *Social Indicators Research*, 1985, 16 (4), 347–413.

［263］Mincer, J. *Schooling, Experience, and Earnings. Human Behavior & Social Institutions*. New York: National Bureau of Economic Research, Inc., 1974.

［264］Mitręga, M. & Zolkiewski, J. Negative consequences of deep relationships with suppliers: An exploratory study in Poland. *Industrial Marketing Management*, 2012, 41 (5), 886–894.

［265］Mizruchi, M. & Stearns, L. B. Getting deals done: The use of social networks in bank decision-making. *American Sociological Review*, 2001, 66 (5), 647–672.

［266］Morrison, A. Marketing the small tourism business. *Marketing tourism products: Concepts, issues, cases*, 1996, 399–420.

［267］Morrison, A. & Conway, F. The status of the small hotel firm. *Service Industries Journal*, 2007, 27 (1), 47–58.

［268］Morrison, A. M., Taylor, S., Morrison, A. J. & Morrison, A. D. Marketing small hotels on the World Wide Web. *Information Technology & Tourism*, 1999, 2 (2), 97–113.

［269］Morrison, A. Small firm co-operative marketing in a peripheral tourism region. *International Journal of Contemporary Hospitality Management*, 1998, 10 (5), 191–197.

［270］Morrison, A. & Teixeira, R. Small business performance: a tourism sector focus. *Journal of Small Business and Enterprise Development*, 2004, 11 (2), 166–173.

［271］Morrison, A., Carlsen, J. & Weber, P. Small tourism business research change and evolution. *International Journal of Tourism Research*, 2010, 6, 739–749.

［272］Mottiar, Z., Boluk, K. & Kline, C. The roles of social entrepreneurs in rural destination development. *Annals of Tourism Research*, 2018, 68, 77–88.

［273］Murphy, P. E. Data gathering for community-oriented tourism planning: case study of vancouver island, british columbia. *Leisure Studies*, 1992, 11 (1), 65–79.

［274］Nahapiet, J. & Ghoshal, S. Social capital, intellectual capital, and the organizational advantage. *Academy of Management Review*, 1998, 23 (2), 242–266.

［275］Nicholson, N. Evolutionary psychology and family business: Anew synthesis for theory, research, and practice. *Family Business Review*, 2008, 21 (1), 103–118.

［276］Nickerson, N. P., Black, R. J. & McCool, S. F. Agritourism: Motivations behind farm/ranch business diversification. *Journal of Travel Research*, 2001, 40 (1), 19–26.

［277］Nohe, C., Meier, L. L. & Sonntag, K. et al. The chicken or the egg? A meta-analysis of panel studies of the relationship between work-family conflict and strain. *Journal of Applied Psychology*, 2015, 100 (2), 522–536.

［278］Novelli, M., Schmitz, B. & Spencer, T. Networks, clusters and innovation in tourism: A UK experience. *Tourism Management*, 2006, 27 (6), 1141–1152.

［279］Nunkoo, R. & Ramkissoon, H. Structural equation modelling and regression analysis in tourism research. *Current Issues in Tourism*, 2012, 15 (8), 777–802.

［280］Nunnally, J. *Psychometric methods*. New York: McGraw, 1978.

［281］Obukhova, E. & Zhang, L. Social capital and job search in urban China: The strength-of-strong-ties hypothesis revisited. *Chinese Sociological Review*, 2017, 49 (4), 340–361.

[282] Ollenburg, C. & Buckley, R. Stated economic and social motivations of farm tourism operators.*Journal of Travel Research*, 2007, 45 (4), 444-452.

[283] Olson, P., Zuiker, V.S., Danes, S.M., Stafford, K., Heck, R.K.Z. & Duncan, K.A. The impact of the family and the business on the family business sustainability. *Journal of Business Venturing*, 2003, 18, 639-666.

[284] Oppermann, M. Rural tourism in southern germany. *Annals of Tourism Research*, 1996, 23 (1), 86-102.

[285] Ostrom, E. *Governing the Commons: The Evolution of Institutions for Collective Action*. New York: Cambridge University Press. 1990, 1-206.

[286] Özgener, S. & IRaz, R. Customer relationship management in small-medium enterprises: the case of turkish tourism industry. *Tourism Management*, 2006, 27 (6), 1356-1363.

[287] Pages, E. & Garmise, S. The power of entrepreneurial networking: Creating and nurturing networks. *Economic Development Journal*, 2003, 20 (2), 125-159.

[288] Page, S. J., Forer, P. & Lawton, G. R. Small business development and tourism: Terra incognita?. *Tourism Management*, 1999, 20 (4), 435-459.

[289] Parker, S. C. Intrapreneurship or entrepreneurship? *Journal of Business Venturing*, 2011, 26 (1), 19-34.

[290] Pasanen, M. SME growth strategies: organic or non-organic? *Journal of Enterprising Culture*, 2007, 15 (04), 317-338.

[291] Paven, I. G. & Vasile, V. Tourism opportunities for valorizing the authentic traditional rural space study case: Ampoi and Mures Valleys Microregion, Alba County, Romania. *Procedia- Social and Behavioral Sciences*, 2015, 188 (5), 111-115.

[292] Pearson, A. W., Carr, J. C. & Shaw, J. C. Toward a theory

of familiness: A social capital perspective. *Entrepreneurship Theory and Practice*, 2008, 32 (6), 949–969.

［293］Penrose, E. T. *The theory of the growth of the firm*. Oxford, UK: Basil Blackwell and Mott Ltd, 1959.

［294］Peredo, A. M. & Chrisman, J. J. Toward a theory of community-based enterprise. *Social Science Electronic Publishing*, 2006, 31 (2), 309–328.

［295］Peters, M., Frehse, J. & Buhalis, D. The importance of lifestyle entrepreneurship: A conceptual study of the tourism industry. *Pasos*, 2009, 7 (2), 393–405.

［296］Peters, M., Frehse, J., Buhalis, D., Parra Lopéz, E., Buhalis, D. & Fyall, A. The importance of lifestyle entrepreneurship: A conceptual study of the tourism industry. *Pasos Revista De Turismo Y Patrimonio Cultural*, 2009, 7 (3), 393–405.

［297］Petrzelka, P., Krannich, R. S., Brehm, J. & Trentelman, C. K. Rural tourism and gendered nuances. *Annals of Tourism Research*, 2005, 32 (4), 1121–1137.

［298］Phelan, C. & Sharpley, R. Agritourism and the farmer as rural entrepreneur: A UK analysis. In The Next Tourism Entrepreneurship Conference, 26th–27th April 2010, Wilfid Laurier University, Ontario, Canada.

［299］Podsakoff, P. M., MacKenzie, S. B., Lee, J.Y. & Podsakoff, N. P. Common method biased in behavioral research: A critical review of the literature and recommended remedies. *Journal of Applied Psychology*, 2003, 88 (5), 879–903.

［300］Podsakoff, P. M., MacKenzie, S. B., Lee, J. Y. & Podsakoff, N. P. Common method biased in behavioral research: A critical review of the literature and recommended remedies. *Journal of Applied Psychology*, 2003, 88 (5), 879–903.

[301] Polanyi, K. *The Great Transformation: The Political and Economic Origins of Our Time*. Boston: Beacon Press, 1944.

[302] Polanyi, M. *The tacit dimension*. Chicago, Illinois: University of Chicago Press. 1967.

[303] Porter, M. E. *Competitive Strategy: Techniques for Analyzing Industries and Competitors*. New York; Free Press, 1980.

[304] Portes, A. Social capital: its origins and applications in modern sociology. *Annual Review of Sociology*, 1998, 24 (1), 1-24.

[305] Pudianti, A., Syahbana, J. A. & Suprapti, A. Role of culture in rural transformation in manding village, bantul yogyakarta, indonesia. *Procedia - Social and Behavioral Sciences*, 2016, 227, 458-464.

[306] Putnam, R. D. *Bowling alone*. New York: Simon & Schuster, 2000.

[307] Putnam, R. D. Bowling alone: America's declining social capital. *Journal of Democracy*, 1995, 6 (1), 65-78.

[308] Putnam, R. D. The prosperous community: social capital and public life. *The American Prospect*, 1993, 13, 35-42.

[309] Pyysiäinen, J., Anderson, A., Mcelwee, G. & Vesala, K. Developing the entrepreneurial skills of farmers: some myths explored. *International Journal of Entrepreneurial Behavior & Research*, 2006, 12 (1), 21-39.

[310] Randelli, F. & Martellozzo, F. Is rural tourism-induced built-up growth a threat for the sustainability of rural areas? The case study of Tuscany. *Land Use Policy*, 2019, 86 (4), 387-398.

[311] Randelli, F., Romei, P. & Tortora, M. An evolutionary approach to the study of rural tourism: The case of tuscany. *Land Use Policy*, 2014, 38, 276-281.

[312] Rank, O. N. The effect of structural embeddedness on start-up survival: A case study in the German biotech industry. *Journal of Small*

Business and Entrepreneurship, 2014, 27 (3), 275–299.

［313］Rauch, A., Wiklund, J., Lumpkin, G. T. & Frese, M. Entrepreneurial orientation and business performance: An assessment of past research and suggestions for the future. *Entrepreneurship Theory & Practice,* 2009, 33 (3), 761–787.

［314］Ray, S. & Cardozo, R. *Sensitivity and Creativity in Entrepreneurial Opportunity Recognition: A Framework for Empirical Investigation.* London: Sixth Global Entrepreneurship Research Conference, 1996.

［315］Reichel, A. & Haber, S. A three-sector comparison of the business performance of small tourism enterprises: An exploratory study. *Tourism Management,* 2005, 26 (5), 681–690.

［316］Renzulli, L. A. & Aldrich, H. Who can you turn to? tie activation within core business discussion networks. *Social Forces,* 2005, 84 (1), 323–341.

［317］Renzulli, L., Aldrich, H. E. & Moody, J. Family matters: Gender, networks, and entrepreneurial outcomes. *Social Forces,* 2000, 79, 523–546.

［318］Reynolds, P. & White, S. *The entrepreneurial process: Economic growth, men, women, and minorities.* Westport, CT: Quorum Books, 1997.

［319］Reynolds, P. & Curtin, R. *Panel study of entrepreneurial dynamics program rational and description.* Working paper, University of Michigan, Ann Arbor, 2007.

［320］Reynolds, P. & Miller, B. New firm gestation: Conception, birth, and implications for Research. *Journal of Business Venturing,* 1992, 7 (5), 405–417.

［321］Robinson, P. B. & Sexton, E. A. The effect of education and experience on self-employment success. *Journal of Business Venturing,* 1994, 9 (2), 141–156.

［322］Ruef, M., Aldrich, H.E., Carter, N. M. *Don't go to strangers:*

Homophily, strong ties, and isolation in the formation of organizational founding teams. American Sociological Association Meeting, Chicago, 2002.

［323］Russell, R. & Faulkner, B. Entrepreneurship, chaos and the tourism area lifecycle. *Annals of Tourism Research*, 2004, 31 (3), 556-579.

［324］Ryan, C. Tourism and cultural proximity: examples from New Zealand. *Annals of Tourism Research*, 2002, 29 (4), 952-971.

［325］Ryan, C., Ninov, I. & Aziz, H. Ras al khor: eco-tourism in constructed wetlands: Post modernity in the modernity of the Dubai landscape. *Tourism Management Perspectives*, 2012, 4, 185-197.

［326］Salancik, G. R. & Pfeffer, J. A social information processing approach to job attitudes and task design. *Administrative Science Quarterly*, 1978, 23 (2), 224.

［327］Sandberg, W. R. & Hofer, C. W. Improving new venture performance: The role of strategy, industry structure, and the entrepreneur. *Journal of Business venturing*, 1987, 2 (1), 5-28.

［328］Sanders, J. M. & Nee, V. Immigrant self-employment: The family social capital and the value of human capital. *American Sociological Review*, 1996, 61, 231-249.

［329］Sarason, Y., Dean, T. & Dillard, J. F. Entrepreneurship as the nexus of individual and opportunity: A structuration view. *Journal of Business Venturing*, 2006, 21 (3), 286-305.

［330］Sarasvathy, S., Dew, N., Velamuri, R. and Venkataraman, S. Three Views of Entrepreneurial Opportunity, 2003, In A. Z.J. and D. B. Audretsch (Eds.), Handbook of Entrepreneurship Research, Dordrecht and NL: Kluwe.

［331］Scherer, R. F., Adams, J. S., Carley, S. & Wiebe, F. A. Role model performance effects on development of entrepreneurial career preference. *Entrepreneurship Theory & Practice*, 1989, 13 (3), 53-71.

［332］Schultz, T. W. Investment in man: An economist's view. *The social Service Review*, 1959, 109-117.

［333］Seggie, S. H., Griffith, D. A. & Jap, S. D. Passive and active opportunism in interorganizational exchange. *Journal of Marketing*, 2013, 77 (6), 73-90.

［334］Schumpeter, J. A. *The Theory of Economic Development*. Cambridge, Mass: Harvard University Press, 1934.

［335］Sexton, D. L. Entrepreneurship research needs and issues. *Entrepreneurship*, 2000, 401-408.

［336］Shane, S. Prior Knowledge and the Discovery of Entrepreneurial Opportunities. *Organization Science*, 2000, 11 (4), 448-469.

［337］Shane, S. & Cable, D. Network ties, reputation and the financing of new ventures. *Management Science*, 2002, 48, 364-381.

［338］Shane, S. Reflections on the 2010 AMR decade award: delivering on the promise of entrepreneurship as a field of research. *Academy of Management Review*, 2012, 37 (1), 10-20.

［339］Shane, S. & Venkataraman, S. The promise of entrepreneurship as a field of research. *Academy of Management Review*, 2000, 25 (1), 217-226.

［340］Sharpley, R. Rural tourism and the challenge of tourism diversification: The case of cyprus. *Tourism Management*, 2002, 23 (3), 233-244.

［341］Sharpley, R. Tourism and sustainable development: Exploring the theoretical divide. *Journal of Sustainable Tourism*, 2000, 8 (1), 1-19.

［342］Shaw, G. & Williams, A. From lifestyle consumption to lifestyle production: Changing patterns of tourism entrepreneurship. In R. Thomas (Ed.), Small firms in tourism: International perspective. Amsterdam, Netherlands: Elsevier Science B.V. 2004, 99-114.

［343］Shen, T., Osorio, A. E. & Settles, A. Does family support matter? The influence of support factors an entrepreneurial attitudes and intentions of college students. 2017, 23 (1), 24–43.

［344］Shepherd, D. & Haynie, J. M. Birds of a Feather Don't Always Flock Together: Identity Management in Entrepreneurship. *Journal of Business Venturing*, 2009, 24 (4), 316–337.

［345］Shepherd, D. A. & Zacharakis, A. A new venture's cognitive legitimacy: an assessment by customers. *Journal of Small Business Management*, 2010, 41 (2), 148–167.

［346］Shepherd, D. & Wiklund, J. Are we comparing apples with apples or apples with oranges? Appropriateness of knowledge accumulation across growth studies. *Entrepreneurship Theory and Practice*, 2009, 33 (1), 105–123.

［347］Shepherd, D.A. Party On! A Call for Entrepreneurship Research That Is More Interactive, Activity Based, Cognitively Hot, Compassionate and Prosocial. *Journal of Business Venturing*, 2015, 30 (4), 489–507.

［348］Short, J. C., Ketchen, D. J., Shook, C. L. & Ireland, R. D. The concept of "opportunity" in entrepreneurship research: Past accomplishments and future challenges. *Journal of Management*, 2010, 36 (1), 40–65.

［349］Siajuo L., Wu, B., Jinah, P., Shu, H. & Morrison, A. M. Women's role in sustaining villages and rural tourism in china. *Annals of Tourism Research*, 2013, 43, 634–638.

［350］Singh, J. V. & House, T. R. J. Organizational legitimacy and the liability of newness. *Administrative Science Quarterly*, 1986, 31 (2), 171–193.

［351］Sirmon, D. G., Hitt, M. A. & Ireland, R.D. Managing firm resources in dynamic environments to create value: Looking inside the black box. *Academy of Management Review*, 2007, 32, 273–292.

［352］Sitkin, S. B. & Weingart, L. R. Determinants of risky decision-making behavior: A test of the mediating role of risk perceptions and propensity. *Academy of Management Journal*, 1995, 38 (6), 1573–1592.

[353] Solvoll, S., Alsos, G. A. & Bulanova, O. Tourism entrepreneurship – review and future directions. *Scandinavian Journal of Hospitality & Tourism*, 2015 (15), 120–137.

[354] Sorenson, O. & Stuart, T.E. Syndication networks and the spatial distribution of venture capital investments. *American Journal of Sociology*, 2000, 106, 1546–1588.

[355] Spence, L. J. Does size matter? The state of the art in small business ethics. *Business Ethics: A European Review*, 1999, 8 (3), 163–172.

[356] Spence, L. J., Jeurissen, R. & Rutherfoord, R. Small business and the environment in the UK and the Netherlands: Toward stakeholder cooperation. *Business Ethics Quarterly*, 2000, 10 (4), 945–965.

[357] Stafford, K., Duncan, K. A., Dane, S. & Winter, M. A research model of sustainable family businesses. *Family Business Review*, 2010, 12 (3), 197–208.

[358] Stam, E. & Garnsey, E. W. Entrepreneurship in the knowledge economy. Centre for Technology Management (CTM) Working Paper, 2007.

[359] Stam, W., Arzlanian, S. & Elfring, T. Social capital of entrepreneurs and small firm performance: A meta-analysis of contextual and methodological moderators. *Social Science Electronic Publishing*, 2014, 29 (1), 152–173.

[360] Starr, J. A. & Macmillan, I. C. Resource cooptation via social contracting: resource acquisition strategies for new ventures. *Social Science Electronic Publishing*, 1990, 11 (1), 79–92.

[361] Stathopoulou, S., Skuras, D.& Psaltopoulos, D. Rural entrepreneurship in Europe: A research framework and agenda. *International Journal of Entrepreneurial Behaviour & Research*, 2004, 10 (6), 404–425.

[362] Denicolai S, Cioccarelli G & Zucchella A. Resource-based local development and networked core-competencies for tourism excellence. *Tourism Management*, 2010, 31 (2), 260–266.

[363] Steier, L. & Greenwood, R. Entrepreneurship and the evolution of angel financial networks. *Organization Studies*, 2000, 21 (1), 163-192.

[364] Stenholm, P. & Hytti, U. In search of legitimacy under institutional pressures: A case study of producer and entrepreneur farmer identities. *Journal of Rural Studies*, 2014, 35, 133-142.

[365] Stinchcombe, A. L. Organizations and social structure. *Handbook of Organizations*. Chicago: Rand-McNally, 1965, 140-200.

[366] Storey, D. J. *Understanding Small Busn Sectr*. London: Thomson Learning Emea, 1994.

[367] Storey, D. J. *Understanding the small business sector.* London: Routledge, 1994.

[368] Strassmann, W. P. Home-based enterprises in cities of developing countries. *Economic Development and Cultural Change*, 1987, 36 (1), 121-144.

[369] Stringer, P. F. Hosts and guests the bed-and-breakfast phenomenon. *Annals of Tourism Research*, 1981, 8 (3), 357-376.

[370] Stuart, T. & Sorenson, O. Strategic networks and entrepreneurial ventures. *Strategic Entrepreneurship Journal*, 2007, 1, 211-227.

[371] Su, B. Rural tourism in china. *Tourism Management*, 2011, 32 (6), 1438-1441.

[372] Swarbrooke, J. Sustainable tourism management. *Annals of Tourism Research*, 1999, 28 (2), 523-525.

[373] Tajeddini, K., Ratten, V. & Denisa, M. Female tourism entrepreneurs in Bali, Indonesia. *Journal of Hospitality and Tourism Management*, 2017, 31 (6), 52-58.

[374] Tamajón, L. G. & Aulet, S. F. Corporate social responsibility in tourism small and medium enterprises evidence from Europe and Latin America. *Tourism Management Perspectives*, 2013, 7, 38-46.

[375] Tang, J., Kacmar, K. M. & Busenitz, L. Entrepreneurial alertness

in the pursuit of new opportunities. *Journal of Business Venturing*, 2012, 27 (1), 77–94.

［376］Teece, D.J. & Pisano, G. The dynamic capabilities of firms: An introduction. *Industrial & Corporate Change*, 1994, 3 (3), 537–556.

［377］Teixeira, C. Community resources and opportunities in ethnic economies: A case study of Portuguese and Black entrepreneurs in Toronto. *Urban Study*. 2001, 38 (11), 2055–2078.

［378］Ter Wal, A. L. J., Alexy, O., Block, J. & Sandner, P. G. The Best of Both Worlds: The Benefits of Open-specialized and Closed-diverse Syndication Networks for New Ventures' Success. *Administrative Science Quarterly*, 2016, 61 (3), 393–432

［379］Tew, C. & Barbieri, C. The perceived benefits of agritourism: the provider's perspective. *Tourism Management*, 2012, 33 (1), 215–224.

［380］Thomas, R. Small Firms in the tourism Industry: Some Conceptual Issues. *International Journal of Tourism Research*, 2000, 2 (5), 345–353.

［381］Thomas, R., Shaw, G. & Page, S. J. Understanding small firms in tourism: A perspective on research trends and challenges.*Tourism Management*, 2011, 32 (5), 963–976.

［382］Thomas, R. Small firms in the tourism industry: some conceptual issues. *International Journal of Tourism Research*, 2000, 2 (5), 345–353.

［383］Thomas, R., Shaw, G. & Page, S. J. Understanding small firms in tourism: A perspective on research trends and challenges. *Tourism Management*, 2011, 32 (5), 963–976.

［384］Thompson, E. R. Individual Entrepreneurial Intent: Construct Clarification and Development of an Internationally Reliable Metric. *Entrepreneurship Theory and Practice*, 2009, 33 (3), 669–694.

［385］Timmons, J. A. *New Venture Creation: Entrepreneurship for the 21St Century*. Boston: Irwin/McGraw-Hill, 1999.

［386］Tinsley, R. & Lynch, P. Small tourism business networks and destination development. *International Journal of Hospitality Management*, 2001, 20 (4), 367-378.

［387］Tipple, A. G. Shelter was workplace: A review of home-based enterprise in developing countries. *Int'l Lab. Rev.*, 1993, 132, 521.

［388］Tipple, A. G. & Kellett, P. W. Housing and work in the same space: The spatial implications of home-based enterprises in India and Indonesia. In 7th Congress of the Asian Planning Schools Association, Hanoi, Vietnam.2003, 11-13.

［389］Turnock, D. Prospects for sustainable rural cultural tourism in Maramures, Romania. *Tourism Geographies*, 2002, 4 (1), 62-94.

［390］Ucbasaran, D., Westhead, P. & Wright, M. Opportunity identification and pursuit: Does an entrepreneur's human capital matter?. *Small Business Economics*, 2008, 30 (2), 153-173.

［391］Ucbasaran, D., Westhead, P. & Wright, M. The Extent and Nature of Opportunity Identification by Experienced Entrepreneurs. *Journal of Business Venturing*, 2009, 24 (2), 99-115.

［392］Unger, J. M., Rauch, A., Frese, M. & Rosenbusch, N. Human capital and entrepreneurial success: A meta-analytical review. *Journal of Business Venturing*, 2011, 26 (3), 341-358.

［393］Upton, N., Heck, R. The family business dimension of entrepreneurship. In: Sexton, D.L., Smilor, R.W. (Eds.), *Entrepreneurship 2000*. Upstart, Chicago, 1997, 243-266.

［394］Uslaner, E. M. Trust and social bonds: faith in others and policy outcomes reconsidered. *Political Research Quarterly*, 2004, 57 (3), 501-507.

［395］Uzzi, B. Social structure and competition in interfirm networks: The paradox of embeddedness. *Administrative Science Quarterly*, 1997, 42, 35-67.

［396］Uzzi, B. The sources and consequences of embeddedness for the economic performance of organizations: The network effect. *American Sociological Review*, 1996, 61 (4), 674–698.

［397］Uzzi, B. Embeddedness in the making of financial capital: How social relations and networks benefit firms seeking financing. *American Sociological Review*, 1999, 64 (4), 481–505.

［398］Vesala, H. T. & Vesala, K. M. Entrepreneurs and producers: Identities of Finnish farmers in 2001 and 2006. *Journal of Rural Studies*, 2010, 26 (1), 21–30.

［399］Vestrum, I. & Rasmussen, E. How community ventures mobilise resources: Developing resource dependence and embeddedness. *International Journal of Entrepreneurial Behaviour & Research*, 2013, 19 (3), 283–302.

［400］Vik, J. & McElwee, G. Diversification and the entrepreneurial motivations of farmers in Norway. *Journal of Small Business Management*, 2011, 49 (3), 390–410.

［401］Skokic, V. & Morrison, A. Conceptions of Tourism Lifestyle Entrepreneurship: Transition Economy Context. *Tourism Planning & Development*, 2011, 8 (2), 157–169.

［402］Walker, E. & Brown, A. What success factors are important to small business owners? *International Small Business Journal*, 2004, 22 (6), 577–594.

［403］Walsh, J. P. Managerial and Organizational Cognition: Notes from a Trip Down Memory Lane. *Organization Science*, 1995, 6 (3), 280–321.

［404］Wang, C., Gang, L. & Xu, H. Impact of lifestyle-oriented motivation on small tourism enterprises' social responsibility and performance. *Journal of Travel Research*, 2018, 58 (3), 1–15.

［405］Wanhill, S. Peripheral area tourism: A European perspective. *Progress in Tourism and Hospitality Research*, 1997, 3 (1), 47–70.

［406］Warren, M., Phillip T. J. & Saegert, S. The role of social capital in combating poverty. In: Saegert, S., Thompson, J. & Warren, M. (Eds.), *Social Capital and Poor Communities*. New York: Russell Sage Foundation, 1–28.

[407] Wathne, K. H. & Heide, J. B. Opportunism in Interfirm relationships: Forms, outcomes, and solutions. *Journal of Marketing*, 2000, 64 (4), 36–51.

[408] Webb, J. W., Ketchen, D. J. & Ireland, R. D. Strategic entrepreneurship within family-controlled firms: Opportunities and challenges, 2010, 1 (2), 67–77.

[409] Weber, S. S. Saving St. James: A Case Study of Farm women Entrepreneurs. *Agriculture and Human Values*, 2007, 24 (4), 425–434.

[410] Westhead, P. & Storey, D. Management training and small firm performance: Why is the link so weak? *International Small Business Journal*, 1996, 14 (4), 13–24.

[411] Wiklund, J. & Shepherd, D. Aspiring for, and achieving growth: the moderating role of resources and opportunities. *Journal of Management Studies*, 2003, 40 (8), 1919–1941.

[412] Williamson, O. E. Transaction-Cost Economics: The Governance of Contractual Relations. *Journal of Law & Economics*, 1979, 22 (10), 233–261.

[413] Wilson, S., Fesenmaier, D. R., Fesenmaier, J. & Es, J. C. V. Factors for success in rural tourism development. *Journal of Travel Research*, 2011, 40 (2), 132–138.

[414] Wortman, M. S. Rural entrepreneurship research: an integration into the entrepreneurship field. *Agribusiness*, 1990, 6 (4), 329–344.

[415] Yang, L., Wall, G. & Smith, S. L. Ethnic tourism development: Chinese government perspectives. *Annals of Tourism Research*, 2008, 35 (3), 751–771.

[416] Zahra, S. A. Technology strategy and new venture performance:

A study of corporate-sponsored and independent biotechnology ventures. *Journal of Business Venturing*, 2000, 11 (4), 289-321.

［417］Zhao, H., Seibert, S. E. & Hills, G. E. The mediating role of self-efficacy in the development of entrepreneurial intentions. *Journal of Applied Psychology*, 2005, 90 (6), 1265.

［418］Zhao, H., Seibert, S. E. & Lumpkin, G. T. The relationship of personality to entrepreneurial intentions and performance: A meta-analytic review. *Entrepreneurship Research Journal*, 2005, 36 (2), 381-404.

［419］Zhao, W. The nature and roles of small tourism businesses in poverty alleviation: evidence from Guangxi, China. *Asia Pacific Journal of Tourism Research*, 2009, 14 (2), 169-182.

［420］Zhao, W., Ritchie, J. R. B. & Echtner, C. M. Social capital and tourism entrepreneurship. *Annals of Tourism Research*, 2011, 38 (4), 1570-1593.

［421］Zhao, Y. Measuring the social capital of laid-off Chinese workers. *Current Sociology*, 2002, 50 (4), 555-571.

［422］Zimmerman, M. A. & Zeitz, G. J. Beyond Survival: Achieving New Venture Growth by Building Legitimacy. *Academy of Management Review*, 2002, 27 (3), 414-431.

［423］Zukin, S. P. & DiMaggio. Introduction. In S. Zukin & P. DiMaggio (Eds.). *Structures of capital. The social organization of the economy*. Cambridge: Cambridge University Press, 1990, 1-36.

2. 中文文献

［1］安传艳，李同昇，翟洲燕，付强. 1992—2016年中国乡村旅游研究特征与趋势——基于CiteSpace知识图谱分析. 地理科学进展，2018，37（09），1186-1200.

［2］安传艳，翟洲燕，李同昇. 近10年来国外乡村旅游研究特征及对中国的启示——基于Elsevier ScienceDirect收录文献的分析. 资源

科学，2020，42（05），956-968.

［3］保继刚，邱继勤.旅游小企业与旅游地社会文化变迁：阳朔西街案例.人文地理，2006，21（2），1-4.

［4］蔡莉，葛宝山，朱秀梅等.基于资源视角的创业研究框架构建.中国工业经济，2007（1），96-103.

［5］蔡莉，汤淑琴，马艳丽，高祥.创业学习、创业能力与新企业绩效的关系研究.科学学究，2014，32（08），1189-1197.

［6］蔡晓珊，陈和.人力资本密集型企业创业环境研究：基于异质性环境要素的视角.广东财经大学学报，2014，29（4），53-62.

［7］蔡晓珊，陈和.知识型企业创业的关键环境要素探讨：基于SEM模型的实证研究.中央财经大学学报，2016，1（1），115-122.

［8］陈琦，曹兴.企业成长理论述评.湘潭大学学报（哲学社会科学版），2008，32（3），72-76.

［9］陈雪钧.国外乡村旅游创新发展的成功经验与借鉴.重庆交通大学学报（社会科学版）社会科学版，2012，12（5），56-59.

［10］陈震红，董俊武.创业决策中创业者风险行为的影响因素——国外研究框架综述.国际经贸探索，2007，23（9），74-78.

［11］程恩富，彭文兵.企业研究：一个新经济社会学的视角.江苏行政学院学报，2002，2，57-65.

［12］池静.乡村旅游中的"工地悲剧"研究.硕士学位论文，浙江工商大学，2006.

［13］崔启国.基于网络视角的创业环境对新创企业绩效的影响研究.博士学位论文，吉林大学，2007.

［14］丁明磊，杨芳，王云峰.试析创业自我效能感及其对创业意向的影响.外国经济与管理，2009，31（5），1-7.

［15］董玥玥.农民创业意愿影响因素及对策研究.现代商贸工业，2016，37（32），67-69.

［16］杜海东，李业明.创业环境对新创企业绩效的影响：基于资源中介作用的深圳硅谷创业园实证研究.中国科技论坛，2012（9），

77-82.

[17] 杜小民, 高洋, 刘国亮, 葛宝山. 战略与创业融合新视角下的动态能力研究. 外国经济与管理, 2015, 37（02）, 18-28.

[18] 杜运周, 任兵, 张玉利. 新进入缺陷、合法化战略与新企业成长. 管理评论, 2009, 21（8）, 57-65.

[19] 杜宗斌, 苏勤. 乡村旅游的社区参与、居民旅游影响感知与社区归属感的关系研究——以浙江安吉乡村旅游地为例. 旅游学刊, 2011, 26（11）, 65-70.

[20] 樊信友, 蒲勇健. 乡村旅游原真性开发的博弈分析. 西北农林科技大学学报（社会科学版）, 2013, 13（5）, 129-133.

[21] 范巍, 王重鸣. 创业倾向影响因素研究. 心理科学, 2004, 27（5）, 1087-1090.

[22] 费孝通. 乡土中国、乡土重建、重访乡村. 南京: 凤凰出版社, 1947.

[23] 冯卫红. 平遥古城旅游企业竞合关系研究. 旅游学刊, 2008, 23（11）, 51-55.

[24] 付宏. 中国新创企业成长轨迹的实证研究. 北京: 科学出版社, 2013.

[25] 高静, 张应良. 农户创业: 初始社会资本影响创业者机会识别行为研究——基于518份农户创业调查的实证分析. 农业技术经济, 2013, 1, 32-39.

[26] 古家军, 谢凤华. 农民创业活跃度影响农民收入的区域差异分析——基于1997—2009年的省际面板数据的实证研究. 农业经济问题, 2012, 2, 21-25.

[27] 郭钺, 何安华. 社会资本、创业环境与农民涉农创业绩效. 上海财经大学学报, 2017, 19（2）, 76-85.

[28] 郭红东, 丁高洁. 社会资本、先验知识与农民创业机会识别. 华南农业大学学报（社会科学版）, 2012, 11（3）, 78-85.

[29] 郭红东, 丁高洁. 关系网络、机会创新性与农民创业绩效. 中

国农村经济，2013，8，78-87.

［30］郭红东，周惠珺．先前经验、创业警觉与农民创业机会识别——一个中介效应模型及其启示．浙江大学学报（人文社会科学版），2013，43（4），17-27.

［31］郭军盈．我国农民创业的区域差异研究．经济问题探索，2006，6，70-74.

［32］郭凌，黄国庆，王志章．乡村旅游开发中土地流转问题研究．西北农林科技大学学报：社会科学版，2009，9（5），85-91.

［33］郭晓丹．基于机会异质性的创业机会识别模型修正．大连：东北财经大学出版社，2010.

［34］郭星华，郑日强．农民工创业：留城还是返乡？——对京粤两地新生代农民工创业地选择倾向的实证研究．中州学刊，2013，2，64-69.

［35］韩俊，崔传义．我国农民工回乡创业面临的困难及对策．经济纵横，2008（11），3-8.

［36］何景明．国外乡村旅游研究述评．旅游学刊，2003，18（1），76-80.

［37］贺爱琳，杨新军，陈佳，王子侨．乡村旅游发展对农户生计的影响——以秦岭北麓乡村旅游地为例．经济地理，2014，34（12），174-181.

［38］胡豹．返乡农民工创业政策研究．企业经济，2011，11，156-158.

［39］胡文安，江岩，罗瑾琏．新常态下高校大学生社会网络与创业意向关系：创业心理弹性的解释．科技进步与对策，2016，33（19），125-131.

［40］黄德林，宋维平，王珍．新形势下农民创业能力来源的基本判断．农业经济问题，2007，28（9），8-13.

［41］黄洁，蔡根女，买忆媛．谁对返乡农民工创业机会识别更具影响力：强连带还是弱连带．农业技术经济，2010，4，28-35.

[42] 黄克己, 张朝枝, 吴茂英. 遗产地居民幸福吗？基于不同旅游扶贫模式的案例分析. 旅游学刊, 2021, 36 (11), 122-132.

[43] 黄薇薇, 丁雨莲, 沈非. 皖南乡村旅游对环境的负面影响研究——以西递、宏村为例. 安徽农业大学学报（社会科学版）, 2011, 20 (2), 24-26.

[44] 黄振华. 我国农民工返乡创业调查报告. 调研世界, 2011 (8), 36-39.

[45] 霍红梅. 社会资本对农民创业意愿影响的实证分析——以辽宁 125 位农户调查数据为例. 农业经济, 2014, 11, 90-93.

[46] 季群华. 基于和谐理论的乡村旅游组织模式研究. 硕士学位论文, 浙江大学, 2008.

[47] 简兆权, 肖霄. 网络环境下的服务创新与价值共创：携程案例研究. 管理工程学报, 2015, 29 (01), 20-29.

[48] 蒋剑勇. 基于社会嵌入视角的农村地区农民创业机理研究. 浙江大学出版社. 2014.

[49] 蒋剑勇, 钱文荣, 郭红东. 社会网络、社会技能与农民创业资源获取. 浙江大学学报（人文社会科学版）, 2013, 43 (1), 85-100.

[50] 蒋剑勇, 郭红东. 创业氛围、社会网络和农民创业意向. 中国农村观察, 2012 (2), 20-27.

[51] 来新安. 创业者特征、创业环境与创业绩效：一个概念性框架的构建. 统计与决策, 2009 (22), 162-164.

[52] 李后建, 刘维维. 家庭的嵌入对贫困地区农民创业绩效的影响——基于拼凑理论的实证检验. 农业技术经济, 2018, 07, 132-142.

[53] 李敏, 董正英. 风险认知因素对创业意愿的影响研究——感知风险的中介效应与规则聚焦的调节效应. 管理工程学报, 2014, 28 (3), 26-32.

[54] 李秋成, 周玲强. 社会资本对旅游者环境友好行为意愿的影响. 旅游学刊, 2014, 29 (9), 73-82.

[55] 李巍, 刘辉. 乡村旅游内生式发展存在的问题及对策探讨——

以武陵源为例.经济研究导刊,2012(1),165-167.

[56]李伟.乡村旅游开发规划研究.地域研究与开发,2003,22(6),72-75.

[57]李星群.民族地区乡村微型旅游企业对家庭的影响研究.广西民族研究,2011(2),190-195.

[58]李益敏,蒋睿.怒江大峡谷旅游扶贫研究.人文地理,2010,25(6),131-13.

[59]李志刚,张泉,何诗宁.家庭触发型裂变创业的模式分类——扎根理论方法的探索研究.经济管理,2020,42(02),75-91.

[60]刘畅,窦玉芳,邹玉友.创业者社会网络、资源获取对农村微型企业创业绩效的影响研究.农业现代化研究,2016,37(6),1158-1166.

[61]刘德谦.关于乡村旅游、农业旅游与民俗旅游的几点辨析.旅游学刊,2006,21(3),12-19.

[62]刘容志,郑超,赵君.创业者的身份内涵:研究述评与展望[J].经济管理,2016,38(06),189-199.

[63]刘唐宇.福建省农民工回乡创业的调查与思考.福建农林大学学报(哲学社会科学版),2009,12(5),16-23.

[64]刘万利,胡培,许昆鹏.创业机会真能促进创业意愿产生吗——基于创业自我效能与感知风险的混合效应研究.南开管理评论,2011,14(5),83-90.

[65]刘万利.创业者创业机会识别与创业意愿关系研究.博士学位论文,西南交通大学,2012.

[66]刘枭.组织支持、组织激励、员工行为与研发团队创新绩效的作用机理研究.博士学位论文,浙江大学,2011.

[67]刘小元,林嵩.社会情境、职业地位与社会个体的创业倾向.管理评论,2015,27(10),138-149.

[68]刘永强,龙花楼,李加林.农业转型背景下土地整治流转耦合模式与保障机制辨析.经济地理,2020,40(10),50-57.

[69] 刘月秀. 大学生创业意愿影响因素研究——以农业院校为例. 教育发展研究, 2013 (9), 48-53.

[70] 刘志荣, 姜长云. 关于农民创业发展的文献综述——以西部地区农民创业为重点. 经济研究参考, 2008 (66), 37-47.

[71] 罗家德. 社会网分析讲义. 北京: 社会科学文献出版社, 2005.

[72] 罗明忠. 个体特征、资源获取与农民创业—基于广东部分地区问卷调查数据的实证分析. 中国农村观察, 2012, 2, 11-19.

[73] 罗明忠, 陈明. 人格特质、创业学习与农民创业绩效. 中国农村经济, 2014, 10, 62-75.

[74] 罗山. 城市创新型创业环境结构分析与设计. 科技进步与对策, 2010, 27 (18), 17-21.

[75] 马波. 开发关中地区乡村旅游业的构想. 国土开发与整治, 1995, 5 (2), 59-64.

[76] 马彩霞, 叶建, 李亚楠. 我国乡村旅游微型企业生态化发展研究. 现代商贸工业, 2014, 36 (1), 36-38.

[77] 马费成, 王晓光. 知识转移的社会网络模型研究. 江西社会科学, 2006, 21 (7), 39-45.

[78] 马庆国. 管理统计: 数据获取、统计原理与SPSS工具与应用研究. 北京: 科学出版社, 2002.

[79] 马歇尔. 经济学原理. 北京: 商务印书馆, 1964 年.

[80] 孟秋莉, 邓爱民. 全域旅游视阈下乡村旅游产品体系构建. 社会科学家, 2016, (10), 85-89.

[81] 明庆忠, 刘宏芳. 乡村旅游: 美丽家园的重塑与再造. 云南师范大学学报 (哲学社会科学版), 2016, 48 (4), 79-87.

[82] 墨媛媛, 王振华, 唐远雄, 宋妍萱. 甘肃省农民工创业群体特征分析. 人口与经济, 2012 (1), 43-48.

[83] 彭伟, 金丹丹, 符正平. 双重网络嵌入、双元创业学习与海归创业企业成长关系研究. 管理评论, 2018, 30 (12), 63-75.

[84] 戚迪明,张广胜,杨肖丽,程瑶.农民创业意愿的影响因素分析——基于沈阳市119户农民的微观数据.农业经济,2012(1),72-74.

[85] 邱继勤,保继刚.国外旅游小企业研究进展.旅游学刊,2005,20(5),86-92.

[86] 饶勇.旅游企业知识创新管理的认知与实践——以珠江三角洲地区为例.旅游科学,2009,23(3),73-79.

[87] 石智雷,谭宇,吴海涛.返乡农民工创业行为与创业意愿分析.中国农村观察,2010(5),25-37.

[88] 石智雷,谭宇,吴海涛.返乡农民工创业行为与创业意愿分析.中国农村观察,2010(5):25-37.

[89] 孙红霞,孙梁,李美青.农民创业研究前沿探析与我国转型时期研究框架构建.外国经济与管理,2010(6),31-37.

[90] 孙雄燕.乡村生态旅游规划的程序与内容研究.生态经济,2014,30(6),99-102.

[91] 孙艺惠,陈田,张萌.乡村景观遗产地保护性旅游开发模式研究:以浙江龙门古镇为例.地理科学,2009,29(6),840-845.

[92] 陶雅,李燕萍.家庭嵌入视角下创业激情形成机理的跨域研究.管理学报,2018,15(12),1810-1818.

[93] 田莉,张玉利.创业者的工作家庭冲突——基于角色转型的视角.管理科学学报,2018,21(05),90-110.

[94] 汪红梅.我国农村社会资本变迁的经济分析.博士学位论文,华中科技大学,2008.

[95] 王素洁,刘海英.国外乡村旅游研究综述.旅游科学,2007,21(2),61-68.

[96] 温忠麟,张雷,侯杰泰,刘红云.中介效应检验程序及其应用.心理学报,2004,36(5),614-620.

[97] 文军,李星群.民族地区乡村微型旅游企业发展变迁研究——基于广西乡村微型旅游企业的实证分析.广西民族研究,2014

(1), 146-156.

［98］文军.民族地区乡村微型旅游企业发展的制约因素研究——以广西为例.改革与战略,2013,29(5),60-63.

［99］文亮,李海珍.中小企业创业环境与创业绩效关系的实证研究.系统工程,2010,28(10),67-74.

［100］文彤,苏晓波.关系与制度:地方嵌入中的旅游小企业.旅游学刊,2017,32(10),39-46.

［101］邬爱其,贾生华.企业成长机制理论研究综述.科研管理,2007,28(02),53-58.

［102］吴昌华,邓仁根,戴天放,叶淑芳,刘玉秀.基于微观视角的农民创业模式选择.农村经济,2008,6,90-92.

［103］吴琳,吴文智,牛嘉仪,冯学钢.生意还是生活?——乡村民宿创客的创业动机与创业绩效感知研究.旅游学刊,2020,35(8),105-116.

［104］吴明隆.结构方程模型:AMOS的操作与应用.重庆:重庆大学出版社,2009.

［105］吴兴海,张玉利.创业机会的开发时机选择研究.管理报,2018,15(04),530-538.

［106］武真真,章锦河.近15年来国外旅游小企业研究进展.旅游学刊,2012,27(8),27-35.

［107］席建超,王新歌,孔钦钦,等.过去25年旅游村落社会空间的微尺度重构:河北野三坡苟各庄村案例实证.地理研究,2014,33(10),1928-1941.

［108］夏清华,何丹.企业成长不同阶段动态能力的演变机理——基于腾讯的纵向案例分析.管理案例研究与评论,2019,12(05),464-476.

［109］肖兴志,何文韬,郭晓丹.能力积累、扩张行为与企业持续生存时间——基于我国战略性新兴产业的企业生存研究.管理世界,2014,2,77-89.

［110］肖佑兴.论乡村旅游的概念与类型.旅游学刊，2001，3，8-10.

［111］徐红罡，马少吟.旅游小企业的创业机会识别研究——桂林阳朔西街案例.旅游学刊，2012，27（8），18-26.

［112］徐志坚，夏伟.总经理、高层管理团队和核心人员股权对创业企业业绩增长的影响.软科学，2011，25（4），117-120.

［113］许峰，秦晓楠，李秋成.资源系统支撑下的乡村旅游多中心治理研究.旅游科学，2010（2），18-25.

［114］亚当·斯密.国民财富的性质及其原因的研究.北京：商务印书馆，1997.

［115］闫丽平.基于时间动态特征的创业行为研究.博士学位论文.南开大学，2012.

［116］闫婷婷.社会网络对乡村社区旅游小企业成长影响研究——以桂林龙脊平安寨为例.硕士学位论文.暨南大学，2016.

［117］杨婵，贺小刚，李征宇.家庭结构与农民创业——基于中国千村调查的数据分析.中国工业经济，2017，12，170-188.

［118］杨昊，贺小刚，杨婵.异地创业、家庭支持与经营效率——基于农民创业的经验研究.经济管理，2019，41（02），36-54.

［119］杨丽琼.关于农民创业问题研究的若干认识误区.农业经济问题，2009，5，63-67.

［120］杨学儒，韩剑，徐峰.乡村振兴背景下休闲农业产业升级：一个创业机会视角的实证研究.学术研究.2019，6，101-109.

［121］杨学儒，杨萍.乡村旅游创业机会识别实证研究.旅游学刊，2017，32（2），89-103.

［122］杨震宁，李东红，范黎波.身陷"盘丝洞"：社会网络关系嵌入过度影响了创业过程吗？管理世界，2013，12，101-116.

［123］姚梅芳，刘牧，徐烨.影响引导性风险投资绩效的相关因素研究.管理现代化，2010，5，56-57.

［124］姚梅芳，张兰，葛晶，黄金睿.基于中国情境的生存型创业

环境要素体系构建.预测,2010,29(5),31-36.

[125] 姚小涛,张田,席酉民.强关系与弱关系:企业成长的社会关系依赖研究.管理科学学报,2008,1,143-152.

[126] 姚治国,苏勤,陆恒芹,潘轶,冯书春.国外乡村旅游研究透视.经济地理,2007,27(6),1046-1050.

[127] 叶顺.乡村小型接待企业成长的内在机制、影响因素及对顾客体验的效应研究.博士学位论文,浙江大学,2016.

[128] 易金,王德刚.论乡村旅游产品的三维空间架构——以山东省乡村旅游开发为例.资源开发与市场,2008,24(9),839-843.

[129] 尹寿兵,刘云霞,赵鹏.景区内旅游小企业发展的驱动机制——西递村案例研究.地理研究,2013,32(2),360-368.

[130] 游家兴,邹雨菲.社会资本、多元化战略与公司业绩——基于企业家嵌入性网络的分析视角.南开管理评论,2014,17(05),91-101.

[131] 余绍忠.创业绩效研究述评.外国经济与管理,2013,35(2),34-42.

[132] 俞宁.农民农业创业机理与实证研究.博士学位论文,浙江大学,2013.

[133] 于晓宇,孟晓彤,蔡莉,赵红丹.创业与幸福感:研究综述与未来展望.外国经济与管理,2018,40(08),30-44.

[134] 张国庆,斯晓夫,刘龙青.农民创业的驱动要素:基于扎根理论与编码方法的研究.经济社会体制比较,2019,3,139-148.

[135] 张海洋,袁雁静.村庄金融环境与农户创业行为.浙江社会科学,2011,7,2-12.

[136] 张环宙,李秋成,黄祖辉.资源系统、家族网依赖与农民创业旅游小企业成长关系研究.浙江社会科学,2018,12,52-59+156-157.

[137] 张环宙,周永广,魏蕙雅,黄超超.基于行动者网络理论的乡村旅游内生式发展的实证研究——以浙江浦江仙华山村为例.旅游学

刊，2008，23（2），65-71.

［138］张佳瑜.创业能力与创业绩效关系研究：基于商业模式的视角.博士学位论文，南京财经大学，2013.

［139］张捷，钟士恩，卢韶婧.旅游规划中的共性与多样性博弈——乡村旅游规划规范及示范的若干思考.旅游学刊，2014，29（6），10-11.

［140］张君立，蔡莉和朱秀梅.社会网络、资源获取与新创企业绩效关系研究.工业技术经济，2008（5），87-90.

［141］张丽华，罗霞.乡村旅游体验营销模型的一种设计.经济管理，2007，3，71-74.

［142］张树民，钟林生，王灵恩.基于旅游系统理论的中国乡村旅游发展模式探讨.地理研究，2012，31（11），2094-2103.

［143］张文斌，张志斌，董建红，张怀林，公维民.迈向城乡共治：改革开放以来城乡关系演变解读.地理科学进展，2021，40（05），883-896.

［144］张秀娥，王冰，张铮.农民工返乡创业影响因素分析.财经问题研究，2012（3），117-122.

［145］张秀娥，王超，李帅.制度环境、创业自我效能感与创业意愿.科研管理，2021，1-17.

［146］张秀娥，张峥，刘洋.基于GEM修正模型的返乡农民工创业活动影响因素分析.社会科学战线，2010（7），65-70.

［147］张一，邱洁威，邵林涛，崔建周，孟祥丰.乡村旅游拉力动机的结构及旅游者类型分析.干旱区资源与环境，2014，28（10），191-196.

［148］张玉利，杨俊.创业研究经典文献述评.天津：南开大学出版社，2010.

［149］张玉利.创业研究经典文献述评.北京：机械工业出版社，2018.

［150］张之梅.中外企业成长理论研究述评.山东经济，2010，26

（01），60-66.

［151］赵德昭.农民工返乡创业绩效的影响因素研究.经济学家，2016，7（7），84-91.

［152］赵立.大学生农业创业及其影响因素研究——以浙江省为例.浙江社会科学，2012（4），133-143.

［153］赵微，张宁宁.耕地经营规模、家庭生命周期与农户生计策略.中国人口·资源与环境，2019，29（05），157-164.

［154］赵文红，孙卫.创业者认知偏差与连续创业的关系研究.科学学研究，2012，30（7），1063-1070.

［155］赵文红，梁巧转.技术获取方式与企业绩效的关系研究.科学学研究，2010（5），741-746.

［156］赵西华，周曙东.农民创业现状、影响因素及对策分析.江海学刊，2006（1），217-222.

［157］赵英，赵都敏.创业者的风险研究：从风险承担到风险管理.科学管理研究，2008，26（4），94-96.

［158］郑群明.城乡统筹发展应重视乡村旅游的作用.旅游学刊，2011，26（12），11-12.

［159］郑山水.社会关系网络对中小企业创新绩效的影响.云南科技管理，2016，29（3），22-27.

［160］浙江省文化与旅游厅.浙江民宿蓝皮书2018-2019. 2020.

［161］钟王黎，郭红东.农民创业意愿影响因素调查.华南农业大学学报（社会科学版），2010（2），23-27.

［162］钟永活.社会资本与农村经济发展关系实证研究.博士学位论文，西南交通大学，2009.

［163］周浩，龙立荣.共同方法偏差的统计检验与控制方法.心理科学进展，2004，6，942-950.

［164］周玲强，黄祖辉.我国乡村旅游可持续发展问题与对策研究.经济地理，2004，24（4），572-576.

［165］周玲强.乡村旅游产业组织研究.北京：科学出版社，2013.

［166］周永广，姜佳将，王晓平．基于社区主导的乡村旅游内生式开发模式研究．旅游科学，2009，23（4），36-41.

［167］朱红根，康兰媛．农民工创业动机及对创业绩效影响的实证分析——基于江西省15个县市的438个返乡创业农民工样本．南京农业大学学报（社会科学版），2013，5，59-66.

［168］朱红根，康兰媛．家庭资本禀赋与农民创业绩效实证分析．商业研究，2016，7，33-41+56.

［169］朱红根，翁贞林，陈昭欢．政策支持对农民工返乡创业影响的实证分析——基于江西调查数据．江西农业大学学报（社会科学版），2011，1，19-27.

［170］朱红根，康兰缓，翁贞林．劳动力输出大省农民工返乡创业意愿影响因素的实证分析——基于江西省1145个返乡农民工的调查数据．中国农村观察，2010，5，38-47.

［171］朱明芬．农民创业行为影响因素分析——以浙江杭州为例．中国农村经济，2010，3，25-34.

［172］朱晓霞．企业家网络与小企业成长关系研究．博士学位论文，同济大学，2008.

［173］朱晓霞．企业成长研究脉络梳理与评介．华东经济管理，2011，25（04），99-102.

［174］朱秀梅，费宇鹏．关系特征、资源获取与初创企业绩效关系实证研究．南开管理评论，2010，13（3），125-135.

［175］朱秀梅，肖雪．转型经济环境特征与企业创业导向探讨．统计与决策，2016，23，185-188.

［176］祝振铎，李新春．新创企业成长战略：资源拼凑的研究综述与展望．外国经济与管理，2016，38（11），71-82.

［177］庄晋财，芮正云，曾纪芬．双重网络嵌入、创业资源获取对农民工创业能力的影响——基于赣、皖、苏183个农民工创业样本的实证分析．中国农村观察，2014，3，29-41.

后　记

　　文稿几番修改、几经磨斫，定稿掩卷，杭城已是初秋夜，暮雨洒运河，一番洗清秋。依然记得博士毕业那日"五月榴花照眼明"，那一株时常入我梦境的父亲亲手植就的石榴花，将我的思绪拉回到童年老家之所在。石榴树下是鹅卵石基底、磨圆度甚好的大砾石砌边的小水池，汩汩清流从小池东北角流入，西南角流出。小池正西两米处，有一溜挺拔参天的水杉，直冲云霄。水杉往西还有三株垂柳，迎风飘荡。小池的正东有香椿两株，每到春来，妈妈和伯母采其嫩芽给我们这些小馋猫做些吃食。小池往东南八米处，则是结出许多大果子的香泡树，据大哥二哥说这是我出生那年栽的。树与我同年，绿色肥厚的枝丫长得很高，直探楼上半圆形小轩窗，窗边有个爱看书的小女孩。这个小女孩，最喜爱妈妈专门为她栽的清香馥郁的白色栀子花，和父亲种的热烈如火的红色石榴花。老屋是白墙黛瓦的徽派建筑，大门口就是由水池、各类植物、花草围合起来的庭院。爷爷常常在这个开放庭院给我们讲故事、解诗词、述人理，他常常会讲如"清晨即起，洒扫庭除""几百年旧家，无非积德；第一等好事，还是读书""读书志在圣贤，为官心存报国"。父亲师范毕业后，先任一乡中校长，率直单纯；1958年因被错划为右派回出生地乡村务农，1978年才得平反重返教育战线。父亲是共产党员，对社会主义教育事业始终不渝，返回教育工作岗位后只争朝夕，夙兴夜寐，勤奋工作的态度对我影响至为深远。夜半常闻沙沙声，是他在昏黄美孚灯下刻钢板、为学生准备学习资料。母亲慈爱大度，与世无争，乐善好施闻名乡里。小女孩为父母掌上明珠，亦承两位兄长千般护爱。父亲虽身陷乡野二十年，却未堕凌云之志，达观积极，使兄妹仨童年生活快乐安宁。放学后与母亲絮叨于后院茶园，成为小女孩年少时最温暖的金色记忆。

啰嗦这么多，是想说一件事：乡村，是我的精神家园。乡村，是金色美好的童年，亦寄托着我前半生的亲情、温暖、归属感。这种对传统文化、乡土乡情的深深眷恋，成为日后活力和创造力的不竭源泉。乡村于我，就是诗意、美丽、和谐、仁爱、温暖的图景。

2008年前开始致力于乡村旅游研究。黄祖辉老师是国内外"三农"问题研究上的顶尖专家。因为特别崇敬黄老师，2008年9月到2009年9月就成为黄老师的访问学者，在他的指导下，陆续发表了一些相关文章，主要形成了三个观点。

观点1：在推进乡村旅游发展的过程中，由于长期工业化思维的惯性模式，地方政府在追求乡村经济发展的同时，往往难以顾及乡村地区传统文化和生态环境，并缺乏对当地积极性的充分调动，不利于地区的长期发展以及社会和谐，也与乡村振兴战略的理念相悖。"内生式"发展模式则提供了另一种可能的模式，它推崇多元化的发展目标，尊重当地人的利益，重视基层组织建设，以一条民主分散、注重文化和生态的新道路来解决农村发展问题。观点2：一个清晰的、为大众所接受的乡村旅游的定位是非常必要的。除考虑乡村旅游的直接经济利益和政治因素外，还应结合乡村社会、乡村产业和乡村文化，明确对乡村旅游的定位，并将乡村旅游的开发纳入各级旅游开发规划中，保证我国的乡村旅游得到健康持续的发展。观点3：在乡村旅游发展的不同阶段，农村社区居民扮演着不同的角色与作用。在发展初期须明确政府、企业、社区和民众的不同角色。在深化阶段，需要农民参与到旅游开发的决策中来，激发农民办旅游的积极性和提高农民办旅游的能力，开拓乡村旅游的本土特色。

可是在乡村旅游蓬勃发展的背景下，学术界对乡村旅游的市场主体，即旅游微型企业的研究还比较少，对乡村旅游微型企业生成、成长的驱动机制和内在规律缺乏系统性的探讨。尤其是针对"乡村社会""乡村旅游""农民创业"这几个特殊背景下的理论研究，已有文献尚少有涉及。"如何促进乡村居民参与旅游创业？如何推动乡村旅游微型企业良性发展？如何实现乡村旅游可持续发展？"成为研究道路上特别想要去努力探索的课题。可又深觉自己在学养、知识结构、知识体系方面颇有不足，亟待进一步深造。

后于2013年9月正式投师黄祖辉老师门下，实乃此生之大幸。山高水长有时尽，唯我师恩日月长！他治学严谨、学识渊博，讲课报告皆娓娓道来、鞭辟入里，为我打开了一个全新的世界，开启了一盏指路明灯；有问题向黄老师讨教，他那么繁忙，也一定不厌其烦，耐心细致解答，并且高屋建瓴，立意高远，每每让我茅塞顿开、豁然开朗；他著作等身，一样认真细致地审阅修改我的陋作。我的博士论文从选题、开题、预答辩等各个环节更是倾注了黄老师的满腔心血。甚至对如何有效开展田野调查、如何进行问卷，他都提出了非常具体的意见和建议；国内外学术界相关新进展一定会第一时间发给我，助我思考、领悟。今天的书稿亦是在博士论文的基础上的深化和细化。

作为一名知名学者，黄老师心系家国天下，身传道德文章，深深影响和教育着我。对黄老师的感恩之情，言语无法表达万分之一，未来唯有加倍努力，投身到乡村振兴战略中去，方可报答一二。

研究得到了浙江大学研究生院老师的帮助，得到了管理学院许多老师的指导，也感谢开题、预答辩、论文各阶段中送审的各位评审老师，给我提了许多很好的建议。感谢各位同学学棣。

研究过程和实地调研得到了省旅游局、杭州市旅委、浦江、长兴、临安、安吉、湖州、黄岩、洞头、泰顺、苍南等地政府的大力支持和帮助，十分感谢！

特别感谢好友吴茂英、李秋成，你们在调研、整理分析数据中都提供了很多帮助，还有头脑风暴会上他们的才华展示，让我惊叹于学术之美的同时，更感受到了友谊的光芒和力量。

感谢小伙伴们多年来一如既往的支持和帮助，感谢沈旭炜、朱光良、高静、张健康、应舜、周波、周永广、黄克己、汪勇庆、黄瑾、王敏娴、徐林强、李梦慧、范文艺、林晓桃、蒋艳、向科衡、顾亚红等。

感谢浙江外国语学院的领导和同事们，对我一直以来的关心、照顾。感谢宣勇教授、洪岗教授、姚成荣教授、鲁林岳教授、赵伐教授、骆伯巍教授先后在工作上给予我的大力指导和无尽宽容。感谢校班子成员曹仁清、赵文波、邱卫东、赵庆荣、陆爱华、李安、柴改英、包永根、徐勇、毛振华等领导，感谢分管部门科研处、计财处、合作处的大力支持，感谢我共事过的组织部、宣传部的老师们，感谢人事处、战略处、教学月刊社老师们给予我的帮助。感谢工作中给过我很多帮助的领导、朋友和同行们。

感谢我的家人，感谢爱人姬富强，感谢我的兄长，感谢儿子的爷爷奶奶，多年来是你们对我的无尽支持和关爱让我可以无忧无虑从事我热爱的工作和研究，我的岁月静好，是因为你们在负重前行。儿子姬础乐观积极、独立思考、胸怀世界、孝顺敬老、悲天悯人，他是我重要的前行动力。特别感谢让我生活更加有趣的闺蜜和朋友们。

所有的文章和书稿一如既往献给我最深爱的父亲母亲。父母在，人生尚有来处；没有了你们，人生只剩归途。在这孤独的世界里，我依然会恪守父亲的"怀揣梦想，持之以恒"，母亲的"吃亏是福，与人为善"这些朴素道理，一直走下去，做一个大写的人，为美丽、和谐、诗意的乡村尽一点微薄之力。

我赞同友人所说已过天命即"不以物喜，不以己悲"；同时亦欣赏"万物静观皆自得，四时佳兴与人同"的宁静通达，是以为后记。

附录1　普通村民调查问卷

乡村旅游微型企业调查问卷（A）

尊敬的先生/女士：

　　您好！感谢您花费宝贵的时间填写本问卷，支持我们的学术研究课题。

　　本研究课题旨在了解影响乡村旅游地居民参与农家乐或民宿业创业意愿的关键因素。您提供的准确信息对本研究非常重要，也将为本地旅游接待业的发展提供有益的帮助。

　　本问卷完全匿名，您提供的信息仅供本研究使用，我们将对其进行保密，请您放心如实填写。再次感谢您的支持和帮助！

浙江大学管理学院
2017年7月

一、请您根据家人亲戚的有关情况，在相应的位置进行选择？（请在相应位置打"√"）

　　1. 您的家人亲戚中有多少人<u>正在做生意或者做过生意</u>？
　　□0人　　　□1—2人　　　□3—5人　　　□6-8人
　　□9人以上

　　2. 您的家人亲戚中有多少人有<u>旅游行业的从业经验</u>？
　　□0人　　　□1—2人　　　□3—5人　　　□6—8人
　　□9人以上

3. 您的家人亲戚中有多少人是村干部或者在政府部门工作？

□0人　　　□1—2人　　　□3—5人　　　□6—8人
□9人以上

4. 您的家人亲戚中有多少人在银行等金融机构（含农商行、信用社）工作？

□0人　　　□1-2人　　　□3—5人　　　□6—8人
□9人以上

5. 您的家人亲戚中有多少人在企业任管理者或技术类职务？

□0人　　　□1—2人　　　□3—5人　　　□6—8人
□9人以上

二、请根据您和家人亲戚的关系，在相应的位置进行选择？（请在相应位置打"√"）

序号	项目	完全不同意	不太同意	一般	较同意	完全同意
6	我经常和家人亲戚讨论就业或做生意方面的信息	1	2	3	4	5
7	我和家人亲戚之间经常相互借钱借物	1	2	3	4	5
8	当我有困难时，我的家人亲戚总是支持和帮助我	1	2	3	4	5
9	在家人亲戚的眼里，我是个非常值得信赖的人	1	2	3	4	5
10	我的家人亲戚都鼓励年轻人自己做生意，而不是去上班或者打工	1	2	3	4	5
11	我的家人亲戚都很崇拜成功的生意人	1	2	3	4	5
12	我的家人亲戚都认为从事旅游业是很好的选择	1	2	3	4	5

三、请您根据您自身的情况，在相应的位置进行选择？（请在相应位置打"√"）

13. 您的受教育情况是？
   □ 小学毕业　　　　　　□ 初中毕业
   □ 高中毕业　　　　　　□ 大专或本科
   □ 研究生毕业

14. 您以前有过创业的经历吗？
   □ 有　　　　□ 没有

15. 您以前做过管理工作吗？
   □ 有　　　　□ 没有

16. 您以前在旅游接待行业工作过吗？
   □ 有　　　　□ 没有

17. 和本地的其他家庭比，您家的经济情况属于哪种？
   □ 非常贫穷　　□ 比较贫穷　　□ 中等　　□ 比较富裕
   □ 非常富裕

18. 如果自己创业有风险，您愿意去做吗？
   □ 非常不愿意　　□ 不太愿意　　□ 一般　　□ 比较愿意
   □ 非常愿意

四、关于做生意创办自己的农家乐／民宿，您在多大程度上同意以下陈述？（请在相应位置打"√"）

序号	项目	完全不同意	不太同意	一般	较同意	完全同意
19	如果生意失败了，我的自信心会受到打击	1	2	3	4	5
20	做生意可能会破坏我在周围人中的形象	1	2	3	4	5
21	我做生意可能不被亲戚和朋友认可	1	2	3	4	5
22	做生意需要我投入太多的时间	1	2	3	4	5

续表

序号	项目	完全不同意	不太同意	一般	较同意	完全同意
23	生意如果失败会让我损失很多钱	1	2	3	4	5
24	做生意能够使我更有自信	1	2	3	4	5
25	做生意能够加快我的资产积累速度	1	2	3	4	5
26	做生意能够让我受人尊重	1	2	3	4	5
27	做生意能够让我有更广泛的社交网络	1	2	3	4	5
28	做生意能够让我发挥自己的能力	1	2	3	4	5

五、您平时想过创办自己的农家乐/民宿吗？您在多大程度上同意以下陈述？（请在相应位置打"√"）

序号	项目	完全不同意	不太同意	一般	较同意	完全同意
29	我经常在想有关做生意的事	1	2	3	4	5
30	我会花一整晚的时间和别人讨论做生意的事	1	2	3	4	5
31	我一闲下来，总是在考虑有关做生意的事	1	2	3	4	5
32	我总是能够看到我身边存在做生意的机会	1	2	3	4	5

六、关于创办农家乐/民宿，您多大程度上同意以下陈述？（请在相应位置打"√"）

序号	项目	完全不同意	不太同意	一般	较同意	完全同意
33	我对开办自己的农家乐/民宿很感兴趣	1	2	3	4	5
34	我自己经常考虑是否要经营自己的农家乐/民宿	1	2	3	4	5

续表

序号	项目	完全不同意	不太同意	一般	较同意	完全同意
35	我为创办一个自己的农家乐/民宿做好了准备	1	2	3	4	5
36	我会尽最大的努力去创办自己的农家乐/民宿	1	2	3	4	5
37	我不久后就很有可能自己创办农家乐/民宿	1	2	3	4	5

七、个人信息

（1）您的性别：

☐ 男　　　　☐ 女

（2）您的年龄：

☐ 18—24 岁　☐ 25—34 岁　☐ 35—44 岁　☐ 45—54 岁

☐ 55—64 岁　☐ 65 岁以上

（3）您的婚姻状况：

☐ 已婚　　　☐ 未婚

（4）您目前家庭年收入大致为：

☐ 2 万以下　　　　　　☐ 2 万—3.9 万

☐ 4 万—5.9 万　　　　☐ 6 万—7.9 万

☐ 8 万—9.9 万　　　　☐ 10 万—11.9 万

☐ 12 万以上

问卷到此结束，再次谢谢您的配合！

附录2　企业业主调查问卷

乡村旅游微型企业调查问卷（B）

尊敬的老板：

　　您好！感谢您花费宝贵的时间填写本问卷，参与我们的学术研究课题。

　　本研究课题旨在了解影响乡村旅游地农家乐或民宿创业、经营和业绩成长的主要因素。您提供的准确信息对本研究非常重要，也将为本地旅游接待业的发展提供有益的帮助。

　　本问卷完全匿名，您提供的信息仅供本研究使用，我们将对其进行保密，请您放心如实填写。再次感谢您的支持和帮助！

浙江大学管理学院
2017年7月

您的农家乐/民宿的基本信息：

1. 您从____年开始经营这家农家乐/民宿。
2. 您这家农家乐/民宿现在有____个床位，有____个餐位。
3. 您的农家乐/民宿拥有哪些休闲娱乐设施？（可多选）
   □ 棋牌室　　　□ 茶室　　　　□ 酒吧　　　　□ 咖啡厅
   □ 庭院/花园　 □ 农事体验园　□ 卡拉OK　　　□ 其他
4. 您的农家乐/民宿现在有____名员工（旺季时），其中有____名是您的家人亲戚。

第一部分：创业时的情况

请您回忆当初创办农家乐/民宿时的情况，回答下列问题。

（1）根据创业时家人亲戚的情况，回答下列问题（请在相应位置打"√"）

1. 创业时，您的家人亲戚中有多少人正在做生意或者做过生意？
   □0人　　　□1—2人　　　□3—5人　　　□6—8人
   □9人以上

2. 创业时，您的家人亲戚中有多少人有旅游业的从业经验？
   □0人　　　□1—2人　　　□3—5人　　　□6—8人
   □9人以上

3. 创业时，您的家人亲戚中有多少人是村干部或者在政府部门工作？
   □0人　　　□1—2人　　　□3—5人　　　□6—8人
   □9人以上

4. 创业时，您的家人亲戚中有多少人在银行等金融机构（含农商行、信用社）工作？
   □0人　　　□1—2人　　　□3—5人　　　□6—8人
   □9人以上

5. 创业时，您的家人亲戚中有多少人做管理工作或技术类工作？
   □0人　　　□1—2人　　　□3—5人　　　□6—8人
   □9人以上

（2）请根据您和家人亲戚的关系，回答下列问题（请在相应位置打"√"）

题项	完全不同意	不太同意	一般	较同意	完全同意
我经常和家人亲戚讨论就业或做生意方面的信息	1	2	3	4	5
我和家人亲戚之间经常相互借钱借物	1	2	3	4	5

续表

题项	完全不同意	不太同意	一般	较同意	完全同意
当我有困难时，我的家人亲戚总是支持和帮助我	1	2	3	4	5
在家人亲戚的眼里，我是个非常值得信赖的人	1	2	3	4	5
我的家人亲戚都鼓励年轻人自己做生意，而不是去上班或者打工	1	2	3	4	5
我的家人和亲戚都很崇拜成功的生意人	1	2	3	4	5
我的家人亲戚都认为从事旅游业是很好的选择	1	2	3	4	5

（3）请您根据创业时的情况，回答下列问题（请在相应位置打"√"）

1. 您的受教育情况是？

□ 小学毕业　　　　　　　□ 初中毕业
□ 高中毕业　　　　　　　□ 大专或本科
□ 研究生毕业

2. 您之前有过做生意的经历吗？

□ 有　　　　□ 没有

3. 您之前做过管理工作吗？

□ 有　　　　□ 没有

4. 您之前在旅游接待行业工作过吗？

□ 有　　　　□ 没有

5. 和本地的其他家庭比，创办农家乐/民宿时您家的经济情况属于哪种？

□ 非常贫穷　　□ 比较贫穷　　□ 中等　　　　□ 比较富裕
□ 非常富裕

（4）您当初对创业的风险和好处是怎么想的？请您回忆并回答下列问题（请在相应位置打"√"）

题项	完全不同意	不太同意	一般	较同意	完全同意
如果生意失败了，我的自信心会受到打击	1	2	3	4	5
做生意可能会破坏我在周围人中的形象	1	2	3	4	5
我做生意可能不被亲戚和朋友认可	1	2	3	4	5
做生意需要我投入太多的时间	1	2	3	4	5
生意如果失败会让我损失很多钱	1	2	3	4	5
做生意能够使我更有自信	1	2	3	4	5
做生意能够加快我的资产积累速度	1	2	3	4	5
做生意能够让我受人尊重	1	2	3	4	5
做生意能够让我有更广泛的社交网络	1	2	3	4	5
做生意能够让我发挥自己的能力	1	2	3	4	5

（5）准备创业那段时间，您的思想状态如何？请您回忆并回答下列问题（请在相应位置打"√"）

题项	完全不同意	不太同意	一般	较同意	完全同意
我总是在想有关做生意的事	1	2	3	4	5
我会花一整晚的时间和别人讨论做生意的事	1	2	3	4	5
只要一闲下来，总是在考虑有关做生意的事	1	2	3	4	5
我总是能够看到我身边存在做生意的机会	1	2	3	4	5

（6）您创业当初的目标是什么？请您回忆并回答下列问题（请在相应位置打"√"）

题项	完全不同意	不太同意	一般	较同意	完全同意
我经营农家乐/民宿主要是为了赚很多的钱	1	2	3	4	5
我经营农家乐/民宿主要是为了补贴家用	1	2	3	4	5
我经营农家乐/民宿主要是为享受一种生活方式	1	2	3	4	5

（7）请您根据亲戚间关系的情况，回答下列问题（请在相应位置打"√"）

题项	完全不同意	不太同意	一般	较同意	完全同意
家人亲戚之间紧密的关系很重要	1	2	3	4	5
我的家人和亲戚之间关系非常紧密	1	2	3	4	5
过年过节，家人亲戚都会开心的聚会	1	2	3	4	5
我的家人亲戚经常相互帮助	1	2	3	4	5

（8）请您根据创业时的情况，回答下列问题

1. 刚创立时，您的农家乐/民宿的床位有多少个？顾客餐位有多少个？

2. 刚创立时，您的农家乐/民宿的员工有多少个？其中您的家人亲戚有几个？

3. 您当初创立农家乐/民宿投入了多少资金？

4. 您的农家乐/民宿第一年的纯收入大约是多少？

第二部分：农家乐/民宿的经营情况

请您根据创业至今的经营情况和体会，回答下列问题。

（1）根据这些年的经营情况，您在多大程度上同意以下陈述？（请在相应位置打"√"）

题项	完全不同意	不太同意	一般	较同意	完全同意
A. 亲缘网络					
在生意上，家人亲戚给予的帮助很多	1	2	3	4	5
我经常和家人亲戚讨论生意发展的问题	1	2	3	4	5
家人亲戚为生意的发展提供了多样化的信息	1	2	3	4	5
B. 商业网络					
和我有往来的供货商、旅行社很多	1	2	3	4	5
和我有往来的政府部门很多	1	2	3	4	5
我可以联系的金融机构很多	1	2	3	4	5
我和供货商、旅行社联系很密切	1	2	3	4	5
我和政府部门联系很密切	1	2	3	4	5
我和金融机构联系很密切	1	2	3	4	5
供货商、旅行社给我提供了很多关于生意发展的信息	1	2	3	4	5
政府部门给我提供了很多关于生意发展的信息	1	2	3	4	5
金融机构给我提供了很多关于生意发展的信息	1	2	3	4	5

（2）您获得了有利于生意的信息和资源了吗？您在多大程度上同意以下陈述？（请在相应位置打"√"）

题项	完全不同意	不太同意	一般	较同意	完全同意
我获得了不少关于新产品和服务方面的信息和建议	1	2	3	4	5
我获得了不少关于招揽顾客方面的信息和建议	1	2	3	4	5
我获得了不少关于管理制度方面的信息和建议	1	2	3	4	5
我以较低的成本获得了做生意的资金	1	2	3	4	5
我以较低的成本获得了员工	1	2	3	4	5
我以较低的成本获得了经营场地和各种实物资源	1	2	3	4	5
我以较低的成本获得了有利于经营的新技术	1	2	3	4	5

（3）对于自己生意的未来，您在多大程度上同意以下陈述？（请在相应位置打"√"）

题项	完全不同意	不太同意	一般	较同意	完全同意
我对自己的生意成功很有信心	1	2	3	4	5
我对自己生意的未来很乐观	1	2	3	4	5
我觉得我生意的发展壮大很有希望	1	2	3	4	5
生意上遇到挫折和失败我也能很快挺过去	1	2	3	4	5

（4）关于您目前的经营情况，您在多大程度上同意以下陈述？（请在相应位置打"√"）

题项	完全不同意	不太同意	一般	较同意	完全同意
A. 创业经济绩效					
现在做生意比我之前的工作收入高很多	1	2	3	4	5

续表

题项	完全不同意	不太同意	一般	较同意	完全同意
我的生意能够长久地维持下去	1	2	3	4	5
我的农家乐/民宿具有较强的盈利能力	1	2	3	4	5
在我这里打工的人工资比本地同行要高	1	2	3	4	5
我的农家乐/民宿投资回报率较高	1	2	3	4	5
大多数顾客对我的产品和服务很满意	1	2	3	4	5
我的农家乐/民宿具有较大的发展潜力	1	2	3	4	5
B.创业家庭幸福感					
我家现在的生活比本地其他人要好	1	2	3	4	5
我家现在的生活比以前都好	1	2	3	4	5
我对自己家现在的生活很满意	1	2	3	4	5
现在的生活已经达到我的期望目标了	1	2	3	4	5

（5）对于您的经营能力，您在多大程度上同意以下陈述？（请在相应位置打"√"）

题项	完全不同意	不太同意	一般	较同意	完全同意
我能准确感知顾客没有被满足的需求	1	2	3	4	5
我能通过各种途径识别到好的生意机会	1	2	3	4	5
我善于开发新产品和新服务	1	2	3	4	5
我善于发现新的顾客市场	1	2	3	4	5
我能领导和激励我的员工达成经营目标	1	2	3	4	5
我建立了完善的管理制度	1	2	3	4	5

续表

题项	完全不同意	不太同意	一般	较同意	完全同意
我为自己的生意制定了长远的发展规划	1	2	3	4	5
我能根据情况调整生意的发展目标和经营思路	1	2	3	4	5

第三部分：最近的经营情况

请您根据最近几年的经营情况，回答下列问题。

（1）最近一、两年里，哪些人给过您生意经营方面的建议？请写出给过建议的5个人的姓氏：

上述5人中有几个是您的家人或亲戚？
□0个　　□1个　　□2个　　□3个
□4个　　□5个

（2）最近一、两年里，哪些人给过您生意经营需要的资源（资金、设备、过来帮忙）？请写出给过建议的5个人的姓氏：

上述5人中有几个是您的家人或亲戚？
□0个　　□1个　　□2个　　□3个
□4个　　□5个

（3）最近一、两年里，哪些人在情感上鼓励和支持您的生意？请写出给过支持的5个人姓氏：

上述5人中有几个是您的家人或亲戚？
□0个　　□1个　　□2个　　□3个
□4个　　□5个

（4）和去年同期相比，您农家乐/民宿今年的纯收入（利润）情况如何？

□ 减少很多　　　　　　□ 减少了一些
□ 没变化　　　　　　　□ 增长了一些
□ 增长了很多

（5）最近四年（2013—2016年）的经营绩效情况

1. 最近四年您的农家乐/民宿营业收入情况：

2016年 □ 万元　　　　　2015年 □ 万元
2014年 □ 万元　　　　　2013年 □ 万元

2. 去年（2016年）您的农家乐/民宿的床位有 □ 个，餐位有 □ 个。

3. 前年（2015年）您的农家乐/民宿的床位有 □ 个，餐位有 □ 个。

4. 去年（2016年）旺季时，您的农家乐/民宿的员工有 □ 个，其中家人亲戚有 □ 个。

5. 前年（2015年）旺季时，您的农家乐/民宿的员工有 □ 个？其中家人亲戚有 □ 个。

6. 到目前为止，您这家民宿/农家乐上总共投了 □ 万元资金（含建筑、装修、设备采购）。

（6）您和家人在日常生活中是否会使用民宿/农家乐内的以下设施设备？请根据实际情况回答。

1. 客房
□ 不使用　　□ 较少使用　　□ 一般　　□ 使用较多
□ 使用很频繁

2. 客用餐厅
□ 不使用　　□ 较少使用　　□ 一般　　□ 使用较多
□ 使用很频繁

3. 客用厨房
□ 不使用　　□ 较少使用　　□ 一般　　□ 使用较多
□ 使用很频繁

4. 院子/花园

□ 不使用　　　□ 较少使用　　　□ 一般　　　□ 使用较多
□ 使用很频繁

5. 娱乐设施（棋牌室等）

□ 不使用　　　□ 较少使用　　　□ 一般　　　□ 使用较多
□ 使用很频繁

（7）根据您现在的经营目标，您在多大程度上同意以下陈述？（请在相应位置打"√"）

题项	完全不同意	不太同意	一般	较同意	完全同意
我经营农家乐/民宿主要是为了赚很多的钱	1	2	3	4	5
我经营农家乐/民宿主要是为了补贴家用	1	2	3	4	5
我经营农家乐/民宿主要是为享受一种生活方式	1	2	3	4	5

第四部分：个人信息

（1）您的性别：

□ 男　　　　□ 女

（2）您的年龄：

□ 18—24 岁　　□ 25—34 岁　　□ 35—44 岁　　□ 45—54 岁
□ 55—64 岁　　□ 65 岁以上

（3）您的婚姻状况：

□ 已婚　　　□ 未婚

（4）您的户籍是否在本地：

□ 是　　　　□ 不是

问卷到此结束，再次谢谢您的配合！

图书在版编目(CIP)数据

乡村旅游小微企业成长机制研究 / 张环宙著. — 北京：商务印书馆，2022
ISBN 978-7-100-21880-1

Ⅰ. ①乡… Ⅱ. ①张… Ⅲ. ①乡村旅游－旅游企业－中小企业－企业成长－研究－中国 Ⅳ. ①F592.6

中国版本图书馆 CIP 数据核字(2022)第 232562 号

权利保留，侵权必究。

乡村旅游小微企业成长机制研究

张环宙 著

商 务 印 书 馆 出 版
(北京王府井大街36号 邮政编码100710)
商 务 印 书 馆 发 行
艺堂印刷（天津）有限公司印刷
ISBN 978-7-100-21880-1

2022年12月第1版	开本 710×1000 1/16
2022年12月第1次印刷	印张 20¼

定价：128.00元